땅 위에 임한 하나님의 나라

HEAVEN ON EARTH

Copyright ⓒ 2008 by Alan Vincent
All rights reserved.
Originally Published by Destiny Image
Korean translation Copyright ⓒ 2010 by Seorosarang Publishing

땅 위에 임한 하나님의 나라

앨런 빈센트 지음 / 김광석 옮김

서로사랑

땅 위에 임한 하나님의 나라

1판 1쇄 발행 _ 2010년 5월 6일

지은이 _ 앨런 빈센트
옮긴이 _ 김광석

펴낸이 _ 이상준
펴낸곳 _ 서로사랑(알파코리아 출판 사역기관)

편집 _ 이소연, 박미선
영업 _ 장완철
이메일 _ publication@alphakorea.org

사역/행정 _ 이정자, 윤종화, 주민순, 권주희, 엄지일
이메일 _ sarang@alphakorea.org

등록번호 _ 제21-657-1
등록일자 _ 1994년 10월 31일

주소 _ 서울시 서초구 방배1동 918-3 완원빌딩 1층
전화 _ (02)586-9211~4 **팩스** _ (02)586-9215
홈페이지 _ www.alphakorea.org

ⓒ서로사랑 2010
ISBN _ 978-89-8471-253-9 03230

* 이 책은 서로사랑이 저작권자와의 계약에 따라 발행한 것이므로
  본사의 허락 없이는 어떠한 형태나 수단으로도 이 책의 내용을 이용하지 못합니다.
* 잘못된 책은 바꿔 드립니다.
* 가격은 뒤표지에 있습니다.

감사의 글

이 책이 완성되는 데 오랜 시간이 걸렸다. 그래서 이에 합당한 존경심을 전하기 위해 몇몇 사람들에게 나의 감사한 마음을 표해야겠다.

초기 사역 시절에 나는 아버지와 같은 아서 월리스(Arthur Wallis)의 멘토링을 받는 특권을 누렸다. 그는 위대한 성도였으며 지금은 영광의 하늘에 있다. 그는 미국에서는 유명하지 않지만 영국에서는 크게 존경을 받았다. 그곳에서 그는 하나님 나라의 진리를 분명하게 가르치는 성경 교사였으며 선구자였다. 그의 삶과 메시지를 통해 내 영혼에 심어 놓은 씨앗들에 대해 오늘날 하나님께 감사하며, 이로 인해 나는 더 깊은 것들을 갈망하게 되었다.

한 번도 만나 본 적이 없지만 그의 저서를 통해 내 삶을 변화시킨 한 사람에게 감사하고 싶다. E. 스탠리 존스(E. Stanley Jones) 박사가 그이다. 인도의 봄베이침례교회에서 담임목사로 섬기고 있을 때 잘 모르는 한 사람이 내 사무실로 들어와 책 한 권을 선물하면서 꼭 읽어 봐야 한다고 했다. 그 책이 바로 존스 박사가 쓴 「흔들리지 않는 나라와 변하지 않는 분」(The Unshakable Kingdom and the Unchanging Person)이었다. 그 책은 참으로 내 인생을 바꿔 놓았다. 그 책을 통해 나는 다시 말씀과 하나님 나라의 진리로 돌아갔으며, 마침내 그것은 내 명철의 기초가 되었다. 존스 박사님, 고맙습니다. 엘리사의 뼈처럼 당신은 지금도 여전히 저에게 생명을 주고 있습니다.

만일 가능하다면 우리가 하늘 영광 가운데 만날 때에 이 위대한 자들에게 나의 감사를 개인적으로 전하고 싶다.

이제 이 땅에 살고 있는 위대한 성도들 차례이다. 이들도 나의 감사를 받을 만하다. 탁월한 스태프의 도움이 없었다면, 특히 줄리 라슨(Julie Larson)이 없었다면 이 거대한 작업을 결코 이룰 수 없었을 것이다. 지칠 줄 모르는 동역자인 나탈리 하디(Natalie Hardy)는 여러 다양한 재주가 있지만 그는 훌륭한 협상가이며, 조언자이고 편집자이다. 아내 에일린(Eileen)은 하나님께서 내게 주신 계시를 미래 세대의 영적 유산을 위해 꼭 집필해야 한다며 오랜 세월 동안 열정을 가지고 믿어 줬다. 아내는 신실하게 그 자리를 지켜 주었고, 내가 제대로 가도록 하기 위해 어떤 대가를 치르더라도 언제나 이를 해냈다.

추천의 글

처음 이 원고를 읽었을 때 나는 추천서를 쓰기 위해 빨리 훑어보려 했다. 그러나 나는 천천히 정독을 해야 했고, 이를 소화해야만 했다. 나는 A. W. 토저(A. W. Tozer)나 워치만 니(Watchman Nee)의 작품과 같은 위대한 고전 중 하나를 읽고 있다는 생각이 들었다. 하나님 나라에 관한 앨런 빈센트의 깊은 계시로 인해 당신은 '수동적이고, 왜소하고, 패배자와 같은' 사람에서 '갈망과 열정으로 가득하여, 하나님이 당신을 두시는 곳에서 하나님 나라의 진보를 위해 힘차게 전진하는' 그런 사람으로 변화될 것이다.

앨리스 패터슨(Alice Patterson)
Justice at the Gate / San Antonio, Texas

현재 그리스도의 몸에 대한 가장 중요한 지침을 제시해 주는 신학은 말할 것도 없이 하나님 나라 신학이다. 「땅 위에 임한 하나님의 나라」에서 앨런 빈센트는 놀랍게도 현재 얻을 수 있는 교과서 중에서 가장 탁월한 하나님 나라 신학 책을 선사하는 일을 해냈다.

C. 피터 와그너(C. Peter Wagner)
International Coalition Apostles / Colorado Springs, Colorado

앨런 빈센트는 하나님 나라와 사도 신학의 선구자이며, 멘토이고, 아버지와 같은 인물이다. 그의 신간 「땅 위에 임한 하나님의 나라」를 통해 하나님의 나라를 건설할 능력을 부여받은 사람들이 있는 곳에는 개인과 사역 단체들이 급진적인 변화를 경험할 뿐만 아니라 보다 높은 차원의 기름부음을 받게 될 것이다. 이 주제에 관한 다양한 경험과 지식을 가지고 있는 앨런 빈센트는 수많은 목회자와 사역자, 지도자들에게 어떻게 그들의 도시와 열방 가운데 하나님의 나라를 확장시킬 수 있는지를 가르쳐 줌으로써 히스패닉 사회에 혁명을 가져왔다. 나는 이 책을 강력하게 추천하는 바이며, 모든 언어로, 특히 스페인어로 인쇄되길 간절히 바란다.

길레르모 말도나도(Guillermo Maldonado)
El Rey Jesus Ministries / Miami, Florida

교회가 사회에 더 큰 영향력을 끼치지 못해서 좌절한 적이 있는가? 앨런 빈센트는 「땅 위에 임한 하나님의 나라」를 통해 새로운 영역으로 우리를 데려간다. 그는 앞으로 나와 오늘날 세상에서 무사안일에 빠져 있는 교회에게 도전할 뿐만 아니라 현재 하나님의 나라가 어떻게 전진하고 있는지 놀라운 예들을 보여 준다. 앨런의 담대한 본 저서는 하나님 나라의 일을 함으로써 흑암의 나라에 손해를 입히고 싶어 하는 사람과 공명(共鳴)한다. 앨런과 에일린 빈센트는 다양한 문화적 환경 가운데서 오랫동안 하나님 나라의 정신을 몸으로 살아 낸 전통을 가지고 있다. 이 책은 그들의 순종과 놀라운 열매를 페이지 가운데 기록하고 있다. 이 책을 읽고 당신과 당신 주변 사람들의 삶에 있을 변화에 대비하라! 그들은 하나님의 능력에 관해 말만 하는 것이 아니라 이를 보여 준다. 이 책을 읽으면서 당신은 모든 일에 그리스도의 실체를 표현하는 데 있어 당신의 사고방식을 새롭게 해야 하는 도전을 받게 될 것이다.

해리 R. 잭슨 주니어(Harry R. Jackson Jr.)
Hope Christian Church 담임목사 / High Impact Leadership Coalition 회장

이 책에서 앨런 빈센트가 가르치고 있는 내용은 단지 이론에 그치지 않는다. 그는 이 원리들을 신실하게 자신의 삶에 적용했다. 그리고 그가 하나님의 말씀을 가르칠 때 그 말씀은 그 말씀을 듣고 행하는 사람들의 삶 가운데 실체가 되었다. 17년 이상 앨런 빈센트를 영적 아들로 삼고 함께했던 나는 그가 가르치는 하나님 나라 복음에 일관성이 있으며, 또한 그것이 참되고 능력이 있다는 것을 직접 증거할 수 있다. 그 가르침으로 인해 내 자신의 삶과 남동 유럽 지역에서 나와 함께 동역했던 많은 지도자들과 교회들과 사람들이 변화되었다. 나는 이 책에서 가르치고 있는 하나님 나라의 원리들이 내가 사역했던 다국적, 다문화의 상황에서 주효했고, 또한 적용 가능하다는 것을 알았다. 하나님 나라의 법과 원리는 모든 곳과 모든 문화에서 그 효력을 나타낸다. 하나님 나라의 원리는 에너지가 교회 안으로만 향했던 교회들

을 이 세상의 모든 나라가 부활하신 주 예수 그리스도의 나라로 바뀌길 원하는 열정을 가진 교회들로 변화시킨다. 나는 이 책이 단지 영어로만 출판되지 않고 유럽의 모든 언어들로, 특히 슬라브 언어로 출판되길 기도하고 바란다. 지금 남동 유럽의 많은 지도자들이 반석과 같은 하나님 나라의 가르침이 자기들의 언어로 출판되길 갈망하고 있다.

프란츠 리피(Franz Lippi)
B.L.A.S.T. 리더 / Balkan Loving Apostolic Serving Team
www.blastministries.net / Graz, Austria

차례

감사의 글
추천의 글
서문

제1장 뭄바이에 임한 하나님의 나라_ 19
제2장 도대체 하나님의 나라는 무엇인가?_ 33
제3장 신약성경에 나타난 하나님의 나라_ 41
제4장 마태복음에 나타난 하나님의 나라_ 57
제5장 하나님 나라의 능력_ 89
제6장 하나님 나라의 비유_ 101
제7장 하나님 나라의 열쇠_ 115
제8장 마가복음과 누가복음에 나타난 하나님의 나라_ 135
제9장 요한복음에 나타난 하나님의 나라_ 151
제10장 하나님 나라의 차원들_ 175
제11장 하늘과 땅의 모든 권세_ 203
제12장 사도행전에 나타난 하나님의 나라_ 237
제13장 하나님의 나라와 천국_ 253
제14장 구약성경에 예언된 하나님의 나라_ 269
제15장 위조된 하나님의 나라_ 281
제16장 참되신 왕을 찾다_ 307
제17장 다윗이 나라를 세우다_ 327
제18장 다윗의 장막을 세우라_ 357
제19장 전쟁으로의 부르심_ 387

서문

　오랫동안 복음주의 기독교 내에서는 하나님 나라가 지금 가시적으로 나타날 것에 대한 기대감이 없었다. 예수님께서 재림하셔야만 이런 일이 있을 거라고 생각하고 이를 마음속으로 뒤로 미뤘다. 우리는 오직 그때가 돼야만 그분의 나라가 가시적으로 이 땅에 세워질 것이라고 배웠다.

　우리 시대의 대부분의 신자들이 그러하듯이 나도 이런 태도를 가지고 성장했다. 또한 마지막 때에는 마귀가 점점 더 득세하여 대부분의 교회가 타락하고 매우 연약하게 될 것이라고 배웠다. 이를 통해 마귀는 점점 온 세상을 점령하여 마침내 잠시 동안이지만 세상을 통치하게 될 것으로 알았다.

모든 것을 거의 다 잃은 것처럼 보일 때 갑자기 예수님께서 소위 '갑작스러운 휴거'(The Sudden Rapture)라는 작전명을 가지고 구출하러 오신다는 것이다. 주님은 먼저 은밀하게 참된 교회를 천국으로 데려가셔서 땅 위에 임할 대환난의 때를 피하게 하신다는 것이다.

이 대환난 기간 동안에 정치적 이스라엘은 갑자기 주님께로 돌아와 영광스럽게 구원을 받으며 3년 반 동안에 세계를 복음화하는 능력을 부여받게 된다. 이처럼 새로운 유대인 신자들은 마지막 대추수를 거두게 되고, 교회는 하늘에서 이를 즐겁게 지켜본다.

바로 이때 예수님께서 교회를 대동하시고 가시적으로 지상에 재림하시며, 1,000년 동안 그분의 나라의 통치를 힘차게 세우신다. 이 기간 동안에 사탄은 묶임을 받아 세상에 있는 사람 중 한 명도 미혹하지 못하며, 인류는 1,000년 동안 그분의 나라의 영광을 맛본다.

그러다가 땅 위의 사람들의 마음을 시험하기 위해 사탄이 다시 잠시 풀려나게 된다. 그때에 그는 많은 이를 미혹하는 데 성공한다. 사람들은 주를 떠나 다시 사탄을 섬기기로 결정함으로써 그들의 마음의 악함을 영구히 드러낸다.

그런 뒤에 최후 심판이 임한다. 그때에 모든 신자들은 환난에서 벗어나며, 하나님의 진노가 이 땅 위에 부어진다. 그리고 사탄과 그와 함께 그리스도의 통치에 대항했던 모든 자들이 영원한 심판을 받음으로 끝이 난다. 하나님은 그들 모두를 불못으로 상징되는 영원한 지옥에 던지신다. 온 땅은 불로 깨끗하게 되고, 새 하늘과 새 땅이 세워지며, 그 가운데 그분의 나라는 마침내 그 영원한 모든 영광 가운데 나타난다. 그 나라의 완전함을 더럽혔던 모든 것들은 영원히 제거되고, 남아 있는 우리는 하나님을 경배하며 그분과 함께 영원히 통치한다.

이런 교리의 대부분은 다비(J. N. Darby)의 가르침이며 「스코필드 성경」(Scofield Bible)으로 인해 더욱 유명해졌다. 지난 100여 년 동안 대부분의 복음주의 교회는 이 교리를 받아들였다. 이보다 앞서 수백 년 동안 교회론 속에 이와 비슷한 요소들이 들어 있긴 했지만 마지막 시대의 교회에 대한 그들의 관점은 이보다는 더 낙관적이고 승리에 차 있었다.

다소 최근의 가르침인 이 가르침으로 인해 20세기 교회는 수동적이고 왜소하고 패배적인 관점에서 생각하는 훈련을 받았다. 우리는 이 세상에 악이 증가하는 것을 하나님의 허락하신 뜻으로 여기도록 가르침을 받았고, 사탄이 점차적으로 모든 것을 접수할 것이라는 가르침을 받았다. 그리고 우리는 여전히 마귀를 이 세상 임금으로 여겼다. 우리가 기대하는 것이라고는 휴거를 통해 점차 악해져 가는 세상에서 탈출하는 것뿐이었다. 우리가 할 수 있는 최선은 흑암이 온 땅을 완전히 덮기 전에 이 악한 세상에서 가능한 한 많은 사람들을 구원하려고 애쓰는 것이었다.

나는 지금도 이 가르침 중에서 어떤 것들을 믿고 있다. 분명히 나는 우리 주 예수 그리스도께서 이 시대의 종말에 가시적으로 영광스럽게 재림하실 것이라고 믿는다. 그분은 모든 것을 정복하신 왕으로서 오실 것이며, 모든 눈이 그분을 볼 것이다. 유대인이건 이방인이

건 그분이 오실 때에 살아 있는 신자들은 환희의 휴거를 통해 공중에 올라가 주님을 만날 것이며, 주님은 모든 성도들과 함께 지상에 재림하실 것이다. 또한 나는 이런 일이 있은 후에야 그분의 나라가 더럽혀지지 않은 궁극의 영광 가운데 온전히 이 땅에 세워질 것이라 믿는다. 그때가 되어서야 오직 의(義)만이 거하는 새 하늘과 새 땅이 도래할 것이다.

그러나 이제 나는 이런 위대한 사건들을 매우 다른 각도에서 본다. 나의 견해는 전혀 새로운 것이 아니다. 이는 역사적으로 최첨단의 교회 안에 있던 자들이 오랜 세월 동안 믿어 왔던 것이다. 18세기, 19세기의 대각성 운동을 포함해 모라비안 교도, 종교개혁자, 청교도, 성결교의 선조들은 전투적이고 승리에 찬 마지막 시대(end-time)의 교회를 믿었다.

그들은 열방 가운데 많은 나라들을 얻고 마귀를 이기는 영광스러운 교회를 찾았다. 그들은 마지막 시대가 비록 지역 전투에서 이기기도 하고 지기도 하지만 큰 갈등의 시대가 될 것이라 예견했다. 그러나 그 시대는 패배의 시대가 아니라 모든 장애를 무릅쓰고 하나님의 나라가 힘차게 진군하는 그런 시대였다. 비록 그 시대가 환난과 갈등의 시대이며, 특히 주의 재림의 날이 가까울수록 더욱 그러할 것이지만, 그들은 주님의 이름으로 많은 땅을 정복하고 마지막 시대에 전 세계적인 대추수를 기대했다.

전쟁이 있고 고통의 시대가 되겠지만 교회는 이 모든 것 가운데도 능하고 승리하는 교회로 남아 있을 것이다. 지역적으로 방해가 있

서문

겠지만 전 세계적으로 교회는 언제나 땅을 차지할 것이다. 모든 역경에도 불구하고 하나님의 나라는 언제나 힘차게 전진하며 대추수를 할 것이다. 이런 환난의 때에도 교회는 계속해서 흥할 것이며 결코 쇠하지 않을 것이다. 왜냐하면 만군의 주의 열심이 이 모든 것을 이루시는 추진력이 될 것이기 때문이다(사 9:7을 보라).

그날을 정하기가 쉽지 않지만 언젠가 예수님은 위대한 영광 가운데 재림하실 때 천군(天軍)의 호위를 받으시며 구름을 타고 가시적으로 나타나실 것이다. 승리의 교회는 모든 열방 가운데 큰 기쁨으로 공중에서 그분을 맞이할 것이다. 그러면 주님은 교회를 통해 그분의 완전한 승리와 통치를 완성시키실 것이다. 이 땅의 모든 나라들은 온전히 주님의 통치를 받게 될 것이며, 마침내 그들은 우리 하나님과 그분의 그리스도의 위대하고 영광스러운 한 나라를 이룰 것이다.

이 땅에서의 우리의 주된 임무는 하나님의 나라를 힘차게 진군시키는 성령님과 동역하는 것이다. 하나님의 나라는 먼저 우리 안에서 형성되어야 한다. 그런 뒤에 그 나라가 우리를 통해 밖으로 흘러 갈 것이다. 우리가 이 일을 성취하면, 우리는 마지막 시대의 대추수를 거둠으로 그만큼 그 영광스러운 날의 도래를 앞당길 것이다.

Heaven on Earth

Chapter 1

뭄바이에 임한 하나님의 나라

1963년 3월, 에일린과 나는 인도 뭄바이에 도착했다. 이전에 봄베이로 불리던 이 도시는 그 당시 인구가 약 500만이었으며, 현재 인구는 약 1,800만이다.

에일린과 나는 선교사로 그곳에 갔다. 나는 기술자로서 복음문서선교회(Gospel Literature Service)를 위해 일했다. 내 임무는 기독교 문서를 출판할 고출력의 현대적 오프셋(offset) 인쇄기를 개발하는 것이었다. 당시 그 도시에는 교회가 거의 없었고, 그들 가운데 진정한 생명이 있는 교회도 거의 없었다. 우리는 유일하게 있는 침례교회에 들어갔다. 그 교회의 교인은 소수였고, 연약하고 무력했다. 그 교회에 도착한 지 얼마 안 돼서 캐나다 선교사 부부인 존(John)과 레타 허친슨(Reta

Hutchinson)이 이 교회의 목회자로 초빙을 받았다. 그들도 우리처럼 하나님을 간절히 바랐다. 존은 하나님이 오셔서 우리 가운데 뭔가를 행하시길 간절히 바라는 설교를 하기 시작했다. 그의 설교로 인해 하나님에 굶주린 사람들이 조금씩 교회로 찾아왔다. 이 작은 모임은 하나님께서 우리 도시 가운데 역사해 주시도록 부르짖기 시작했다.

1965년 4월, 몇 번의 특별 집회를 가진 뒤에 갑자기 하나님께서 임하셨다. 그분은 우리 교회에 갑자기 임하셔서 예배와 영적 은사에 대한 우리의 복음주의적인 보수 성향을 압도하셨다. 그리고 우리 가운데 소수의 사람들이 영광스럽게도 성령 세례를 받았다. 그러자 모든 것이 변하기 시작했다.

이 경험으로 인해 개인적으로 나에게 몇 가지 일이 일어났다. 몇 주 후에 나는 지적으로 그리고 교리적으로 어려운 문제들과 씨름하고 나서 방언으로 말하기 시작했다. 지금도 방언을 말한다는 것이 나에게는 이해가 되지 않는다. 하나님이 주신 이 이상한 말을 나는 여전히 이해하지 못한다. 그러나 만일 사도 바울이 명한 대로 내가 방언을 유창하게 말한다면 내 영이 크게 확장된 것이며, 이로 인해 하나님께서는 내 안에서 보다 더 크게 역사하실 수 있다. 그리고 이로 인해 하나님은 나를 통해 더 위대한 일들을 행하실 수 있다.

부활의 능력

성령 세례를 받고 며칠 안 돼서 나에게 어떤 일이 일어났다. 나는 실제로 환상을 본 적은 없다. 하지만 나는 내 마음에 하나님의 말씀에 대한 강력한 계시를 경험했다. 이로 인해 내 영적 이해력에 너무나 큰 변화가 생겨서 문자 그대로 내 삶이 바뀌었다.

회심한 이래로 나는 예수 그리스도의 부활을 역사적 사실로 믿어 왔다. 나는 성경 말씀을 여러 번 읽었지만 물리적 능력(miracle)이나 이로 말미암은 영적 권능에 대해 집중하지 않았다. 실제로 나는 이를 영적으로 '보지'(seen) 못했다. 그날, 완전히 새로운 방식으로 성령께서는 나에게 부활하신 그리스도의 능력과 영광과 권세를 보여 주셨다. 성령께서는 예수님께서 이미 십자가와 영광스러운 부활의 능력과 그분의 보좌의 현재적 권세를 통해 이미 이루신 위대한 정복과 승리를 내게 보여 주셨다.

갑자기 나는 주님을 대항한 모든 것이 그분 발아래 있다는 것을 보게 되었다. 주님은 이미 만물 위에 계셨고, 완전한 권세로 다스리고 계셨다. 또한 나는 내 자신도 이미 주님과 함께 부활하여 보좌에 앉으신 그분과 함께 하늘에 앉아 그분의 부활의 능력과 권세를 나눠 가졌음을 알았다.

그때까지 나는 뭄바이의 거리를 걸으면서, 모든 마귀적인 활동과 힘을 바라보고는 '이 얼마나 무섭고 어둡고 마귀적인 도시인가. 이 곳에 무슨 소망이 있을까?' 라고 생각했다. 나는 도처에서 사탄의 역사를 볼 수 있었으며, 그는 너무 월등하고 강해 보였다. 우리 교회는 이 광대하고 어두운 도시에 빛나는 작고 몇 안 되는 희미한 빛줄기 중 하나였다. 그리고 그것은 상대적으로 매우 왜소하고 약하고 무의미해 보였다.

그러나 부활하신 그리스도에 대한 계시가 내 영에 들어왔을 때 모든 것이 달라졌다. 마귀가 얼마나 강한지를 보는 대신에 나는 예수님께서 얼마나 강하고 능하신 분인지를 보기 시작했다! 나는 예수께서 이 도시에서 마땅히 받으셔야 할 영광을 받지 못하고 계신 것에 대해 분노를 느끼기 시작했다. 성령께서 나처럼 볼품없는 자들을 통해 어둠의 권세를 파하고 이 도시를 변화시키실 수 있을 것 같았다. 그래서 나는 이 목적을 위해 성령과 동역하기 시작했다.

이처럼 최초의 돌파가 있은 지 몇 달 후에 존과 리타는 캐나다로 돌아가기 위해 인도를 떠났고 나는 교회의 목사직을 인수하도록 초청을 받았다. 나는 목사관으로 이사를 했고, 하나님께서 나에게 보여 주시는 새로운 것들을 설교하기 시작했다. 그러자 성도의 수가 계속해서 늘어났다.

하나님 나라를 설교하다

얼마 후에 또 하나 중요한 일이 일어났다. 이전에 한 번도 만나 본 적이 없는 사람이 어디선가 갑자기 나타나 나를 방문했다. 그는 교회에 있는 내 사무실의 문을 두드렸다. 그리고 그는 "하나님께서 전 세계를 다니며 지도자들에게 말하라고 보내셨습니다"라고 말했다. 그는 책을 한 보따리 들고 있었으며, 나에게 꼭 읽어 봐야 한다고 말하면서 책 한 권을 건네주었다. 계속해서 그는 말했다: "이것은 하나님

제1장 뭄바이에 임한 하나님의 나라

이 당신에게 주시는 메시지입니다. 당신은 하나님의 나라를 봐야 하고 그 나라를 믿어야 하며, 그 나라를 설교하고 그 나라를 힘차게 진군시켜야 합니다. 그러면 하나님의 영광이 이 도시에 임하는 것을 보게 될 것입니다."

그는 평생을 인도 선교사로 일했던 한 사람의 책을 나에게 건네 주었다. 그의 이름은 E. 스탠리 존스 박사였고, 책 제목은 「흔들리지 않는 나라와 변하지 않는 분」이었다. 그러더니 갑자기 그 방문객이 문 밖으로 사라졌다. 그때 이후로 나는 내 사무실에 나타난 그 사람이 누구인지에 대해 여러 번 생각하게 됐다. 그는 내게 이름도 말하지 않았으며, 나도 그에게 물어볼 생각을 전혀 하지 못했다. 그는 평범한 사람처럼 보였지만 미국 사람 억양을 가진 이상한 느낌이 드는 사람이었다. 그는 갑자기 나타났다가 어딘지 모르는 곳으로 사라졌다. 하지만 그는 내 가슴에 지금도 타오르고 있는 말씀들을 남겼다. 오늘까지 솔직히 나는 내가 부지불식간에 천사의 방문을 받은 것이 아닌가 생각한다.

이 방문과 이 책이 나를 바꿔 놓았다. 나는 하나님 나라를 보기 시작했고, 그 나라를 이해하기 시작했으며, 그 나라를 설교하기 시작했다. 사람들이 모이기 시작했으며, 우리는 함께 우리 도시에서 하나님의 나라를 힘차게 진군시키기 시작했다. 그러나 그것은 하루아침에 이뤄지지 않았다.

성공적인 교회만으로는 충분치 않다

이 메시지를 전하자 맨 먼저 일어난 일은 교회의 성장과 더불어 교회가 살아 움직이고 능력 있는 교회로 변했다는 것이다. 교회 안에서 기적이 일어나기 시작했다. 어느 주일, 귀신 들린 광인이 아침 예배 시간에 달려 들어왔다. 그가 복도를 따라 내게 달려올 때 내가 그 안에 있는 귀신들을 예수의 이름으로 꾸짖자 그는 바닥에 쓰러졌다. 귀신들이 나왔고 그 사람은 영광스럽게 구원을 받았으며 변화되었다. 또 한번은 힌두교인 한 사람이 들어와 피를 토했다. 그는 양쪽 폐에 결핵이 걸린 말기 환자였으나 영광스럽게 치료를 받았다. 그때까지만 해도 우아하고 전통적인 침례교회에서 이런 일들이 일어났다. 이제 그 교회는 더 이상 전통적이거나 '우아하지' 않았지만 이전보다 더 성경적이 되었다! 하나님 나라의 교회가 되기 위해선 때로 우리는 성경적인 것과 다른 사람 눈에 우아하게 보이는 것 둘 중에 하나를 선택해야만 한다. 이 경우에 우리는 자신에게 성경적인 교회를 원하는지 아니면 우아한 교회를 원하는지 자문해야만 한다. 어느 것이 더 중요한가!

크게 성공하여 살아 움직이는 교회가 된 위치에서 우리는 쉽게 멈출 수 있다. 나는 다른 도시들로 가서 하나님께서 우리에게 행하신 일들과 그 과정을 간증할 수 있었다. 그리고 말할 것도 없이 나는 교회 성장에 관한 '전문가'가 될 수 있었다. 그러나 하나님께서는 나에게 다른 것을 보여 주셨다. 그분은 마귀가 들끓는 도시에서 약동하는 교회로 만족하지 않으셨다. 그분은 도시 자체를 원하셨다! 그분은 나에게 도시를 취하는 것이 하나님께는 어려운 일이 아니라는 것을 보여 주기 시작하셨다.

하나님의 나라가 진짜 뭄바이에 임하다

몇 년 후 이제 옷 솔기가 터지듯이 교회가 성장하고 있을 때에 에일린과 나는 이 교회를 좋은 사람들에게 맡기고 그 도시의 다른 곳에서 새로운 교회들을 시작하라는 인도하심을 받았다. 그곳은 가톨릭 신자들이 사는 곳이었으며, 범죄와 폭력적인 갱들과 술 취한 자들이 많은 곳으로, 약 100만 명 이상이 그곳에 살고 있었다. 하나님은 "그곳에 가서 교회를 시작하라"고 말씀하셨다.

다른 두 사람과 함께 우리는 아무런 사전 준비 없이 교회를 시작했다. 몇 개월이 지나자 가장 무시무시한 배경을 지닌 약 40명의 사람들이 구원을 받고 교회에 합류했다. 그들은 귀신에게서 구원을 받고 변화하기 시작했다. 하룻밤에 갑자기 변화하는 건 아니었지만 하나님은 역사하기 시작하셨다.

40명 모두는 귀신 축사와 변화의 기적을 맛보았고 그것만으로도 우리를 향한 귀신의 공격을 자극하기에 충분했다. 그 지역을 통치하는 귀신의 세력이 우리를 대항했으며 우리는 모든 면에서 공격을 받았다. 가톨릭교회는 맹렬하게 우리를 공격했으며, 우리가 위험한 종파라고 말하며 사람들이 우리에게 접근하지 못하도록 경고했다. 도시 관료들도 한두 사람의 말만 듣고 마음이 동하여 우리를 추방하려 했다. 새로 회심한 사람들은 많은 이들의 표적이 되었고 그 결과 그들은 신앙을 버렸으며, 교인 숫자는 40명에서 8명으로 줄었다. 에일린과 나는 귀신에게 물리적인 공격을 받았다. 한 귀신은 실제로 어느 날 밤 내 목을 졸라 죽이려 했다. 우리는 매우 이상한 일들을 겪었지만 주신 은혜로 계속해서 포기하지 않았다.

어느 수요일 저녁, 우리 두 사람은 찬양을 통해 끈질긴 전투를 벌이고 있었다. 찬양은 우리 기분과 전혀 어울리지 않았다. 우리의 모든 상황은 우리가 지고 있다는 것을 말해 주었다. 나 역시 몸의 건강이 좋지 않았다. 우울했고 포기하고 싶었다. 매력적인 것이라고는 아무것도 없었고 아무것도 즐겁지 않았다. 우리는 그저 하나님께 순종하여 그분이 우리에게 주신 사명을 오기로 수행할 뿐이었다.

우리 상황 중 그 어느 것도 예수님께서 주가 되심을 선포하지 못했지만 말씀은 그분이 주시라고 말했으며, 우리의 영도 그분이 십자가에서 승리하셨음을 알았다. 우리는 억지로 찬양했고 이 진리를 우리를 대적하는 세력에 대해 외쳤다. 하지만 그것은 완전히 허사처럼 보였고 그렇게 하는 것이 어리석어 보였다.

이런 일을 하는 자가 수백 명이 아니라 에일린과 나, 단지 두 사람뿐이었다. 우리는 성경에서 두 사람이면 충분하다는 말을 여러 번 듣는다. 20명이면 더 좋을 것이다. 200명이면 환상적일 것이다. 그날 이후로 아프리카 케냐에서 나는 8,000명의 사람들을 이끈 적이 있었다. 그들 모두는 그 땅의 귀신의 세력에 대해 사자처럼 포효했다. 그때의 기분이 너무 좋고 강력했지만 그렇다고 그 많은 수가 다 필요한 것은 아니다. 예수님께서는 둘이면 족하다고 말씀하셨다(마 18:20을 보라).

당시에 우리는 영적 전쟁에 대해 아무것도 몰랐다. 어느 누구에게도 이 주제에 대한 계시가 없었다. 우리가 아는 한 아무도 이런 일을 하지 않았기 때문에 책이나 테이프, 컨퍼런스 같은 것이 없었다. 그러나 성령께서는 영적 전쟁에 관한 모든 것을 아신다. 그래서 우리는 그분이 우리에게 하라고 하신 것을 행했고 우리는 성공했다.

그 특별한 수요일 저녁에 우리 두 사람은 외치기로 작정하고, 뭄바이의 작은 집회실에 역사하는 이 귀신의 세력에게 그리스도의 주 되심을 강하게 선포했다. 이때 영적인 세계에서 무언가가 조금 열리기 시작했으며, 나는 무슨 일인가가 일어나고 있음을 느꼈다. 그날은 1972년 4월이었다. 나는 날짜까지도 말할 수 있다. 그날은 19일이었다. 다음 주일 날, 일이 벌어지기 시작했다. 신앙을 버렸던 자들 중 일부가 다시 교회로 돌아왔으며, 분위기가 바뀌었고 모든 것이 달라지기 시작했다.

신실한 증인

얼마 후 나는 남부 인도의 기숙학교에 다니고 있는 우리 자녀들을 만나기 위해 1,000마일을 여행했다. 그동안에 에일린은 네 번째 아이인 데이비드를 낳기 위해 진통을 하였다. 아내는 예상보다 일찍 진통을 시작했으며, 나는 그곳에 없었다. 그것은 재앙처럼 보였지만 하나님의 계획이었다.

처음에 우리는 아내가 해산할 즈음에 100마일 떨어진 곳에 있는 괜찮은 선교병원으로 가서 사랑스러운 그리스도인 친구들과 며칠간 쉬면서 우리 꼬마가 이 놀라운 그리스도의 사랑의 분위기 가운데 태어나길 계획했었다. 그러나 아이가 언제 태어날지 아무도 정확히 말해 줄 수가 없어서 계획을 바꿔야만 했다. 그래서 우리는 대신에 안전을 위해 근처에 있는 가톨릭 병원을 예약했다.

에일린은 진통하면서 그곳에서 자기를 돕는 수녀들에게 복음을 증거하기 시작했다. 그들 중 한 사람은 데이비드 윌커슨(David Wilkerson)의 저서「십자가와 깡패」(The Cross and the Switchblade)를 읽었고 하나님의 능력을 경험하길 갈망했다. 에일린은 그들과 몇 시간 동안 이야기를 나눴다. 이는 참으로 작은 순종이었다. 에일린은 이렇게 작은 일에 충성했다. 그러나 작은 순종을 통해 하나님께서 어떤 일을 하실지 누가 알겠는가! 에일린의 말을 통해 하나님께 굶주린 수녀들 가운데 무슨 일인가가 일어났으며, 이로 인해 뭄바이가 변할 예정이었다.

작은 씨가 큰 나무가 되다

이 수녀들이 오순절을 준비하기 위해 성경공부를 해 달라고 나를 초청했다. 오순절은 앞으로 6주 정도가 남았었다. 하나님을 갈망하는 다른 수녀들도 와서 이 그룹에 합류했다(큰 무리는 아니었고 10명에서 15명 정도였다). 그들은 성령께서 교회력에 따라 성령강림주일(Whit Sunday)

제1장 뭄바이에 임한 하나님의 나라

전인 목요일에 임하시길 원했다. 그리고 은혜롭게도 하나님께서는 그렇게 해 주셨다. 그 주 목요일에 성령께서 오셔서 그곳에 있던 모든 이에게 임하셨다.

그들 대부분은 이미 예수님을 사랑하고 있었으나 그날 밤 나머지 사람들은 진정으로 거듭났다. 그들 모두가 성령 세례를 받았고, 하나님은 위대한 일을 시작하셨다. 4년 후에 최소한 10만 명의 사람들이 거듭났으며 하나님의 강력한 능력의 나타남과 함께 성령 충만을 받았다. 위대한 기적들이 일어났고, 많은 이들이 고침을 받았으며 많은 귀신들이 나갔다.

베드로와 바울 시대의 성경에 나오는 것처럼 하나님의 나라가 나타나기 시작했다. 새로 믿은 신자들은 신속하게 뭄바이와 국가 전체에 강력한 증인으로 뻗어 나가기 시작했다.

그 4년 동안 많은 교회들이 새롭게 개척되었다. 이 글을 쓰는 지금 이 강력한 역사는 아직도 계속되고 있다. 뭄바이에서만 이 운동을 통해 3,000에서 5,000개의 교회가 생겨난 것으로 추산된다. 매달 수백 명의 사람들이 구원을 받고 있다. 가톨릭 신자들이 여전히 반응하고 있고, 지금은 많은 힌두교인들과 약간의 회교도들이 만지심을 받고 있다. 수백 명의 강력한 지도자들이 일어나 인도와 전 세계 다른 나라들로 가서 천국 복음을 전하고 있다. 이 작은 시작에서 흘러나온 것을 양적으로 측정하기란 불가능하다. 오직 하나님만이 알고 계시며, 오직 하나님만이 아셔야만 한다.

내가 이 모든 것을 말하는 이유는 이것이다. 즉 단지 소수의 사람들이 하나님 나라에 대한 계시를 받고 진정으로 성령의 능력을 받는다면 그것으로 하나님께서 위대한 일을 행하실 수 있다는 것을 나는 당신이 알았으면 좋겠다. 이 책의 목적은 단순히 정보를 전달하는 데 있지 않다. 나는 하나님께서 당신 안에 불을 일으키시고 최소한 나처럼 당신도 하나님의 나라를 분명하게 보길 기도한다. 그러면 이로 인해 당신은 어쩔 수 없이 밖으로 나가 일할 때에 이 영광스러운 하나님의 나라가 당신이 보내심을 받은 곳마다 세워지는 것을 보게 될 것이다. 이는 성령의 계시로 인한 것이지만, 이는 또한 성경의 확실한 기초 위에 세워져 있고 계속해서 부지런히 연구할 것을 요구한다.

하나님께서는 성경이 참으로 말하는 바와 의미하는 바를 새로운 방식으로 내게 보이기 시작하셨다. 나는 하나님이 나에게 주시는 새롭고 보다 정확한 진리를 수용하기 위해서 이전에 배웠던 많은 부분을 원상태로 돌려놔야 한다는 것을 깨달았다. 나는 성령께서 당신에게 지금 말씀하시는 것을 듣기 위해 당신이 열린 마음을 갖길 원한다. 이 책을 읽으면서 당신은 당신의 도시를 변화시키기 위해 많은 사람이 필요치 않다는 것을 반복해서 듣게 될 것이다. 두 사람만 있으면 그 두 사람 가운데 하나님 나라의 능력이 충분히 들어 있으며, 제대로 풀어지기만 하면 당신이 살고 있는 곳을 변화시킬 수 있다.

나는 당신에게 이론을 가르치지 않을 것이다. 나는 내가 경험한 것과 세계 도처에서 다른 이들이 지금 경험하고 있는 것을 가르칠 것이다. 그날 이후, 나는 가는 곳마다 언제나 우리 주 예수님을 위해 우리의 도시들을 드릴 수 있다고 믿었다! 이 도시 중 몇몇은 지금 하나님의 나라를 볼 수 있는 사람들을 통해 하나님의 능력으로 말미암아 변화되고 있다.

    1991년 이후로 하나님은 계속해서 우리를 샌안토니오에 두셨다. 이 도시는 지금 확실하게 변하고 있지만 모든 것을 다 이야기하기에는 시간이 부족하다. 텍사스가 변하고 있다. 미국도 하나님 나라의 백성들을 통해 서서히 영향을 받고 있다. 나는 절망적인(forlorn) 희망을 말하는 것이 아니라 영적인 사실을 말하고 있다. 영적인 세계에서 이 모든 것은 이미 성취되었으며, 이제 여러 곳에서 가시적으로 나타나기 시작했다.

Heaven on Earth

Chapter 2

도대체 하나님의 나라는 무엇인가?

태초에 시작된 하나님의 나라

하나님의 나라는 하나님께서 아담과 하와를 지으셨을 때부터 이 땅에 시작되었으며, 아담과 하와는 하나님이 지으신 모든 만물을 다스리는 통치자가 되었다. 그들에게 권세가 주어졌지만 그것은 위임된 권세였고, 그들이 하나님의 통치와 다스림을 받으며 그 나라에 거할 때에만 가능했다. 그들이 하나님께 완벽하게 순종하는 동안 하나님의 영원한 생명이 무제한으로 그들에게 흘러 들어왔고, 이로 말미암아 그들의 인성은 그 생명의 능력으로 가득했다. 그리고 그 생명의 능력으로 인해 그들은 스스로를 다스리고 하나님이 만드신 모든 만물을 성공적으로 통치할 수 있었다.

이런 상황이 계속되는 동안에 모든 것은 완전한 질서 속에 머물렀다. 그리고 만물은 하나님 나라 안에 있었기 때문에 모든 것이 심히 좋고 아름다웠다. 거기에는 타락도, 악도, 미움도, 죄도, 질병도, 죽음도 없었다. 하나님 나라는 이런 것들을 전혀 몰랐다. 그것은 말 그대로 모든 면에서 낙원이었다.

사탄은 이 나라의 밖에 있었고 들어올 수도 없었다. 오늘날까지도 사탄은 결코 하나님 나라에 들어올 수 없으며, 앞으로도 결코 그렇게 할 수 없을 것이다. 하나님 나라 안에 있는 모든 것은 그의 영역 밖이고 그는 이를 만질 수도 없다.

사탄은 하나님께서 지으신 것을 어찌해서든지 장악하고 싶어 했다. 그는 하나님의 완벽한 창조 세계에 타락한 그의 손가락을 대고 싶었다.

잃어버린 나라

사탄은 인류에게 약점이 있다는 것을 알았다. 하나님께서 땅을 다스릴 권세를 그들에게 주셨을 때에 사탄의 전략은 아담과 하와를 장악하는 것이었다. 그럴 경우에 그는 그들을 통해 하나님이 창조하신 모든 것을 통치하고 이 세상에서 불법적으로 왕이 될 수 있었다.

이를 달성하기 위해 그는 아담과 하와를 유혹하여 하나님 나라에서 나오도록 해야만 했다. 이는 그가 인간으로 하여금 하나님의 통치에서 벗어나 독립적인 존재, 즉 스스로 통치하는 존재가 되도록 설득하는 것을 의미했다. 그들이 하나님 나라 안에 있는 한 그들은 보호를 받기 때문에 마귀는 그들을 만질 수가 없었다. 만일 아담과 하와가 하나님 나라와 그 보호에서 벗어나기만 한다면 그들은 취약해져서 쉽게 공격과 정복의 대상이 될 수 있었다.

사탄은 아담과 하와가 죄인이 되도록 직접 초청하지 않았다. 그러면 너무 속이 빤히 들여다보일 것이다. 대신에 그는 그들이 하나님의 억압적인 통치하에 계속 있으면 결코 그들의 잠재력을 모두 발휘할 수 없을 것이라고 둘러서 말했다. 사탄은 교활하게도 그들이 자신의 노력으로 내적 잠재력을 발휘하면 하나님처럼 될 수 있다는 암시를 통해 하나님의 통치를 벗어나도록 설득하였다.

사탄은 여인에게 뱀으로 나타나서 그녀로 하여금 남편과 함께 하나님의 뜻에 기쁨으로 순종하며 사는 대신에 독립적인 존재가 되도록 유혹했다. 공교한 거짓말로 사탄은 그들에게 그들 자신의 자원을 사용하여 하나님처럼 될 수 있다고 설득했다.

먼저 하와가, 그 다음엔 아담이 이 거짓말을 듣고 타락했으며 하나님 나라에서 나와 독립적인 존재가 되었다. 그들은 죄인이 될 의도는 없었고, 대신 계속해서 그들은 이전에 즐겼던 도덕적 완전성을 지닐 것이라 생각했다. 그들은 스스로를 자유케 함으로써 그들 자신의 힘으로 보다 더 온전히 하나님처럼 되리라 기대했다. 이 얼마나 비극적인 결정이며, 이에 따르는 고통과 불행 속에서 얼마나 큰 대가를 치러야만 했던가! 이는 아담과 하와 그리고 그들의 모든 자손들의 운명이 되고 말았다.

이들이 이처럼 비극적인 결정을 내렸을 그때 하나님의 첫 번째 외침은 "아담아, 네가 어디 있느냐?"였다. 그것은 지금 하나님과 인간 사이에 존재하는 깨어진 관계와 분리에 대한 고통의 외침이었다. 아담과 하와는 처음으로 죄의 더러움을 느꼈으며, 더 이상 하나님 앞에서 벌거벗고도 순결하고 부끄럼 없이 서 있을 수가 없었다. 그들은 이전에 그랬던 것처럼 기쁨 가운데 그분의 임재 앞으로 달려 나가는 대신에 거룩하신 하나님에게서 도망하여 숨었다.

하나님은 중대한 결정을 하셨다. 그분은 이제 막 시작된 사탄의 왕국을 파괴하고 그와 그의 사자들을 영원한 심판의 구덩이에 던져 버림으로써 즉각 사탄의 반역을 처리하실 수 있었다. 그런 다음에 하나님께서는 지구를 청소하고 모든 것을 새롭게 시작하실 수 있었다. 그러나 그분의 완전한 공의 때문에 그분은 어쩔 수 없이 그분의 파트너이자 이 무서운 반역에 사탄과 공조하고 죄를 범한 아담과 하와를 동일하게 심판하셔야만 했다.

그러나 하나님은 아담과 하와를 너무 사랑하셨기에 그들이 죄를 범했어도 그들과 그들의 자손을 구원하시기로 결정하셨다. 비록 그로 말미암아 그분이 엄청난 대가를 치러야만 했지만 말이다. 하나님은 아담의 종족을 심판 가운데 버리시기보다는 오히려 구속하시기로 결정하셨다. 그분은 기꺼이 그분의 나라의 통치를 받아들이고 그분의 뜻에 기쁨으로 순종함으로써 이 땅에 그분의 나라의 영광을 세우기로 작정하는 모든 자들과 화해하시기로 정하셨다. 언젠가 사탄은 마침내 심판을 받게 될 것이며, 그때가 되면 인류가 구원받는 기회는

제2장 도대체 하나님의 나라는 무엇인가?

끝이 날 것이다.

하나님께서 사탄의 심판을 연기하시다

인류에게 회개하고 자발적으로 하나님 나라에서 하나님의 선하신 통치를 받을 수 있는 기회를 부여하기 위해 하나님은 사탄에 대한 심판을 연기하시고 인간이 온 땅을 다스리는 섭리가 계속되도록 허락하셨다. 이로 인해 구원의 문은 마지막 심판 날까지 만민에게 계속해서 열려 있게 되었다.

또한 이는 의를 위해 하나님께서 자신을 스스로 제한하셔서 이 땅에서 인간이라는 대리자를 통해서 일해야만 하심을 의미한다. 따라서 인류는 이 땅에 사탄의 통치와 하나님의 통치 중 하나가 세워지는 문이 되었다. 이러한 섭리 기간 동안에 이 땅은 문자 그대로 두 왕국의 전쟁터가 되었다.

구원의 문을 계속해서 열어 놓기 위해 하나님께서는 사탄이 온 땅을 활보하며 많은 사람들을 미혹하여 그들에게 그들 마음대로 살 수 있는 권리가 있으며 또한 이것이 하나님의 '강압적인 통치'를 받는 것보다 훨씬 좋다고 설득할 수 있도록 허락하신다. 사탄은 계속해서 사람들에게 그들의 독립적인 '자유의지'를 사용하고, 그들의 욕망을 따라 살며, 이 세상의 풍습과 압력과 정욕을 따라 살도록 권한다(엡 2:1~3을 보라). 이런 방법으로 사탄은 수많은 자들을 속박했으며, 사람들은 죄와 사망의 노예가 되었다.

가끔 하나님은 군중과 달리 자신을 찾고 그분의 뜻에 따라 살려고 하는 자들을 만나셨다. 그러한 사람들을 통해 하나님은 임시이긴 하지만 악의 물결을 제어하실 수 있었고, 잠시 동안 그들은 그의 세대에 세상의 빛이 되기도 하였다. 이런 자들은 최소한 겉으로 보기에 많은 사람들을 의의 길로 돌아오게 할 수 있었으며, 잠시 하나님 나라와 비슷한 모습을 가져왔지만 그 어느 것도 지속되지 못했다. 여전히 사람들의 마음이 악을 향하고 있었기 때문에 그들이 죽은 후에 그 변화는 결코 오랫동안 지속되지 못했다.

다시 찾은 하나님 나라

성경은 하나님께서 한 사람을 찾으셨지만 결코 그 사람을 찾지 못하셨다고 여러 번 말한다. 그 사람은 아담과 하와, 그리고 그들의 모든 자손에게 그렇게도 절실하게 필요했던 그들을 무를 친족이 되기에 합당한 사람이었다(사 41:28, 59:16, 63:5, 렘 5:1을 보라). 이사야 59장과 고린도전서 15장 45~49절에 나오는 대로 하나님 자신이 그 사람이 되기로 결정하셨다. 즉 하나님께서 예수 그리스도로 성육신 하신 것이다. 마지막 아담으로서 그분은 인간의 육체를 입으시고 죄의 모든 빚을 친히 감당하셨으며, 자기 죽음을 통해 모든 아담 종족을 대신해 그 빚을 갚으신다. 그리스도께서 친히 인류를 위해 죄에 대한 하나님의 진노를 다 짊어지셨으며, 이는 사탄과 죄의 노예 된 상태에서 그들을 구원하시기 위함이었다.

그분의 피로 말미암아 그분은 또한 사탄의 통치에서 온 땅을 구속하셨고 어둠의 나라와 이 땅 위의 모든 악의 역사를 완전히 파괴할 권리를 얻으셨다. 주님의 부활과 영원한 생명을 통해 하나님은 이 사람을 왕으로 삼으셨고, 그를 통해 그분의 나라의 충만한 영광을 마침내 그리고 영원히 이 땅에 세우셨다.

예수, 하나님 나라의 새로운 시작

때가 차매 하나님께서는 그 사람이 되시기 위해 예수 그리스도로 친히 오셨다. 그분은 아담이 독립적인 존재가 되기 전에 순전한 상태에서 살았던 바로 그 인성을 입으시고 이 땅에 머무셨다. 아담을 통해 유전되던 죄성을 끊기 위해 예수님께서는 남자의 씨 없이 마리아의 몸에 성령으로 잉태되셨다. 모든 의를 이루시기 위해 사람이신 예수께서는 인성의 한계 가운데 사셔야만 했으며, 비록 온전히 하나님이셨음에도 불구하고 한 순간도 자기의 신성의 능력에 의거해 사실 수가 없었다.

그분께서 의지적으로 선택할 수 있게 된 순간부터 이 땅의 마지막 순간까지 예수님께서는 자신이 어떻게 살아야 할지에 대해 변함없는 결단을 하셨다. 그분은 아버지 하나님의 뜻을 절대적으로 의지하고 이에 절대적으로 순종하셨으며, 자신을 성령께 온전히 드리셨다. 즉 그분은 자신의 온 삶을 하나님 나라 안에서 살기로 결단하셨다. 한순간이라도 결코 그분은 독립적인 존재가 되지 않으셨으며, 그 나라의 안정감과 능력을 떠나지 않으셨다. 그 결과 악한 자는 그분의 인생을 결코 만질 수 없었다.

아담의 삶과 예수님의 삶의 가장 큰 차이는 자신의 삶에 대한 하나님의 통치에 대해 그들이 가졌던 결단이다. 예수님은 아버지 하나님을 의지하고 순종하며 살기로 선택하셨다. 그래서 전 생애를 통해 그분은 하나님의 나라 가운데 머무셨다. 아담은 독립적으로 살기로 선택했다. 그가 하나님의 나라를 나와 자가 공급을 하며 살았을 때에 그는 즉시 하나님 나라의 보호와 능력을 잃어버리고, 대신에 죄인과 더불어 사탄의 종이 되고 말았다.

예수님께서는 또한 하나님 나라를 보여 주시기 위해 오셨다

예수님은 세상 죄를 지고 가는 하나님의 어린 양으로서 오셨을 뿐만 아니라 그분의 삶의 또 다른 목적은 하나님 나라를 생생하게 보여 주는 것이었다. 공생애 초기부터 예수님은 하나님 나라를 전파하셨다. 즉 그분은 잃어버린 자들에게 회개와 더불어 독립적이고 자기 주도적인 삶에서 떠나 하나님의 나라로 돌아와 그분처럼 살도록 초청하셨다. 이는 그들이 자신을 즐겁게 하는 삶을 버리고 대신 예수님처럼 사는 것을 의미했다. 그들은 절대적으로 아버지 하나님께 순종하고 그분을 의지하는 삶을 살아야만 했다. 일단 가장 중요한 회개를 하기로 결단하면 십자가를 통해 무조건 그들의 모든 죄를 사하고 사탄의 권세에서 완전히 자유롭게 되는 구원을 허락하실 수 있었다.

Chapter 3

신약성경에 나타난 하나님의 나라

바른 곳에서 시작하기

먼저 바른 성경 해석을 위해 소중한 도구를 나누고자 한다. 이 도구는 내가 몇 년 전에 어떤 사람에게서 받은 것이다. 계속해서 이 도구를 통해 나는 진정으로 성경이 말하는 진리에 머무를 수 있었다. 내가 '바른 곳에서 시작하기' 라 부르는 이 원리는 다음과 같다.

1. 모든 주요 교리의 씨와 핵심은 언제나 예수님 자신이 하신 말씀 가운데서 찾을 수 있다.

예수님 자체가 하나님의 말씀이며, 이 땅에 계실 때에 오직 그분만이 아버지 하나님과 성령께 온전한 계시를 받으셨다. 오직 그분만이 구약성경의 모든 말씀에 말씀을 더하고 이를 다시 정의하며, 명확하게 하실 권세와 능력을 가지고 계시다.

히브리서 1장 1~2절은 다음과 같이 말한다: "옛적에 선지자들로 여러 부분과 여러 모양으로 우리 조상들에게 말씀하신 하나님이 이 모든 날 마지막에 아들로 우리에게 말씀하셨으니."

히브리서 2장 3~4절은 다음과 같이 말한다: "이 구원은 처음에 주로 말씀하신 바요 들은 자들이 우리에게 확증한 바니 하나님도 표적들과 기사들과 여러가지 능력과 및 자기 뜻을 따라 성령의 나눠주신 것으로써 저희와 함께 증거하셨느니라."

마태복음 5장부터 시작되는 산상수훈에서 예수님은 모세의 말을 인용하면서 여러 번 이를 수정하고 확장하고 재정의하신다. 그리고는 이를 하나님 나라의 관점에서 보다 더 높은 차원으로 승화시키신다. 그곳에서는 외적인 행동뿐만 아니라 마음까지도 살피신다. 주님은 기도에 대해(마 6:5~13), 헌금에 대해(마 6:1~4), 금식에 대해(마 6:16~18), 분노에 대해(마 5:22), 정욕에 대해(마 5:28), 간음에 대해(마 5:27~28), 용서에 대해(마 6:14~15) 그리고 살인에 대해(마 5:21~22) 가르치셨다. 마태복음 19장 3~10절에서 주님은 결혼과 이혼에 대한 모세의 가르침을 교정하시며 이런 예들을 많이 말씀하셨다.

2. 예수님의 이러한 교리들은 신약성경의 사도들의 서신서를 통해 성령의 글과 계시로 확장되었다.

예수님께서는 성령이 오시면 그분께서 첫 제자들을 모든 진리 가

제3장 신약성경에 나타난 하나님의 나라

운데로 인도하시고 아버지께서 주님께 보여 주신 모든 것을 그들에게 계시하실 것이라고 약속하셨다. 예수님은 그들에게 이런 것들을 가르치시려고 어느 정도 노력은 하셨다. 하지만 그들의 영이 성령의 조명을 받기 전까지 그들은 이해하지 못했다.

그러나 '그 날' (성령께서 강림하신 날)에 예수님께서 약속하신 대로 모든 것이 달라졌다. 오순절에 성령이 주어지자 성경에 대한 놀랍고도 새로운 깨달음이 그들의 영에서 쏟아져 나왔고, 신약성경의 여러 영감 넘치는 저자들을 통해 기록되었다.

3. 마지막으로, 이처럼 예수님의 새로운 계시와 영감 넘치는 신약성경 저자들의 통찰력으로 무장되고 동일하신 계시의 성령의 조명을 받은 우리는 신구약 성경을 읽을 때에 보다 더 깊이 이들을 올바르게 이해할 수 있다.

이러한 진리들은 이미 구약성경에서 시작되었고, 그들은 역사적 배경 가운데 주어졌다. 이들은 이야기와 예(example), 그리고 비유적 설명으로 채워져 있으며, 이로 인해 부요해졌다. 이들은 모형(비유)이고, 실제로 우리의 모범과 경고와 가르침을 위해 기록되었으며, 특히 '말세를 만난 자들'(고전 10:11)에게 적용된다는 말을 듣는다.

구약성경의 온전한 의미는 성령의 계시를 통해 밝혀진다. 성령의 계시를 통해 우리는 구약의 모든 페이지마다 주 예수 그리스도와 그분의 영광스러운 나라에 대한 그림자와 모범과 교훈과 모형(type)의 증거가 있다는 것을 발견한다.

엠마오로 가던 제자들과 다락방에 있던 제자들이 발견한 것이 바로 이것이다. 그때에 예수님은 모세의 율법과 선지자와 시편을 그들에게 열어 주셨다. 예수님은 그들에게 성경에 기록된 모든 것이 자신에 관한 것임을 보여 주셨다. 그 결과 그들의 마음은 이로 인해 뜨거워졌으며, 수건이 걷히고 그들은 볼 수 있었다(눅 24:27, 44~46을 보라).

'바른 곳에서 시작하기의 원리'를 사용할 때에 비로소 우리는 구약성경의 실제 의미를 온전히 이해하게 된다. 기록 순서는 반대로 되어 있지만 진리를 이해하는 참된 계시적 순서는 신약이 먼저이다. 따라서 우리는 언제나 예수님과 신약성경 기자들의 우월한 계시를 통해 구약성경의 의미를 정의하고 설명하고 교정해야 한다. 그러므로 먼저 예수님께서 하나님 나라에 관해 말씀하셔야만 했던 것을 배우도록 하자.

하나님 나라에 관해 예수님은 뭐라고 말씀하셨는가?

먼저 신약성경의 모든 기자들과 전도자들이 하나님의 나라라는 주제에 대해 부여한 우선순위에 주목하라. 주님께서 죽으시고 부활하신 후에 그들은 예수님을 죄를 해결한 구세주로 전파하지 않았다. 대신에 그들은 언제나 예수님과 더불어 하나님의 나라를 전했다.

세례 요한의 사역이 시작된 마태복음 3장 1~2절의 말씀부터 시작해 보자. 그의 입에서 나온 최초의 말씀은 "회개하라 천국이 가까왔느니라"이다(마 3:1~2). 그는 하나님 나라를 선포함으로써 자신의 사역을 시작했고 자신을 통해 이사야 40장 3절의 예언의 말씀이 성취되었다고 주장했다. 그는 '주의 길을 예비하기 위해 광야에서 외치는 소리'로 왔다(마 3:3, 사 40:3을 보라). 그는 마태복음 3장 11절에서 다음과 같은 결론을 내린다: "나는 너희로 회개케 하기 위하여 물로 세례를 주거니와 내 뒤에 오시는 이는 나보다 능력이 많으시니 나는 그의 신을 들기도 감당치 못하겠노라 그는 성령과 불로 너희에게 세례를 주실 것이요."

이 말씀에서 그리고 신약성경 전체에 걸쳐 죄의 용서를 받아들이도록 사람들을 초청한 내용이 거의 없다는 점에 주의하라. 회개는 하나님 나라에 들어가는 첫 단계이다. 성경에 따르면 '거듭남'은 하나님의 나라에 들어가는 방편이다. 그것은 단지 예수님을 믿고 죄 사함을 받아 우리가 죽었을 때에 천국에 가는 결단이 아니다.

신약성경에서 죄 사함은 주요 이슈가 전혀 아니다. 그것은 가장 중요한 보다 더 근본적인 것의 결과물, 즉 부산물로서 선포되었다. 성경에 따르면 가장 중요한 것은 하나님 나라의 복음을 믿고 회개함으로써 실제로 하나님의 나라에 들어가는 것이다! 일단 하나님의 나라에 들어온 자들에게 비로소 죄 사함이 주어진다. 그러나 회개와 하나님 나라에 들어가는 것이 먼저 선행되어야 한다.

세례 요한은 하나님 나라에 대해 선포하며 두 가지를 이야기한다. 첫째는 회개에 대한 촉구이다. 둘째는 성령과 불세례를 받으라는 것이다. 성경에서 어느 누구도 즉각적으로 회개의 문제를 말하지 않고 하나님의 나라를 전파한 사람은 없다. 우리가 고려해야 할 첫 번째 문제는 진정한 회개의 본질이 무엇인가 하는 것이다.

진정한 회개

회개는 죄를 슬퍼하는 것과 상관이 없다. 회개란 실제로 완전한 마음의 변화를 의미하며, 이로 인해 실제로 우리의 살아가는 방식이 바뀌는 것을 의미한다. 그것은 행동으로 이어지는 마음의 변화이다. 이 행동으로 인해 완전한 인생의 변화가 생겨난다. 우리는 우리 자신을 즐겁게 하고 우리 자신의 일을 하는 것을 멈춘다. 대신에 우리는 가던 길을 돌이켜서 반대 방향으로 가며, 예수님처럼 오직 하나님께만 순종하고 그분만을 기쁘시게 해 드리는 삶을 산다. 우리가 회개와 같은 기본 문제를 다루지 않으면 하나님께서는 우리의 죄를 다루실 수 없다. 계속해서 자신의 삶을 자기의 자원을 가지고 독립적으로 살며, 자신의 삶을 예수 그리스도의 주 되심에 온전히 항복하지 않는 사람의 죄를 하나님은 용서하실 수 없다.

이는 하나님께서 인류에게 선포하신 메시지이며, 하나님께서 세례 요한을 보내서서 선포하게 한 메시지이기도 하다. 그는 말했다: "회개하라 천국이 가까왔느니라"(마 3:2). 일단 당신이 회개하면 하나님은 당신을 그분의 나라로 받아들이시고 당신의 모든 죄를 용서하실 수 있다.

성령을 받으라

이제 언급해야 할 다음 문제는 성령을 받아야 할 필요성이다. 일단 회개했으면 당신은 누군가로 인해 능력을 받아야만 한다! 뭔가가 아니라 누군가로 말이다. 이 누군가가 바로 성령이시다. 그분은 오셔서 당신의 삶을 완전히 취하셔서 하나님 나라를 힘차게 진군시키는 도구로서 당신을 사용하실 것이다.

진정한 회개를 위해 당신은 자신의 인생에 대한 모든 결정을 자신이 내리고 통제하는 삶을 사는 것이 얼마나 잘못된 것인지를 알아야 한다. 인간의 오류는 하나님의 통치를 받기보다는 자신의 삶을 스스로 책임지려 하는 데 있다. 이것이 가장 근본적인 문제이다. 죄는 바로 이 근본 문제의 악한 열매일 뿐이다. 모든 죄의 진정한 뿌리는 이기적인 독립심이다.

많은 사람들이 자신을 개선하길 원하지만, 하나님께서 진정한 의미에서 이렇게 하시도록 그들 자신의 삶에 대한 통제를 포기하려 들지는 않는다. 많은 사람들이 '예수님께로 나아올 때' 그들이 영적으로 하려 하는 것이 바로 이것이다. 그들은 "예수님, 저의 삶에 오셔서 제가 더 나은 사람이 될 수 있도록 도와주세요"라고 말한다. 그러나 그들은 결코 진정한 의미에서 자신의 삶을 그분께 드리지 않는다. 그들은 예수님께 간다. 하지만 그들은 그분을 어떤 도움을 줄 수 있는 분으로 대할 뿐, 자신의 삶을 여전히 자신의 것으로 여기고 그들 자신의 도덕적 힘을 통해 스스로 변화하려고 노력한다.

모든 종교가 이런 식이다. 어떤 종교에 도덕적으로 훌륭한 원리들이 있을 수 있지만 그들의 노력을 통해 그들의 삶을 개선시킬 책임은 개인에게 있다. 어느 누구도 그런 능력이 없기 때문에 이는 소용이 없다. 회교도든, 힌두교도든, 불교도든, 유대인이든 혹은 명목상의 그리스도인이든 간에 마찬가지이다. 어느 누구도 그들의 종교가 세워 놓은 행동의 기준에 맞춰 살지 못한다. 내 경험상 자기 의에 빠진 세속적인 무신론자로 지낼 때에 나 자신도 내가 세워 놓은 기준에 따라 살지 못했다. 마찬가지로 열광적인 바리새인이었던 사울도 열심히 노력했지만 유대 율법의 정당한 요구를 지킬 수 없었다(롬 7:15~24를 보라).

종교인 가운데 계속해서 자신의 삶을 확실하게 책임지는 사람들이 많다. 그리고 문제나 필요가 있을 때 그들은 자기 신에게 도움을 청하면서 "저를 도와주세요. 제발 저의 필요를 채워 주세요"라고 말한다. 심지어 많은 사람들이 곤란을 당하면 참되신 하나님께 부르짖거나 그들의 불만족스러운 상황을 고쳐 달라고 한다. 사람들은 자신의 삶을 보다 잘 통제하여 그들이 원하는 보다 더 나은 사람이 되기 위해 도움을 얻고자 정신과 의사나 의사, 도사, 심지어 목사까지도 찾아간다. 그러나 그들은 자신의 힘으로 이를 행하려 한다. 이런 사람들에 대해 하나님은 "회개하라. 그리고 먼저 그의 나라와 그의 구하라. 그리하면 이 모든 것을 너희에게 더하겠다"고 말씀하신다(마 6:33을 보라).

하나님은 이렇게 말씀하신다: "네 자신이 문제다. 그러므로 너는 나의 기준에 맞게 네 자신을 개선할 수 없노라. 네가 육체를 가지고 네 자신을 개선하려고 애쓴다면 언제나 마귀가 너를 이길 것이니라. 나는 너로 더 나은 사람이 되도록 하기 위해 온 것이 아니라 너를 나로 바꾸기 위해 왔노라."

불행하게도 오늘날 교회 안에서 행해지는 복음 전파와 기독교 상담 중 많은 경우는 사람들로 하여금 스스로 자신을 개선할 수 있도록 돕는 것을 그 기초로 하고 있다. 당신은 '자기 개선을 통해 원하는 성공자가 되기 위한 일곱 단계'와 같은 강좌를 배운다. 그런 뒤에 당신은 이를 실행하기 위해 '하나님의 도움을 구하는 방법'을 배울지도 모르겠다.

그러나 하나님은 이런 식으로 일하실 의향이 전혀 없으시다. 그분은 오직 당신을 위해 그리고 개선 불가능하고 독립적인 당신의 라이프스타일—성경은 끊임없이 이를 '육신'이라고 부른다—을 위해 오직 한 가지 계획밖에 없으시다. 그분의 계획은 당신의 육신적인 삶을 완전히 죽이고, 독립적이고 고집 센 당신을 완전히 없애시는 것이다. 바울은 갈라디아서 2장 20절에서 이런 삶의 모습을 설명한다: "내가 그리스도와 함께 십자가에 못 박혔나니 그런즉 이제는 내가 산 것이 아니요 오직 내 안에 그리스도께서 사신 것이라 이제 내가 육체 가운데 사는 것은 나를 사랑하사 나를 위하여 자기 몸을 버리신 하나님의 아들을 믿는 믿음 안에서 사는 것이라."

회개의 마음

회개는 이와 같은 종류의 마음의 변화를 말한다. 성경적 단어인 회개는 너무나 급진적이고 너무나 온전한 마음의 변화를 의미하며, 이로 말미암아 라이프스타일이 영구히 변하게 된다. 이는 마치 차 주인이 하나님께 "저는 결코 이 차를 잘 몰지 못합니다. 제 차를 완전히 받아 주십시오. 지금부터 저는 그저 승객이 되는 것으로 만족합니다. 이제 당신이 원하시는 대로 제 차를 운전해 주십시오"라고 말하는 것과 같다.

이런 일이 생길 때까지 우리는 진정으로 회개한 것이 아니다. 죄를 슬퍼하는 것은 회개가 아니다. 당신이 변화되길 바라면서 우는 것도 회개가 아니다. 이런 것들은 회개에 도움이 될지 모르지만 모든 것을 하나님의 통치하에 맡긴다는 근본적인 결정을 하기 전까지는 진정한 회개라 할 수 없으며, 또한 하나님 나라에 진정으로 들어왔다고 할 수 없다.

이미 하나님 나라에 들어온 자들만이 한 도시에 하나님의 나라를 가져올 수 있다. 오직 하나님 나라의 백성만이 하나님 나라 가족과 하나님 나라 공동체와 하나님 나라 교회를 낳을 수 있다. 만일 하나님의 나라가 당신에게 임하지 않았다면 어떻게 그 나라를 당신의 도시로 가져올 수 있단 말인가? 하나님이 가지신 큰 문제는 바로 이것이다. 사탄도 진정한 의미에서 문제가 아니다. 하나님에게 있어서의 주요 도전은 하나님의 백성들로 하여금 자기 자신의 일을 중단하고 무조건적으로 그분의 뜻을 행하게 하는 것이다. 이 목적이 달성되기만 하면 마귀와 그의 흑암의 나라를 다루는 것은 상대적으로 쉬운 문제이다.

이처럼 간략하게 서론적인 이야기를 하면서 우리는 복음을 전한다는 것이 진정으로 어떤 의미인지를 이해해야 한다. 신약성경 전체를 살펴보면서 우리는 예수님과 사도들이 전한 복음의 핵심이 죄 용서가 아니라는 것을 알게 될 것이다. 복음의 핵심은 언제나 하나님 나라였다.

예수님께서는 마태복음 6장 9~13절과 누가복음 11장 2~4절에서 우리에게 기도를 가르쳐 주시면서 하나님 나라에 대한 완벽한 정의를 내리셨다. 그분은 우리가 기도할 때에 하나님 나라가 임하도록 구해야 하며, 심지어 우리의 정당한 필요를 구하기 전에도 그렇게 해야 한다고 말씀하셨다. 그런 다음에 그분은 하나님의 나라를 "뜻이 하늘에서 이룬 것 같이 땅에서도 이루어지이다"라는 말씀으로 정의하셨다(마 6:10, 눅 11:2를 보라).

하나님의 통치에 절대적으로 순복한다는 원리를 우리가 받아들이기만 하면, 죄의 근원인 독립적 삶은 완전히 절단된다. 그럴 경우에 죄의 열매는 더 이상 없다. 왜냐하면 자기 뜻의 뿌리가 더 이상 존재하지 않기 때문이다. 그러면 하나님께서 우리의 모든 죄를 용서하시고 그분 앞에서 우리를 의롭게 만드시기가 쉬워진다. 왜냐하면 우리는 이제 하나님 나라 안에 있기 때문이다.

일단 참된 회개의 문제가 해결되면 하나님 나라에서 사는 것이 예수님께서 지상에서 사셨던 삶의 방식과 전혀 다르지 않다는 것을 알게 될 것이다. 예수님은 자신의 인성을 성령이 소유하시고 통제하시도록 완전히 맡기셨다. 예수님을 통해 하나님은 그분의 나라를 이 땅에 다시 세우셨다. 그분 안에서 이 세상의 개간이 시작되었다. 우리도 예수님이 하신 것처럼 우리 자신을 드린다면 성령께서는 예수님을 소유하셨던 것처럼 우리를 소유하시고, 예수님을 통해 이 땅에 하나님 나라를 힘차게 진군시키신 것처럼 우리의 인성을 통해 역사하실 수 있다.

예수님은 하나님 나라의 복음을 전파하셨다

세례 요한이 투옥된 후에 예수님은 하나님 나라를 선포하기 시작하셨다. 마가복음 1장 14절에서 "요한이 잡힌 후 예수께서 갈릴리에 오셔서 하나님의 복음을 전파하여"라는 말씀을 읽는다. 15절은 그것이 하나님 나라의 복음이었다는 사실을 다시 말해 준다. 주님은 "때가 찼고 하나님 나라가 가까왔으니 회개하고 복음을 믿으라"고 말씀하셨다(막 1:15).

여기서 알아야 할 것은 예수님께서 이곳에서 중요한 것을 덧붙여 말씀하셨다는 것이다. 그것은 회개에 대한 동일한 메시지였지만 무언가가 더 있다. 이제 당신은 실제로 당신 자신의 권리를 갖지 않는 것이 좋으며 하나님의 온전한 통치를 받는 것이 훨씬 더 좋다는 것을 믿어야 하는 위치에 서야만 한다. 하나님의 나라가 실제로 당신에게 임했는지 아닌지를 구별하는 것은 매우 쉽다. 다음과 같은 단순한 질

제3장 신약성경에 나타난 하나님의 나라

문을 자신에게 해 보고 정직하게 대답해 보라.

- 당신의 매일의 삶에서 실제로 결정자는 누구인가? 당신인가 아니면 하나님이신가?
- 당신은 시간을 어떻게 사용하는가? 절대적으로 하나님께서 말씀하시는가 아니면 당신이 원하는 대로 시간을 사용하는가?
- 공간적으로 당신은 지금 살고 있는 곳에서 왜 살고 있는가? 당신 스스로 선택했는가 아니면 예수님께서 당신을 그곳에 두셨는가?(아니면 지정하셨는가)
- 당신의 현재 직업은 어떤가? 예수님께서 당신을 위해 정해 주셨는가 아니면 당신 스스로 결정했는가? 지금 일하고 있는 장소는 어떤가? 예수님이 당신을 그곳에 두셨는가 아니면 당신 스스로 선택했는가?
- 돈은 어떤가? 십일조와 다른 헌금을 하나님께 드릴지 모르겠다. 하지만 그 나머지 돈은 어떤가? 당신은 "그건 제 돈이에요. 저는 제가 원하는 대로 그 돈을 쓸 수 있어요"라고 말할지 모르겠다. 그렇지 않다. 당신이 하나님 나라 안에 있으면 그렇게 할 수 없다. 모든 돈은 주님의 것이며, 주님이 이를 다스리셔야만 한다.
- 하나님께서 참으로 현재 교회의 상황 가운데 당신을 두셨고, 당신은 하나님이 허락하신 사람들과 좋은 관계를 유지하고 있는가? 당신은 주님의 인도하심과 성도들의 축복과 보냄이 없

으면 떠날 수 없다는 것을 아는가? 당신은 당신이 원하는 곳이면 어디든지 가서 원하는 것을 마음대로 하는 독립적인 존재인가? 하나님 나라를 보고 그 나라에 정말로 들어간 사람은 기쁜 마음으로 예수님께서 모든 것을 다스리시도록 허락한다. 그것은 완전히 변화된 삶이다.

에일린과 나는 회심하자마자 곧바로 이런 식으로 사는 법을 배웠다. 우리는 공간적으로 항상 주님이 우리를 머물게 하시는 곳에서 살았다. 우리는 언제나 주님이 가라고 하시는 곳으로 갔고 가라고 하실 때에 갔다. 우리는 늘 주님이 말씀하시는 즉시 움직였다. 우리가 그 장소를 좋아하든 안 하든 그것은 문제가 되지 않았다. 우리는 다른 사람들이 우리를 가라 하든 머물라 하든 개의치 않았다. 우리는 하나님 나라 안에 있었고, 그분의 통치를 받았으며, 그분이 말씀하시는 대로 할 뿐이었다.

누군가가 이렇게 행한다면 예수님께서는 그가 항상 열매를 맺게 될 것이라고 약속하신다. 요한복음 15장 16절에서 예수님은 말씀하신다: "너희가 나를 택한 것이 아니요 내가 너희를 택하여 세웠나니 이는 너희로 가서 과실을 맺게 하고 또 너희 과실이 항상 있게 하여 내 이름으로 아버지께 무엇을 구하든지 다 받게 하려 함이니라." 예수님은 이 말씀에서 하나님의 성품을 드러내신다. 여기서 우리는 택함과 보내심(공간적으로나 관계적으로)과 순종의 자리에서 열매를 맺는 것과 분명한 연관성이 있음을 보게 된다.

제3장 신약성경에 나타난 하나님의 나라

어떤 사람들은 하나님께 매우 유용한 존재가 되어 그 결과 열매를 많이 맺는다. 그러나 그들이 열매를 맺는 이유는 그들이 멋지거나 특별히 은사가 많아서 그런 것이 아니다. 그들이 열매를 맺는 것은 그들이 순종했기 때문이다. 하나님께서 보잘것없지만 순종하는 자를 통해 일하실 수 있다는 것은 놀랍다. 또한 재능과 은사가 많지만 그분께 순종하지 않고 자기 식으로 일하는 자들을 통해 하실 수 있는 일이 너무 적다는 것에 놀란다.

예수님은 자신이 하나님 나라의 복음을 전하기 위해 오셨다고 하셨다. 그분은 단지 죄 사함만을 전하기 위해 오시지 않았다. 죄 사함은 중요한 문제이지만 중심 이슈는 아니다. 예수님께서는 "내가 와서 너의 삶을 온전히 통치하길 원하느냐?"라고 물으신다. 이것이 진짜 이슈이다. 만일 "예"라고 대답한다면 당신은 자기 통치의 죄를 회개하고 예수님의 통치를 받는 하나님의 정사(government) 안으로 들어오게 되며, 나아가 하나님 나라에 들어오게 된다. 그러면 주님은 오셔서 완벽하고 사랑스럽고 자비로운 왕으로서 당신의 모든 삶을 완벽하게 다스리신다. 그분은 우리의 최선에 마음을 두시는 분이시다. 주님은 당신의 모든 죄를 거저 용서해 주시고 당신의 삶을 놀라운 것으로 만드실 수 있으며 하나님의 나라가 정말 임한다. 당신은 그것이 좋다는 것을 믿는 편이 나을 것이다!

진짜 기쁜 소식

나는 여러 단계를 거쳐 오늘에 이르렀다. 나는 구원받자마자 하나님께서 다스리시도록 허락해야만 한다는 것을 알았다. 그것이 성경적이기 때문이다. 하지만 나는 그렇게 사는 것이 가장 즐거운 방법인지는 잘 몰랐다. 하나님을 진정으로 만난 첫날부터 그분께 순종해야 한다는 것은 내게 분명했다. 이것은 예수님이 전하신 하나님 나라의 '기쁜 소식'이었다. 이성적으로 생각하거나 상황에 의해 여러 가지 의심이 든다 할지라도 이렇게 사는 것이 최선의 방법임을 결단해야 한다. 그래서 나는 순종의 삶을 살기로 결단했다. 왜냐하면 나는 그것이 내 마음에 들어서가 아니라 옳다는 것을 알았기 때문이다.

그런 뒤에 나는 다음 단계로 들어갔다. 이런 식으로 몇 년을 산 후에 나는 이 방식을 사랑하게 되었다! 나는 내 인생에서 일어날 수 있는 최악의 사태는 내가 하나님의 뜻을 거슬러 내 뜻대로 하는 것임을 깨달았다. 모르고 행했을지라도 나는 미래뿐만 아니라 현재에도 큰 손실을 겪을 것이다. 나는 내 방식대로 일하는 것을 정말 두려워하게 되었으며 그날 이후로 오직 하나님의 뜻을 행하기만 간절히 구한다. 이는 여전히 나의 최대 관심사이다: 나는 내 인생의 하루라도 낭비하길 원치 않으며 그날에 해당하는 하나님의 계획과 목적을 놓치길 원치 않는다.

이제 하나님의 나라에 대해 예수님이 하신 말씀을 연구함으로써 그 나라에 온전히 들어가는 방법을 배우고 주님이 이 땅에서 사셨던 방식대로 살아 보자.

Chapter 4

마태복음에 나타난 하나님의 나라

마태복음의 초점은 참으로 하나님의 나라이다. 이 책은 유대인을 위해 쓰인 것으로, 이들에게 예수님이 그들이 그렇게 오랫동안 기다렸던 다윗의 아들이며 그들의 왕이신 메시야임을 설득하기 위해 쓰였다.

마태복음에는 하나님의 나라라는 말이 약 60번에 걸쳐 나온다. 마태는 40번 이상을 이를 '천국'이라 부르고 있으며, 이 용어를 사용한 사람은 마태가 유일하다. 마가, 누가, 요한은 한 번도 천국이란 용어를 사용하지 않는다. 놀랍게도 요한은 이 단어를 거의 사용하지 않는다. 이는 아마도 하나님 나라의 원리들이 첫 세 복음서를 통해 잘 정립되고 이해되었기 때문일 것이다. 이 세 복음서는 요한이 제4복음서를 기록하기 전에 최소한 30년 동안 이미 회자되었다.

하나님의 나라는 능력이다

예수님의 공생애는 마태복음 4장에서 시작된다. 마태복음 4장 23절에서 우리는 예수께서 오셔서 '천국 복음'을 전파하셨다는 말을 듣는다. 그것은 죄 사함의 복음이 아니라 천국 복음이었다. 마태와 누가 모두 천국 복음이 전파될 때에 언제나 병자가 낫고 귀신이 쫓겨나는 현상이 동반되었음을 강조한다. 천국 복음이 가까이 왔음을 입증해 주는 것은 이와 같은 일을 행할 수 있는 능력이다.

신약성경의 모든 교회는 표적과 기사와 이적 그리고 귀신을 쫓아내는 능력에 그 기초를 두었다. 성경은 이에 대해 매우 분명하며, 만일 하나님이 우리를 통해 표적과 기사를 행하실 수 없거나 그분께서 우리를 통해 귀신을 쫓아내지 못하시면, 우리가 천국 복음을 전하고 있는 것이 아니라고 매우 담대하게 말한다. 만일 참된 천국 복음 말씀이 우리 마음에 침잠하도록 허락하고, 또한 우리의 고질적인 불신앙을 처리한다면 우리는 이 능력 가운데 역사할 수 있을 것이다.

내 경우에 이 사실을 깨닫는 데 몇 년이 걸렸다. 나는 문제가 하나님의 능력이 없어서 혹은 하나님 편에서 역사를 일으키고 싶으신 마음이 없어서가 아니라는 것을 발견했다. 문제는 나의 불신앙이었다. 내가 불신앙 가운데 살길 멈추고 어린아이처럼 믿고 순종하기 시작했을 때 기적과 치유와 축사가 나를 통해 일어나기 시작했다.

우리 서구 기독교는 무서운 불신앙에 눌려 있기 때문에 우리는 이를 하나님이 미워하시는 만큼 미워해야 한다. 만일 당신이 이를 미워하면 더 이상 이런 식으로 살길 원치 않을 것이다. 하나님의 나라에서 표적과 기사가 일어나는 것은 당연하다. 한 주간도 기적이 일어나지 않고 지나가서는 안 된다. 바라기는 이런 기적이 매일 일어나야 할 것이다. 그러므로 당신의 생각을 성경의 초점에 다시 맞추라.

예수님께서는 "그러나 내가 하나님의 성령을 힘입어 귀신을 쫓아내는 것이면 하나님의 나라가 이미 너희에게 임하였느니라"고 말씀하셨다(마 12:28). 또한 주님은 제자들에게 "가면서 전파하여 말하되 천국이 가까왔다 하고 병든 자를 고치며 죽은 자를 살리며 문둥이를 깨끗하게 하며 귀신을 쫓아내되 너희가 거저 받았으니 거저 주어라"라고 말씀하셨다(마 10:7~8). 이런 일이 일어날 때에 우리는 하나님의 나라가 임했다는 것을 사람들에게 자유롭게 말할 수 있다. 만일 우리가 이런 일을 행하지 못한다면, 우리가 무슨 말을 하든지 하나님의 나라가 아직 임하지 않은 것이다. 불신앙에 대항하는 대답과 주장 중에서 하나님 나라의 표적과 기사와 이적보다 더 나은 것은 없다.

예수께서 앉으시니

"예수께서 무리를 보시고 산에 올라가 앉으시니 제자들이 나아온 지라"(마 5:1). 여기서 '앉으시니'라는 단어는 헬라어로 **카씨조**(kathizo)이다. 이 단어는 누가복음 24장 49절에서 예수님께서 마지막으로 제자들에게 명령하실 때에 사용되었다. 이 구절을 문자적으로 해석하면 "위로부터 능력의 옷을 입을 때까지 예루살렘 도성에 앉아 있어라"는 뜻이다. 예수님께서는 단지 수동적으로 기다리는 것 이상을 의미하셨다.

이 단어는 신약성경에 50번 이상 나오며 권능과 권세를 지닌 세 개의 '자리'(seats)와 연관성이 있을 때가 많다. 즉 정치적 권세를 대표하는 쓰로노스(thronos)와 사법적 권세를 대표하는 베마(bema) 그리고 종교적 권세를 대표하는 카쎄드라(kathedra)가 그것이다. 불행하게도 현재 지구상의 거의 모든 도시에서 이 '자리'는 악한 세력들에 의해 점거 당했다. 우리는 하나님의 나라가 이 땅에 진정으로 도래하도록 이를 다시 찾아와야 한다. 에베소서 1장 끝부분에서 우리는 예수님께서 부활하신 후에 이러한 모든 권세보다 더 높은 곳에 있는 보좌에 앉으셨다는 말을 듣는다(엡 1:17~23을 보라). 나아가 우리는 하나님께서 우리를 "그리스도 예수 안에서 함께 하늘에 앉히시니"라는 말을 듣는다(엡 2:6). 그 결과 이러한 권세들은 지금 우리 발아래 있고 우리는 그분 안에서 그들을 다스릴 권능을 갖게 되었다.

뭄바이에서 역사가 시작되었을 때에 하나님께서는 이런 사실을 내게 보이셨다. 그리고 그분께서는 문자 그대로 이 모든 사실을 믿으라고 강권하셨다. 주님께서는 나에게 그분과 함께 그분의 보좌 위에 자신감 있게 그리고 편안하게 앉아 그분의 이름으로 우리를 대적하는 귀신의 권세를 다스리라고 말씀하셨다. 주님은 우리에게 이와 같은 마귀의 세력을 그분의 이름으로 대항하는 법을 가르쳐 주셨으며 우리는 그들이 쫓겨나는 것을 목도했다. 그 결과 수많은 사람들이 자유함을 얻었다. 부활의 생명으로 주님은 지금 주님을 위해 이 모든 권세들을 다스릴 수 있는 조건들을 만족시키고자 하는 우리 모두에게 능력을 주신다.

일단 그 보좌에 앉으면 당신은 목적을 갖게 된다. 그 목적은 그 보좌에서 하나님 나라의 통치와 권세를 사용하는 것이다. 복음서를 읽어 보면 예수께서 가르치실 때에 말씀을 시작하시기 전에 먼저 '카씨조', 즉 앉으셨다는 것을 성경이 자주 언급하는 것을 발견하게 될 것이다(막 9:35, 눅 5:3, 요 8:2를 보라). 주님은 보좌에서 말씀하셨다. 그 결과 그분의 말씀에는 권세가 있었다. 그분의 말씀은 서기관과 바리새인과 같지 않았다.

오래전에 내가 이 진리를 처음 알았을 때 나는 주님께서 내게 "너도 이와 같이 말해야 한다"고 말씀하시는 것을 들었다. 만일 당신이 복음 전도자이면 말씀을 전하기 전에 먼저 당신의 영 안에서 그 보좌에 앉는 법을 배워야 한다. 만일 당신이 목사이면 성도들을 가르치기 전에, 주일학교 교사이면 아이들을 가르치기 전에 먼저 당신의 영 안에서 그 보좌에 앉아야 한다. 당신이 이렇게 한다면 하나님의 사역을 하는 당신의 방법이 완전히 달라질 것이다. 나는 이 책에 기록된 말씀으로 인해 많은 사람들의 삶과 상황이 바뀔 것을 알고 있다. 왜냐하면 나는 이 책을 시작하기 전에 '카씨조', 즉 앉았기 때문이다. 이 말이 교만하게 들린다는 것을 알고 있다. 하지만 사실이다. 이 기록된 글을 읽고 있는 지금, 이것은 내가 당신에게 말하는 것이 아니다.

하나님의 성령께서 당신의 영에게 말씀하실 것이다. 이것은 그분의 말씀이며, 그분의 역사이다. 하나님의 능력을 알기 때문에 나는 이를 완전히 확신한다.

바른 기초 놓기

　마태복음 5장에서 예수님께서 가르침을 시작하실 때에 어떻게 하셨는지 주의하라. 소위 '산상수훈'이라 불리는 긴 가르침이 여기서 시작해서 7장 끝까지 계속된다. 이는 주님께서 처음으로 가르치는 중요한 가르침이었다. 주님은 하나님 나라의 기초가 되는 가르침을 시작하고 계셨다.

　마태복음 18장에서 예수님은 마귀의 정사와 권세를 어떻게 다뤄야 할지, 그리고 우리가 권세의 말로 그들을 어떻게 이길 수 있는지를 가르치시기 시작하셨다. 많은 사람들의 문제는 그들이 마태복음 18장의 권능으로 움직이길 원해서, 마태복음 5~17장의 가르침을 흡수하기도 전에 먼저 영적 세계의 정사와 권세를 묶고 풀려 한다는 데 있다.

　마찬가지로 에베소서 6장 10절부터 바울은 영적 전쟁에 관해 가르치고 있다. 그러나 이곳에 도착하기 전에 먼저 거쳐야 할 장문의 다섯 장이 있다. 사람들은 대부분 에베소서 6장 10절로 황급히 달려가지만 먼저 앞서 나오는 다섯 장의 진리에 그 기초를 둬야만 한다. 그래서 그들은 승리 대신 패배를 경험한다.

히브리서에서도 마찬가지이다. 히브리서 12장 끝부분에서 우리는 하나님 나라의 능력에 관한 이야기를 듣는다. 그 나라는 흔들리지 않는 모든 다른 나라들을 흔들어 파괴할 수 있는 능력을 가지고 있다! 그러나 우리가 이 말씀에 도달하기 위해서는 앞에 나오는 열두 장의 말씀을 거쳐야 한다. 우리는 하나님이 원하시고 마귀를 박멸하는 강력한 승리의 천국 백성이 되기 위해 먼저 이런 준비 단계를 알고 이해하고 이 가운데서 세움을 입어야만 한다.

세상의 세속적인 정부도 교회만큼 어리석지 않다. 세속 정부도 훈련되지 않고 열정만 있는 생짜배기들을 전선에 보내지는 않는다. 만일 그럴 경우에 성공할 수 없을 뿐더러 심각한 부상자가 속출할 것이다. 그러나 교회에서 우리는 이렇게 어리석을 때가 많다. 열정적인 초보자처럼 적절한 훈련을 받기 전에 우리는 하나님을 위해 정사와 권세에 대항하여 전쟁에 나갈 수 있다고 생각한다. 영적 전쟁을 다루는 말씀의 장으로 가기 전에 먼저 우리는 그 앞에 있는 장들을 가지고 적절한 기초를 쌓아야만 한다.

마태복음 5장 1~9절에 소위 '팔복'(Beatitudes)이라 불리는 것에서 시작해 보자. 이는 우리가 어떤 존재(to be)가 되어야 하는지에 관한 것이다. 우리 안에 먼저 형성되어야 하는 것은 '존재'(Be)에 대한 '태도'(attitude)이다. 이 목록을 잘 살펴서 이런 것들이 당신 안에 있는지 살펴보라. 만일 당신이 목사이거나 다른 영적 지도자라면 이 목록을 점검하고 이런 것들이 반드시 당신과 당신의 리더 그룹, 그리고 당신의 사람들 안에 있도록 하라. 만일 시간을 내어 당신과 당신의 사람들 안에 이런 것들을 세우지 않으면 당신은 당신의 도시에서 마귀의 세력을 물리치지 못할 것이다. 오히려 그들이 와서 당신과 당신의 교회를 찢어 놓고 말 것이다.

나는 전 세계 여러 곳에서 많은 교회를 책임지는 사도와 같은 아버지 역할을 해 왔다. 나는 미성숙과 무지로 인해 생긴 이런 비극을 여러 차례 지켜보았다. 리더 그룹이 찢어졌을 때 나는 이 말씀으로 돌아갔고, 그들이 전쟁에 나가기 전에 그들 가운데 이 말씀이 실제로 이뤄지지 않았음을 알 수 있었다. 그들의 열정과 은사와 능력이 클지라도 이로 인해 마귀는 두려워하지 않는다. 기초가 세워지지 않으면 마귀는 그들을 쉽게 이길 수 있다. 그러므로 이제 그 목록을 살펴보도록 하자.

심령이 가난한 자는 복이 있다

마태복음 5장 3절에서 시작해 보자. 여기서 우리는 "심령이 가난한 자는 복이 있나니 천국이 저희 것임이요"라는 말씀을 읽는다. 우리는 이 말씀이 무슨 뜻인지를 알아야 한다. 여기서 예수님은 하나님 나라의 첫 번째 원리를 가르치고 계시다. 즉 우리 자신과 우리 자신의 자원을 신뢰해서는 안 된다는 것이다. 가난한 자들은 일반적으로 독립적이지 못하다. 그들은 또한 교만하지도 않다. 일반적으로 그들은 스스로 공급할 수 없기 때문에 다른 사람의 선물이나 도움을 기꺼이 받으려 하며 이에 감사해 한다.

우리는 하나님의 충만하심이 우리를 온전히 지배하지 않으면 우리가 영적으로 매우 가난하다는 것을 깨달아야 한다. 우리에게는 우리 자신의 자원이 없다. 모든 공급은 온전히 하나님으로부터 와야만 한다. 그러므로 자신을 바라보면서 '나는 영적으로 얼마나 가난한가?' 라고 물어보라. 내 자신이 하나님을 필요로 하고 있다는 것과 나의 자원이 하나도 없다는 사실을 얼마나 인식하고 있는가? 하나님 없이 무언가를 감히 시도하지는 않는가?

당신 자신과 당신의 리더 그룹 안에 이런 태도를 낳을 수 있다면 당신은 도시를 점령할 팀을 만들기 시작한 것이다. 심지어 예수님께서도 자기를 전혀 의지하지 않으셨다. 주님은 "아들이 … 아무 것도 스스로 할 수 없나니"라고 말씀하셨다(요 5:19, 요 8:28을 보라). 주님은 100퍼센트 성부와 성령을 의지하고 사셨다. 그것이 주님의 사시는 방법이었으며 그로 인해 그분은 그렇게 강력하셨다.

또한 예수님께서는 요한복음 15장 5절에서 "나를 떠나서는 너희가 아무것도 할 수 없음이라"고 말씀하신다. 당신은 정말로 이 말씀을 믿는가? 내가 의미하는 바는 **정말** 믿는가 하는 것이다. 예수님께서는 "너희가 내 안에 거하고 내 말이 너희 안에 거하면 무엇이든지 원하는대로 구하라 그리하면 이루리라"고 말씀하신다(요 15:7). 예수님께서 말씀하시는 바는 만일 우리가 계속해서 그분 안에 거하고 그분의 말씀이 우리 안에 거하도록 하면 우리가 모든 것을 할 수 있고, 불가능한 것이 아무것도 없다는 것이다. 이 두 가지, 즉 그분을 떠나서는 아무것도 할 수 없다는 것과 그분과 함께하면 모든 것을 할 수 있다는 것은 지속적으로 열매를 맺을 수 있는 기초가 된다.

　개신교, 특히 미국(이 나라는 나의 조국이며, 나는 이 나라를 너무나 사랑한다) 교회를 살펴보면 "우리는 할 수 있다. 우리가 하면 된다"라는 국가적인 기조가 있다. 그리고 현재 진행되고 있는 가르침 중에 너무나 많은 것이 '스스로 성취하는 법과 성공하는 법'에 관한 것들이다. 사람들이 진정한 의미에서 영적으로 가난하지 않고 너무 자급자족하기 때문에 많은 사역들이 실패한다. 만일 당신이 영적으로 가난하면 이런 형태의 실패를 경험하지 않을 것이다.

　만일 인간적으로 당신에게는 자원이 없지만 당신이 필요로 하는 모든 것을 주려고 하는 재벌 후원자가 있다면 그를 깊이 의지하지 않고 그에게 감사하지 않으며 사는 것은 어리석은 일일 것이다. 무슨 말인지 알겠는가? 나는 당신이 당신의 영으로 이 진리를 깊이 이해하길 바란다. 이것은 벽에 걸려 있는 말씀이 되어서는 안 된다. 그것은 우리의 삶의 태도와 방식이 되어야 한다. 그분 안에서는 모든 것이 가능하다. 하지만 그분 밖에서 우리는 아무것도 할 수 없다(요 15:5~7, 마 17:20을 보라).

애통하는 자는 복이 있다

　마태복음 5장 4절에서 우리는 "애통하는 자는 복이 있나니 저희가 위로를 받을 것임이요"라는 말씀을 읽는다. 이는 무슨 뜻인가? 내가 깨달은 바를 간략하게 설명하겠다. 우리는 성경에서 도시와 국가의 상황에 대해 고통스러워하며 애통해 하는 많은 사람들, 특히 중보자들을 만나게 된다. 이는 또한 우리가 받은 부르심이기도 하다. 미국이나 유럽의 도시를 걸을 때마다 나는 울고 싶다. 나라와 상관없다. 나는 그저 소리 내어 울고 싶다. 나는 그들의 역사적 뿌리와 그들이 얼마나 많이 타락했는가를 생각한다.

체코공화국이나 독일과 같은 나라들을 생각해 보라. 요한 후스(John Huss), 모라비안 교도들, 진젠도르프(Zinzendorf) 백작, 마틴 루터(Martin Luther) 그리고 영적 능력으로 세계를 흔들었던 많은 이들이 이 나라에서 나왔다. 독일에서는 100년 동안 계속해서 모라비안 교도들의 기도회가 열렸으며, 이는 세계를 변화시켰다. 하지만 내가 이 위대한 나라의 산업의 심장부인 루르(Ruhr) 밸리의 도시들을 걸을 때에 참되신 하나님을 알지 못하는 낯선 젊은이들을 만났다.

몇 년 전에 나는 독일 루르 밸리의 기독교 지도자들이 하는 이야기를 들었다. 현재 이곳에는 약 1,000만 명의 사람들이 살고 있다. 당시 이곳에는 약 12개의 성령 충만한 교회들이 있었지만 그들 중에 200명이 넘는 교회는 없었다고 한다. 하지만 같은 지역에 열심히 사탄을 숭배하는 사탄 숭배자들은 수천 명이었으며, 에센 지역 근처에 사탄 숭배자 공동체가 있었는데 그 숫자가 1,500명이 넘었다고 한다. 거리에서 젊은이들을 만날 때면 마음이 아프다. 그들은 성경의 단순한 사실에 관해 알기보다는 이 이단에 관해 더 많은 것을 알고 있다.

영국에 대해서도 같은 마음이다. 과거에 이 나라는 너무나 많은 하나님의 은총을 경험했다. 이 나라에서 위대한 기독교 지도자들이 나왔으며, 위대한 부흥 운동이 시작되었고, 전 세계에 선교사를 파송했다. 지금 런던 거리나 다른 도시의 거리를 걸을 때에 나는 울고 싶고 애통하고 싶으며, 하나님께서 뭔가를 행하시길 정말 갈망한다.

만일 당신이 미국의 주요 도시의 시내를 걷는다면, 특히 밤에 걷는다면, 누구의 임재를 느끼겠는가? 누가 그 지역을 다스릴 것 같은가? 사탄인가 아니면 예수님인가? 이로 인해 울고 싶거나 하나님께서 오셔서 뭔가를 행하시도록 갈망하게 되지 않는가?

당신의 도시와 국가에 대해 이런 마음이 들고 정말로 하나님께 부르짖기 시작하면 예수님께서는 당신이 위로를 받을 것이며 또한 뭔가 강력한 역사가 일어날 것이라고 약속하신다.

예수님께서는 사역을 시작하시면서 이사야 61장의 첫 두 구절을 큰 소리로 읽으셨다. 그리고 주님은 고의로 중간에서 멈추셨다. 주님은 이사야서의 두 번째 절에서 '은혜의 해를 전파하러' 오셨다는 부분까지만 읽으셨다. 그런 뒤에 주님은 읽기를 멈추시고 "이 글이 오늘날 너희 귀에 응하였느니라"고 말씀하셨다(사 61:1~2를 보라). 주님은 이사야의 말씀을 다 읽지 않으셨다. 왜냐하면 당시는 이 말씀의 나머지 부분이 성취될 때가 아니었기 때문이다. 그러나 온 세상이 '우리 하나님의 신원의 날'을 볼 때가 다가오고 있다.

이사야 61장 2~9절의 나머지 부분을 읽어 보라. 그러면 우리 하나님의 신원의 날이 어떠한지 알게 될 것이다. 그것은 잃어버린 죄인들에 대한 하나님의 신원이 아니라 이 땅의 사탄과 그의 역사에 대한 하나님의 신원이다. 새 천 년이 시작되었을 때 하나님께서는 이제 성경이 성취될 때가 도래했다고 나에게 말씀하셨다. 주님은 "너는 새 천 년 초기 몇 년 동안 이러한 일들이 일어나기 시작하는 것을 보게 될 것이다"라고 말씀하셨다. 또한 주님은 "내가 이처럼 화가 난 것을 이전 교회들은 본 적이 없었다"고 말씀하셨다. 내 머리카락이 쭈뼛 섰으며 하나님의 신원하심이 사탄의 역사에 대해 마음껏 풀어질 때에 그것이 어떨지를 생각하니 소름이 돋았다.

이사야 61장 3절에서 우리는 이런 일이 벌어질 때에 애통하는 자에게도 영향이 있을 것이라는 말을 듣는다. 갑자기 그들의 애통함은 웃음으로 바뀔 것이다! 그들의 영의 무거움은 찬송의 옷으로 바뀔 것이다(사 61:3을 보라). 당신의 도시를 향해 우는 대신에 중보자인 당신은 도시 가운데 행하시는 하나님의 역사로 인해 기뻐 춤을 출 것이다. 지켜보라! 내가 만일 하나님의 영으로 지금 말하고 있다면 당신은 "앨런, 나머지 이야기를 우리에게 해 주셔야지요"라고 말할 것이다.

당신이 도시를 위해 슬퍼하기 전에 당신은 결코 당신의 도시를 위해 진정한 기도를 드리지 않을 것이기 때문에 애통하는 것이 그렇게 중요하다. 당신이 당신의 도시를 위해 애통하기 전에는 결코 변화를 보지 못할 것이다. 성령으로 말미암아 당신의 도시를 위해 애통의 눈물을 흘릴 때에야 비로소 하나님은 그 눈물을 사용하여 그 도시에 변화를 주실 것이다. 도시를 위해 애통하기 전에는 도시를 향한 믿음을 가질 수 없다. 만일 당신의 도시를 사랑하지 않으면 그 도시를 위해 애통해 하지 않을 것이다. 그러나 당신이 그 도시를 사랑한다면 그 도시를 위해 울 것이다. 아! 애통하는 자는 복이 있다. 왜냐하면 그들은 위로를 받을 것이기 때문이다!(마 5:4를 보라) 당신의 슬픔은 기쁨으로 바뀔 것이다(사 61:3을 보라). 당신의 무거움은 찬양으로 바뀔 것이다. 왜냐하면 당신의 가장 큰 갈망을 채우시고 당신의 가장 큰 기대를 넘어 일하시는 하나님을 보게 될 것이기 때문이다(사 61:3을 보라). 그 도시의 상태가 아무리 나쁘다 할지라도 상관없다. 도시가 필요로 하는 것은 단지 애통해 하며 변화를 보기 위해 부르짖는 그 누군가이다.

온유한 자는 복이 있다

마태복음 5장 5절에서 우리는 "온유한 자는 복이 있나니 저희가 땅을 기업으로 받을 것임이요"라는 말씀을 읽는다. 성경적인 의미에서 온유함이 무엇인지 설명해 보자. 성경적인 온유함은 자기를 내세우지 않는 약함이 아니다. 그 근본 의미는 자기를 부인함으로써 더 이상 당신 자신을 생각하지 않거나 다른 사람의 눈을 의식하지 않는 것이다. 당신의 유일한 관심은 하나님을 존중하고 영예롭게 하는 것이다. 반대로 교만의 뿌리는 자기를 높이고 자기의 유익을 구하는 것이다.

먼저 민수기 12장으로 가 보자. 여기서 모세의 형제인 아론과 그의 자매인 미리암이 모세를 대적한다. 첫째, 모세가 성경의 첫 오경을 기록했다는 사실을 기억하라. 그러므로 여기서 모세는 자기 자신에 관해 쓰고 있다. 다음은 모세가 자기 자신에 관해 쓴 것이다.

"모세가 구스 여자를 취하였더니 그 구스 여자를 취하였으므로 미리암과 아론이 모세를 비방하니라 그들이 이르되 여호와께서 모세와만 말씀하셨느냐 우리와도 말씀하지 아니하셨느냐 하매 여호와께서 이 말을 들으셨더라 이 사람 모세는 온유함이 지면의 모든 사람보다 승하더라"(민 12:1~3).

자, 모세에 관한 이 말씀을 기록한 자가 누구인가? 모세이다! 이를 통해 우리는 성경적인 겸손에 관한 개념에 대하여 통찰력을 얻을 수 있다.

또 다른 예를 들어 보겠다.

사도행전 20장에서 누가는 에베소 장로에게 한 바울의 마지막 고별사를 기록하고 있다. 바울은 자기가 그들 가운데 어떻게 섬겼는지를 설명하면서 작별과 권면의 말을 시작한다: "아시아에 들어온 첫날부터 지금까지 내가 항상 너희 가운데서 어떻게 행한 것을 너희도 아는바니 곧 모든 겸손과 눈물이며 유대인의 간계를 인하여 당한 시험을 참고 주를 섬긴 것과"(행 20:18~19). 바울은 지금 자기 자신에 관해 자신이 모든 겸손으로 주를 섬겼다고 말한다.

예수님도 자신에 관해 동일한 말씀을 하셨다: "나는 마음이 온유하고 겸손하니 나의 멍에를 메고 내게 배우라 그러면 너희 마음이 쉼을 얻으리니"(마 11:29).

위의 말씀을 보면 겸손에 대한 우리의 개념 중 많은 부분이 전혀 성경적이지 않다는 것을 알게 될 것이다. 우리는 겸손한 사람은 결코 자기 자신에 대해 말하지 않고 자기를 매우 비하하는 사람이라고 생각한다. 또한 우리는 누군가가 온유하면 강한 지도자가 될 수 없다고 생각한다. 그러나 진정한 성경적 온유는 자신에 대해 관심이 없는 대신에 하나님을 향해 불타는 열정을 가지는 것을 말한다. 참된 온유는 다음과 같이 말한다: "제게 무슨 일이 일어나도 상관없습니다. 중요한 건 하나님께 무슨 일이 일어났는가 하는 겁니다. 저는 저의 명성에 대해 관심이 없습니다. 저의 유일한 관심은 그분의 명성입니다." 이것이야말로 성경적인 겸손이다. 이는 하나님과 그분의 목적을 높여 드리기 위해 자신을 부인하는 것이다. 이런 종류의 겸손은 매우 강할 수 있다. 이런 겸손은 냉정하고, 요지부동하며, 결단력이 강하기 때문에 포기하지 않는다. 이런 겸손은 이 땅에서 하나님을 영화롭게 하기 위해 거칠 수 있다.

바울이 빌립보서 2장 20~21절에서 기록한 내용은 오늘날 많은 지도자들의 정확한 모습일 수 있다. 즉 올바른 영을 가진 자가 거의 없다. 바울은 근본적으로 다음과 같이 말했다: "나 이외에 오직 디모데만이 저와 같은 영을 가지고 있습니다. 그는 모세와 저처럼 겸손합니다. 더 중요한 것은 그가 예수님처럼 겸손하다는 것입니다."

디모데는 자신에 대하여 상관하지 않았고, 자기의 유익을 구치 않았으며, 다른 사람의 복지에 대한 순전한 관심이 있었다. 바울은 그가 만난 모든 다른 지도자들은 이와 같은 영이 없다고 말했다. 그들은 그리스도의 유익보다 자기 자신의 유익을 좇았으며, 하나님의 양들의 복지에 대한 순전한 관심이 없었다(빌 2:20~21을 보라). 오늘날 얼마나 많은 사람들이 '나와 내 사역'에 관해 말하는가? 그들의 관심은 그들의 교회와 그들의 사역과 그들의 성공과 그들의 유익에 있고 하나님의 나라와 도시 전체가 갖고 있는 문제들에 대해서는 열정이 없다. 이처럼 자기중심적인 교회와 지도자들은 결코 하나님의 나라를 유업으로 받을 수 없을 것이다.

당신의 도시에 하나님의 나라가 임하길 원한다면 팀에서 누가 가장 중요한 사람이 되며 한 도시에서 어느 교회가 가장 중요한지에 관해 개인적, 정치적인 게임을 중단해야 한다. 하나님의 나라는 이러한 것들로 인해 임하는 것이 아니다. 온유한 자는 온 땅을 차지할 것이다.

팔복 중에서 나머지 셋은 이해하기는 쉽지만 순종하기는 더 어렵다. 그 셋은 다음과 같이 선포한다.

> "의에 주리고 목마른 자는 복이 있나니 저희가 배부를 것임이요" (마 5:6).

> "긍휼히 여기는 자는 복이 있나니 저희가 긍휼히 여김을 받을 것임이요" (마 5:7).

> "마음이 청결한 자는 복이 있나니 저희가 하나님을 볼 것임이요" (마 5:8).

우리 삶에 임하시는 하나님의 강력한 나라의 복을 알려면 이 말씀들에 무조건 순종해야 한다. 이 말씀들은 상당히 분명하기 때문에 이 책에서 이들을 설명하는 데 더 이상 시간을 낭비하지 않겠다.

화평케 하는 자는 복이 있다

그러나 "화평케 하는 자는 복이 있나니 저희가 하나님의 아들이라 일컬음을 받을 것임이요"(마 5:9)라는 이 말씀은 약간의 설명이 필요하다.

문제는 영어의 화평(peace)이란 단어가 화평에 해당하는 헬라어의 에이레네(irene)란 단어를 정확히 설명하지 못하는 데 있다. 또한 이 단어는 화평을 말하는 히브리어의 두 단어 **실로**(shiloh)와 **샬롬**(shalom)을 제대로 설명하지 못한다. 이 두 단어는 에이레네와 비슷한 의미를 지닌다.

에이레네는 단순히 전쟁이 끝났거나 조용한 분위기라는 의미에서의 '평화'(peace)를 의미하지 않는다. 이 단어는 주로 관계에 관한 것이며, 이전에 깨어지고 적대적이던 관계가 회복되어서 서로 미워했던 두 사람이 완벽한 화해를 통해 끊을 수 없는 사랑을 함께 나누게 된 것을 의미한다. 동사 에이레뉴오(ireneo)는 분리되고 깨어진 것을 풀로 붙인다는 의미를 지닌다. 이 두 단어 모두 화해와 밀접한 관계가 있으며, 그것은 성공적인 화해의 산물이다.

성경이 기록되었을 당시에 에이레네라는 단어는 골절된 뼈가 치유되는 과정을 설명하는 전문 의학 용어로 사용되었다. 뼈가 부러진 후에 다시 완벽하게 붙었을 때에 부러진 부분은 뼈의 다른 부분보다 더 강하고 두꺼워진다. 그 결과 같은 곳이 부러질 확률은 거의 없다. 성경 시대에는 이런 과정을 거쳤을 때에 위에 말한 헬라어 에이레네를 사용하여 "뼈가 이제 평화를 얻게 되었다"고 말했다.

이런 사실을 이해하면 우리는 예수님께서 화평과 화평케 하는 자를 언급하셨을 때에 그 의미하는 바를 더 잘 이해할 수 있다(실제로 다른 성경 구절들이 말하는 바도 무엇인지 더 잘 이해할 수 있다). 이런 성경 구절들은 깨어진 관계가 회복되어 더 이상 깨어질 수 없을 정도로 회복된 것을 말한다. 또한 우리는 성경이 예수님의 몸에 관해 예언하면서 "그 모든 뼈를 보호하심이여 그 중에 하나도 꺾이지 아니하도다"고 한 이유를 알 수 있다(요 19:31~33, 시 34:20을 보라). 하나님은 그리스도의 몸에서 꺾인 뼈가 하나도 없게 하실 것이다.

성경적으로 화평케 하는 자는 자신을 벗어나서 어그러지고 깨어진 관계를 고치는 자이다. 이를 위해 그는 심지어 자기 목숨을 내놓으려 한다. 앞서 말한 대로 대부분의 신약성경에서 '화해', '화해하다' 라는 단어는 '평화' 란 말과 밀접한 관계가 있다(골 1:20, 엡 2:11~18을 보라).

존 위클리프(John Wycliffe)는 성경을 처음으로 영어로 번역할 때에 세 단어를 조합하여 'at-one-ment' 라는 새로운 영어 단어를 만들어 냈다. 그는 이를 가지고 '화해'(reconciliation)로 번역된 헬라어 카탈라게(katallage)의 뜻을 온전히 전달하려 했다.

골로새서 1장 20절에서 우리는 "그의 십자가의 피로 화평을 이루사"라는 말씀을 듣는다. 아무런 죄가 없으신 하나님께서 먼저 범죄한 인간과 화평을 이루시기 위해 십자가에서 자기의 생명을 버리셨다. 이때에 인간은 화해를 원치 않는 하나님의 원수였다. 하나님께서 이렇게 하심으로써 그분은 인간과 하나가 될 수 있었고, 그들과 진정한 관계를 맺을 수 있었다. 이것이 바로 화평케 하는 자이신 하나님의 모습이다.

에베소서 2장 11~18절에서 우리는 십자가를 통해 하나님께서 유대인과 이방인을 하나의 새로운 인류로 완벽하게 화해시키심으로써 '화평하게 하셨다'(엡 2:15)는 말씀을 듣는다. 우리는 또한 예수님께서 오셔서 먼 데 있는 자들에게도, 또한 가까운 데 있는 자들에게도 '평안'(peace)을 전하셨다는 말씀을 듣는다(엡 2:17을 보라). 신약성경에는 이와 같은 다른 예들이 많이 있다.

하나님의 자녀가 되고서도 여전히 미성숙한 말썽쟁이(troublemaker)일 수가 있고 분열을 일으킬 수도 있다. 그러나 성숙한 하나님의 아들이 되려면 화평케 하는 자가 되어야 한다. 왜냐하면 "화평케 하는 자는 복이 있나니 저희가 (성숙한) 하나님의 아들이라 일컬음을 받을 것"이기 때문이다(마 5:9). 이런 자라야 하나님의 나라에 들어가 이 땅에서 아들이 되는 유업을 받을 수 있다.

역동적인 하나님 나라의 삶

산상수훈 전체는 하나님 나라에서 우리가 어떻게 살아야 할지를 다루고 있다. 그 하나님의 나라에서는 외적으로 좋게 보이는 것으로는 충분치가 않다. 우리는 참으로 내적으로도 바르게 살아야 한다. 하나님 나라에서의 문제는 외적 행동이 아니라 마음의 태도이다.

모세의 율법에서는 사람만 죽이지 않으면 내적으로 아무리 나쁘다 할지라도 살인자가 아니다. 당신이 이 모든 것을 내적으로 잘 숨기기만 한다면 율법 앞에서 당신은 죄가 없다. 그러나 하나님 나라에서는 만일 내적으로 누군가에게 화를 내면 당신은 영적으로 이미 살인자이다. 얼마나 많은 사람들이 누군가를 죽이고 싶은 생각을 했겠는가? 그러나 하나님 나라에서는 이와 같은 생각을 할 수 없다. 리더 그룹에서 서로에 대해 이와 같은 태도를 지녀서는 안 된다. 만일 이런 마음이 있다면 하나님 나라에서는 용납되지 않는다.

때때로 어떤 것들은 유전적인 것들이다. 그래서 우리는 우리의 유전적인 과거를 끊어 내야만 한다. 우리 집 족보를 돌이켜 보면 할아버지에 대해 기억하는 것 한 가지가 있는데 그것은 그분의 무서운 성품이다. 그는 경건한 분이었고 침례교회의 신실한 집사였다. 하지만 그는 작은 일에 심각할 정도로 화를 내곤 했다. 때로 나는 이처럼 분노하는 할아버지가 무서웠다. 아버지도 마찬가지였다. 소년 시절 내내 나는 화내는 아버지를 무서워했다. 그리고 나는 그 성품을 내 안에서 발견했으며, 내 자녀들 가운데서도 나타나는 것을 보았다. 나는 이것이 유전적인 것이며 우리 가족의 삶에 존재하는 마귀의 진

(stronghold)이라는 것을 깨닫기 시작했다. 이에 대해 내가 할 수 있는 것은 아무것도 없었다. 아무리 노력하더라도 나는 이를 통제할 수가 없었다. 나는 가난한 심령으로 하나님께 가서 내가 할 수 없는 것을 그분께서 하시도록 해야만 했다. 나는 하나님 나라에서는 이런 식으로 살 수 없다는 것을 알았다. 이 문제를 처리해야 했다.

모세의 율법에 따르면 남자가 마음에 여자에 대해 음욕을 품어도 외적으로 아무런 행동을 하지 않으면 죄가 없다. 그러나 하나님 나라에서는 음욕을 품기만 해도 당신은 이미 마음으로 간음한 것이다.

회심한 후에 곧바로 나는 이 문제에 관해 하나님에게 정직해야 하며 내 마음에서 이를 제거해야 한다는 것을 발견했다. 젊었을 때에 내 마음은 더러웠다. 구원받았을 때에 나는 신체적 습관은 중단했지만 마음속에서의 전투는 계속되었다.

그리고 성령께서 오셨다

내가 새롭게 성령 세례를 받았을 때 성경 말씀이 갑자기 내게로 튀어 나왔다. 그 말씀은 다음과 같다.

"우리가 그리스도의 마음을 가졌느니라"(고전 2:16).

"너희 안에 이 마음을 품으라 곧 그리스도 예수의 마음이니" (빌 2:5).

"오직 심령으로 새롭게 되어 하나님을 따라 의와 진리의 거룩함으로 지으심을 받은 새 사람을 입으라"(엡 4:23~24).

"위엣 것을 생각하고 땅엣 것을 생각지 말라"(골 3:2).

"너희는 이 세대를 본받지 말고 오직 마음을 새롭게 함으로 변화를 받아 하나님의 선하시고 기뻐하시고 온전하신 뜻이 무엇인지 분별하도록 하라"(롬 12:2).

"주께서 가라사대 그날 후로는 저희와 세울 언약이 이것이라 하시고 내 법을 저희 마음에 두고 저희 생각에 기록하리라 하신 후에"(히 10:16).

나는 내가 성경이 말하는 대로 살고 있지 않음을 깨달았다. 그래서 나는 뭄바이에서 나와 함께 동역하는 절친한 형제와 이를 나눴다. 나는 말했다: "저는 더러운 생각으로 인해 전투를 할 때가 많습니다." 그가 말했다: "저도 그래요. 불행하지만 그건 매우 정상이죠."

나는 말했다: "성경에 따르면 그건 정상이 아니에요. 그래서 전 하나님께서 이것을 가져가시고 약속하신 대로 그리스도의 마음을 제게 주시도록 간구할 겁니다!" 어느 날 아침 우리는 함께했고, 하나님 앞에 무릎을 꿇었다.

나는 말했다: "하나님, 저는 그리스도 안에 있는 저의 유업을 주

장합니다. 오셔서 저의 마음을 정결케 해 주세요. 만일 제가 더러움과 정욕의 분야에서 과거에 귀신에게 제 자신을 열어 놓았다면 이를 회개합니다. 저를 용서하시고 귀신을 쫓아내 주세요. 이제 전능하신 예수님의 이름으로 귀신들이 내게서 떠날 것을 명하노라!"

그 즉시 더러운 것들이 떠나갔다. 그들은 더 이상 내 안에 없었다. 다음 날 아침, 나는 다른 사람이 되었다. 유혹이 잠시 동안 계속되었지만 완전히 다른 수준에서 그러했으며 나는 쉽게 이들을 대항할 수 있었다.

이제 이를 설명해 보겠다. 당신이 매우 저돌적인 영업사원에게 문을 열어 줬다고 상상해 보라. 그는 집 안으로 들어와 당신이 원하지 않는 물건을 팔려고 한다. 이제 그는 당신 집 안에 있으며, 당신은 그를 쫓아내지 못한다. 그는 물건을 사라고 당신에게 엄청난 압력을 가한다. 당신의 마음은 무너지기 시작하고 마침내 그 물건을 사고 만다. 이것이 바로 내가 전에 음욕에 대해 경험했던 것이다. 이 귀신은 바로 내 안에 있었고 내가 원하지 않는 것을 내게 팔 수 있었다.

그날 아침, 그것은 마치 하나님께서 내 안에 있던 이 저돌적인 귀신 영업사원의 멱살을 잡고 그를 집 밖으로 던지신 후에 문을 닫으신 것과 같았다. 그러나 이 영업사원은 즉시 떠나지 않았다. 잠시 동안 그는 집 근처에 머무르면서 내가 다시 그를 들여보내 주길 바랐다. 그것은 마치 그가 초인종을 누르고, 창문으로 와서 창을 두드리거나, 다시 현관으로 와서 "제발 좀 들여보내 주세요. 제발요!"라고 말하는 것과 같았다.

그러나 그가 밖에 있다는 것은 안에 있는 것과 전혀 다르다. 그가 성가시긴 했지만 그가 안에 있는 것 같지는 않았다. 이제 나는 그를 대적할 힘이 생겼다. 나는 "안 돼"라고 말하고 문을 열어 주지 않을 수 있다.

이제 내게는 선택권이 있다. 문을 열어서 다시 들어오라고 할 수 있지만 그렇게 하면 바보이다. 나는 그렇게 할 의사가 없다. 이제 나는 문을 닫고 "안 돼"라고 말할 수 있는 권세가 있다. 나는 더 이상 그와 관계를 맺고 싶지 않으며 집 문을 잠그고 안전한 상태에서 그에게 다음과 같이 말할 수 있다: "이제 가라. 나는 이 문을 열어 주지 않을 거야. 이제 너는 나와 상관이 없어." 얼마 후에 그는 들어갈 수 없다는 것을 알고서 마침내 포기하고 완전히 가 버렸으며, 결코 다시는 돌아오지 않았다. 이제 여러 해 동안 나는 완전히 자유해졌으며, 놀랍고, 새롭고, 순수한 마음을 갖게 되었다.

나는 이처럼 귀신에게서 자유로워지는 데 있어 두 가지 단계를 거쳤다. 첫 번째 단계는 위기의 단계이다. 이 단계에서 귀신이 집 밖으로 쫓겨났다. 두 번째 단계는 과정이다. 이 단계에서 나는 완전히 자유롭게 될 때까지 모든 유혹에 저항하고 이를 거절하는 법을 배웠다.

약 3개월이 지나자 이 음욕의 영은 완전히 포기했다. 그는 다시 돌아오길 멈췄으며, 멀리 떠나가 더 이상 나를 괴롭히지 않았다. 그때가 1965년이었다. 그때 이후로 나는 순결한 마음을 가지고 살았으며, 이 분야에서 실패하지 않았다. 그러나 나는 하나님이 주신 이처럼 새롭고 순결한 마음을 가지고 매사에 무척 조심했다. 나는 텔레비전을 거의 보지 않는다. 왜냐하면 텔레비전이 내 마음을 더럽히기 때문이다. 나는 세속적인 영화도 거의 보지 않는다. 왜냐하면 그 안에는 언제나 더러운 내용이 들어 있으며, 더러운 이미지로 나의 사랑스럽고 새로운 마음을 더럽히고 싶지 않기 때문이다. 나는 오랫동안 승리 가운데 살았으며, 이제는 그런 묶임 가운데 사는 것이 어떤 것인지 기억이 나지 않을 때가 가끔 있다.

어떤 종류의 영적 전쟁이든 전쟁에 참여하기 전에 먼저 이런 것들을 다뤄야만 한다. 귀신들은 우리가 그들을 공격하면 우리 안에 약한 부분을 찾아 반격한다(그것이 모세의 율법이든, 복음주의자의 율법이든, 오순절주의자의 전통이든, 아니면 성결주의자의 율법이든 간에). 만일 당신이 율법 아래에 살고 있고 당신 자신의 힘으로 그 기준에 맞춰 살려고 애쓰는데 아직도 당신 안에 역사하는 사탄의 진이 남아 있다면 사탄은 그 부분을 통해 당신을 넘어뜨릴 기회를 찾을 것이다.

그러나 만일 당신이 진실로 하나님 나라에서 영적인 삶을 산다면 전쟁은 더 이상 당신 안에서 일어나지 않을 것이다. 그것은 당신이 마귀를 대적할 수 있는 밖에서 일어날 것이며, 그는 당신을 피할 것이고, 당신은 언제나 승리를 경험할 것이다. 부활하신 그리스도의 능력이 이처럼 크기 때문에 우리는 유혹에 굴복할 필요가 없으며, 더 이상 실패할 필요도 없다.

잘못 행하고 있지만 좋은 것들

그런 뒤에 예수님은 계속해서 마태복음 6장에서 많은 사람들이 잘못 행하고 있지만 좋은 것들을 말씀하신다. 종교적인 배경으로 인해 우리는 이런 좋은 것들을 잘못된 방식으로 행하도록 교육받을 때가 많다.

예수님은 특별히 세 가지 것에 집중하신다. (1) 헌금하는 방법, (2) 기도하는 방법, (3) 금식하는 방법이 그것이다. 예수님은 이런 것들을 종교적으로 잘못 배운 종교적 유대인들을 가르치신다. 바른 방법을 가르치시기 전에 주님은 이를 행하는 과거의 잘못된 방법들을 돌려놓으셔야 했다. 이 책에서 헌금과 금식에 있어서 하나님 나라의 올바른 방법들을 다룰 수는 없지만 이들은 하나님 나라에서 매우 중요한 것들이다. 하지만 기도는 하나님 나라의 삶에 있어서 너무나 중요한 기초이기 때문에 이에 대해 좀 더 이야기하고 싶다.

이전에 종교에 발을 들여놓은 적이 없던 자가 누리는 유익은 잘못된 방법을 배우지 않았다는 데 있다. 마태복음 6장 5~13절에서 예수님이 종교적인 유대인들에게 기도에 대하여 가르치셨을 때 주님은 마땅히 기도해야 할 방법을 말씀하시기 전에 먼저 기도할 때 해서는 안 될 것들을 말씀하셨다. 기본적으로 주님은 다음의 것들을 말씀하셨다.

1. 우리는 '연극을 해서는' (위선자가 돼서는) 안 되며, 보이기 위해 헛된 말을 해서도 안 된다.

2. 우리는 사람들에게 감동을 주기 위해 그들 앞에서 기도해서는 안 된다.
3. 우리는 반복되는 말을 많이 해서도 안 되며, 자주 구하기만 하면 우리의 기도를 들으실 것이라고 생각해서는 안 된다.

그런 뒤에 주님은 마태복음 6장 6절에서 효과적인 기도 생활의 핵심을 말씀하신다. 우리가 해야 할 첫 번째 일은 혼자 있을 수 있는 은밀한 장소를 정하고, 문을 닫고, 하나님과의 시간을 가지며, 그분을 당신의 아버지로 알아 가는 것이다. 만일 시간을 내어 이렇게 하면 당신은 그분께서 미리 그곳에 오셔서 당신을 열렬히 기다리고 계시다는 것을 알게 될 것이다. 그리고 하나님은 공개적으로 당신에게 보상해 주실 것이다. 이는 모든 하나님 나라의 생활과 그 나라의 기도 능력의 기초이다.

당신이 얼마나 바쁜지는 상관없다. 당신의 해야 할 책임이 얼마나 크든 관계없다. 기도회만 참석하는 것으로는 충분치 않다. 대중 기도회를 인도하는 것만으로도 충분치 않다. 당신이 하는 모든 일의 능력은 날마다 하나님과 독대하는 개인 기도 시간에 따라 결정된다.

도시를 변화시키고, 나라를 구하며, 쳐들어오는 적군을 정복하고, 적대국을 잠잠케 하며 하나님 나라를 힘차게 진군시키기 위해 하나님이 사용하신 전사와 지도자들 모두는 개인적으로 기도 가운데 주님과 친밀한 삶을 살았다. 그들은 하나님과 독대하는 시간을 가졌으며, 그분을 친구로 그리고 아버지로 알았다. 특별히 다섯 사람이

제4장 마태복음에 나타난 하나님의 나라

눈에 띈다.

1. **아브라함** - 그는 하나님을 대면하였으며 하나님의 벗이라는 칭함을 받았다(대하 20:7, 약 2:23을 보라).
2. **모세** - 그는 성막을 건축하기 전에 은밀하게 회막에서 기도했고, 그곳에서 오랫동안 하나님을 대면했다(출 33:11을 보라).
3. **여호수아** - 여호수아는 모세와 함께 간 은밀한 회막에서 늘 하나님의 임재 앞에 있었다(출 33:11을 보라). 그는 하나님의 임재를 사랑했다.
4. **다윗** - 모든 시편과 다윗이 사용한 친밀한 언어는 다윗이 하나님과 깊은 기도의 관계를 가지고 있었음을 보여 준다. 다윗이 온 이스라엘을 다스리는 왕이 된 후에 그는 다윗의 장막이라 불리는 단순한 천막을 세웠고, 그곳에서 경배와 찬양과 기도가 계속되었다(삼하 6~7장을 보라). 다윗과 그와 같은 마음을 지닌 자들은 언약궤 앞에서 얼굴을 대하고 교제했으며, 그분의 임재를 가로막는 휘장 같은 것은 없었다. 약 6마일 떨어진 기브온 산에 모세의 장막이 여전히 있었음에도 불구하고 다윗은 그곳에 결코 간 것 같지 않다. 하나님의 임재가 그곳에 없었기 때문에 그는 그곳에 관심이 없었다.
5. **예수님** - 예수님은 가장 훌륭한 모범이 되신다. 요한복음 1장 14절은 주님이 우리 가운데 '성막이 되셨다' [tabernacled, 우리말 성경에는 '거하시며' 라고 되어 있고, 헬라어는 '성막으로 계시며' (tabaernacled)로

되어 있다-역주, 즉 '성막 안에 거하셨다' 고 말한다. 그분의 육체가 '거룩한 성막' 이었고 그 안에 성령과 성부께서 영원히 거하셨다. 그것은 주님께서 사흘 만에 세우시겠다고 말씀하신 새로운 성전의 시작이었다(요 2:19~22를 보라). 그것은 베드로와 같은 많은 산 돌로 지어졌다. 이는 하나님께서 참으로 거하길 기뻐하시는 유일한 건물이었다. 누가복음은 특히 예수님의 친밀한 기도의 삶에 대해 기록하고 있다. 반면에 요한복음은 주님과 아버지 하나님과의 깊은 관계를 기록하고 있다.

초대 교회의 모든 사도들도 이런 삶을 살았으며 이들은 "기도하는 것과 말씀 전하는 것을 전무(專務)" 했다(행 6:4). 이 사람들은 성령의 강력한 전사가 되었으며 열방을 구하고 세우는 데 하나님께 쓰임을 받았다. 예수님을 포함해 이들의 힘의 근원은 그들의 개인적인 기도의 삶이었다. 우리는 다른 방법으로는 효과적인 삶을 살 수 없다. 가끔씩 전체 기도회에 참여하는 것만으로는 충분치 못하다. 전체 기도회에 참여하는 사람들이 개인 기도 생활을 효과적으로 하지 못한다면 그들은 이와 같은 하나님의 사람들과 같은 그런 능력은 조금도 경험하지 못할 것이다.

마태복음 6장 6절의 말씀을 다시 들어 보라: "너는 기도할 때에 네 골방에 들어가 문을 닫고 은밀한 중에 계신 네 아버지께 기도하라 은밀한 중에 보시는 네 아버지께서 갚으시리라"(마 6:6).

가능하다면 하나님을 만날 수 있는 당신 자신의 방을 찾아야 한다. 그렇다고 굳이 물리적 공간일 필요는 없다. 중요한 것은 당신이 날마다 가서 하나님과 교제할 고정된 장소인가 하는 것이다. 당신 아내나 남편이 훌륭한 영적 기도 파트너라 할지라도 당신은 여전히 하나님과 은밀한 시간을 가져야 한다. 이는 절대적으로 중요하다.

금식과 헌금도 마찬가지이다. 우리는 과거의 종교적인 방법을 버리고 이런 일을 행함에 있어서 새로운 하나님 나라의 방법을 배워 그 모든 유익이 우리 삶과 사역에 흘러올 수 있도록 해야 한다.

마태복음 7장 21절에서 예수님은 "나더러 주여 주여 하는 자마다 천국에 다 들어갈 것이 아니요 다만 하늘에 계신 내 아버지의 뜻대로 행하는 자라야 들어가리라"고 말씀하신다. 그런 뒤에 주님은 자신의 가르침을 듣고서 말씀하신 바를 행하지 않는 자에 대해 설명하신다. 주님은 동일한 내용을 누가복음 6장 46~49절에서 아주 똑같이 가르치신다. 예수님은 자신의 말씀을 듣는 자를 두 부류, 즉 지혜로운 자와 어리석은 자로 구분하신다.

예수님은 하나님의 말씀을 듣고서 이를 조심스럽게 행하는 자를 지혜로운 자로 정의하신다. 어리석은 자는 동일한 말씀을 듣지만 행하지 않는다. 예수님은 온 세상을 이 둘로 나누신다. 당신은 어느 쪽인가?

우리가 먼저 하나님의 말씀을 듣고 이를 행하는 자들로 구성된 하나님 나라 공동체를 만들지 못하면 하나님 나라를 진군시킬 수 없다. 지도자인 우리 자신이 개인적으로 하나님 나라를 보여 주지 못한다면 우리는 그런 공동체를 만들 수 없다. 우리는 참으로 예수님처럼 되어야 하며, 모든 일에서 하나님의 말씀에 순종하는 모습을 보여 줘야 한다.

Chapter 5

하나님 나라의 능력

모든 복음서에서 우리는 예수님께서 하나님 나라의 권능을 보여 주시면서 놀라운 기적들이 일어나는 것을 보게 된다. 데가볼리와 예루살렘, 유대와 수리아 온 지방, 그리고 요단강 건너편에서 온 큰 무리가 병에서 고침을 받고 귀신에게 고통 받던 많은 이들이 자유함을 얻었다(마 4:23~25를 보라).

세 복음서 모두를 보면 예수님의 기도 생활과 그분의 능력 사이에 강한 연관성이 있다. 요한복음에서 예수님은 기도를 통해 예수님이 하나님 아버지와 즐기셨던 동일한 관계를 우리도 가져야 한다고 가르치셨다. 우리는 아버지 하나님의 말씀에 따라 살아야 하며, 예수님처럼 그분께 순종해야 한다. 그러면 우리는 주님처럼 동일하게 하나님 나라의 능력과 역사를 나타낼 수 있을 것이다(요 14:8~12를 보라).

오순절 날 제자들에게 성령이 임하자 그들은 나가서 표적과 기사와 이적을 통해 하나님 나라를 강력하게 나타냈다. 첫 번째 돌파는 빌립을 통해 사마리아에서 일어났다. 강력한 표적과 기사와 이적을 통해 베드로와 바울은 이방 세계로 돌진했으며, 많은 나라들을 만지기 시작했다. 이는 오늘날에도 사실이다. 세계 도처에서 하나님의 나라가 강력하게 진군하는 곳마다 언제나 강력한 표적과 기사와 이적이 따랐고, 지금 이 시간에도 대추수가 진행되고 있다.

하나님의 나라는 침노를 당한다

마태복음 11장 1~11절에서 예수님은 세례 요한에 대하여 증거하신다. 세례 요한은 하나님의 나라를 선포할 수 있었으나 이를 보여 줄 수는 없었다. 그는 하나님 나라에 관해 이야기하고 하나님 나라가 다가오고 있음을 강력하게 선포할 수 있었지만 그 나라를 가시적으로 나타낼 수는 없었다. 요한은 주의 길을 예비하는 선구자였지만 실제로 하나님 나라에 들어가지 못했으며, 이 땅에 하나님 나라를 세울 수 없었다. 예수님은 11절에서 우리에게 말씀하신다: "내가 진실로 너희에게 말하노니 여자가 낳은 자 중에 세례 요한보다 큰이가 일어남이 없도다 그러나 천국에서는 극히 작은 자라도 저보다 크니라"(마 11:11).

예수님은 계속해서 말씀하신다: "세례 요한의 때부터 지금까지

제5장 하나님 나라의 능력

천국은 침노를 당하나니 침노하는 자는 빼앗느니라"(마 11:12). 이 구절은 여러 영어 성경에서 다양하게 번역되었지만 어떤 번역은 잘못되었다. 헬라어에서 '당하다' 라는 동사는 수동태로 되어 있기 때문에 가장 적합한 번역은 '하나님의 나라는 공격을 당한다' 라고 해야한다. 다른 말로 하면, 하나님의 나라가 드러나기 시작하면 즉각적으로 마귀가 맹렬하게(violently) 공격한다는 것이다(특히 초창기에 더욱 그렇다). 왜냐하면 하나님 나라가 드러나는 것은 사탄이 가장 두려워하는 것이기 때문이다.

십자가로 문제가 해결된 이래로 마귀는 불법적으로 하나님 소유를 차지해 왔다. 예수께서 십자가에서 흘리신 자기 피로 합법적으로 다시 사지 않은 사람이나 땅은 하나도 없다. 예수님은 합법적으로 정당하게 소유권을 주장하실 수 있으며 이미 그분은 만물을 다스릴 권세를 부여받았다. 따라서 하나님의 나라를 세우려는 말이나 행동은 그것이 무엇이든 마귀에 대한 전쟁 선포이며, 또한 계속해서 그리스도에게 속한 모든 것을 불법적으로 점령한 것에 대한 도전이다.

누군가가 하나님 나라에 관해 이야기하기 시작하거나 그 나라를 세우고자 하는 순간에 지옥에서는 경종이 울린다. "무슨 문제야?"라고 보초 귀신이 묻는다. "그리스도인들이 하나님의 나라를 이야기하고 있어." "오, 안 돼. 안 된다고!" 라고 지옥이 대답한다. 이런 말로 그들은 두려움에 떤다. 왜냐하면 그들은 우리가 그들의 영토를 빼앗을 것을 알기 때문이다. 하지만 흑암의 나라의 귀신들은 가만히 앉아 있지 않을 것이다. 적들은 가능한 한 오랫동안 자신에게 속하지 않은 것을 고수하려고 힘써 싸울 것이다.

우리는 하나님 나라에 대한 말이 단순히 말로 끝나지 않는다는 것을 깨달아야 한다. 하나님 나라를 설교하고 그 나라를 진군시키려 하면 당신은 맹렬한 공격을 받을 것이다. 이런 마귀의 공격을 다루는 유일한 방법은 뒤로 물러서는 것이 아니라 마귀를 더 강하게 공격하는 것이다. 예수님께서 말씀하신 것이 바로 이것이며, 주님과 초대 교회는 언제나 그렇게 했다.

예수님은 세례 요한에 이르기까지 이 땅에 하나님의 나라를 나타내는 사람이 아무도 없었다고 말씀하셨다. 그러나 예수님이 성령의 기름부음을 받으신 순간부터 그분은 이 땅에 하나님의 나라를 다시 세우기 시작하셨다. 그 순간부터 모든 마귀의 권세는 주님을 대항했다. 그래서 주님은 하늘 아버지의 무한한 자원을 가지고 이 땅에서 그들에게 더욱 강력하게 공격하심으로 대응하셨다.

이것이 바로 하나님 나라를 진군시킬 수 있는 유일한 방법임을 우리는 알아야 한다. 우리는 평화적인 방법으로 하나님 나라를 진군시킬 수 없다. 성령 안에서 우리는 침노하는(violent) 자가 되어야 한다. 하나님 나라를 성공적으로 진군시키기 위해 우리는 예수님과 같은 영적 전사가 되어야 한다. 주님은 최초의 침노자이셨으며, 하나님 나라에 들어오는 모든 자는 그분처럼 침노해야만 한다. 애초부터 마귀는 협잡꾼이다. 그는 모든 이를 공격하여 그들로 물러나게 할 것이다. 우리는 마귀의 모든 공격에 굳게 서서 다음과 같이 선포해야 할 것이다: "나는 내가 그리스도 안에서 누구인지 아노라. 나는 하나님의 사람이다. 나는 은혜로 말미암아 하나님의 아들이 되었으며, 예수님처럼 하늘에 속한 무한한 자원을 동일하게 사용할 수 있다. 나는 내가 기쁨으로 섬기는 왕 되신 예수님의 대사이다. 너는 단지 지옥에서 온 귀신에 불과하다. 이제 나는 그분의 전능하신 이름으로 너를 대적하노라. 이제 그분의 나라를 세우기 위해 내가 여기 서 있으니 너는 이곳을 떠나라. 나는 움직이지 않겠고, 우리 두 사람이 있을 곳은 없다."

이 일을 성공적으로 수행하기 전에 먼저 당신은 당신이 의롭게 되었음을 확신해야 한다. 당신은 하나님의 전신갑주를 입어야 한다. 당신은 당신이 절대로 무너지지 않음을 확신해야 한다. 당신은 자신의 권세를 확신해야 한다. 당신은 자신이 말하는 것이 진리임을 믿는 믿음이 있어야 한다. 당신은 결코 "오, 마귀야. 제발 떠나다오. 그만 가라니까. 나는 너하고 싸우고 싶지 않아. 제발 부탁이니 우리에게 평화적으로 넘겨다오"라고 말할 수 없다. 그리고 그렇게 할 수도 없다. 하나님 나라를 진군시키는 데는 오직 한 가지 방법밖에 없으며, 그 싸움은 격렬하다.

사도 바울이 사역을 마치면서 디모데에게 쓴 내용을 살펴보라. 그가 "디모데야, 나는 35년 동안 너무나 평화로운 사역을 했다. 주님이 나에게 복을 주셔서 마귀는 내가 가는 곳마다 친절하게도 길을 비켜 주었고 한 번도 나를 어렵게 하지 않았다"라고 썼는가? 전혀 그렇지 않다!

근본적으로 그는 "내가 선한 싸움을 싸우고 나의 달려갈 길을 마치고 믿음을 지켰으니"라고 말했다(딤후 4:7을 보라). 당신이 이겨야 할 싸움은 선한 싸움이다! 성경은 결코 그것을 그냥 싸움이라고 말하지 않는다. 그것은 언제나 선한 싸움이고 언제나 믿음의 싸움이다. 이 싸움을 이기기 위해서는 믿음이 필요하다. 예수께서는 하나님의 나라가 도래했다는 것은 곧 전쟁 선포를 의미하며, 하나님 나라에 들어온 자들은 예수님처럼 침노하는 자가 되어야 함을 분명히 하셨다. 하나님 나라를 무력으로 진군시킬 때 그들은 주님과 함께해야 한다.

만일 이런 종류의 기독교를 좋아하지 않는다면 하나님 나라에 대해서는 잊어버려라. 그저 클럽과 같이 친절한 지역 그리스도인 모임에나 나가라. 그곳에서는 그저 서로 사랑하며 함께 좋은 시간을 보낼 수 있다. 그러다가 어느 날 예수님께서 오셔서 모두를 데려가실 것이다. 그때까지는 그냥 마귀를 멀리하라. 당신이 그를 괴롭히지 않으면 그도 당신을 그냥 내버려 둘지도 모르겠다. 그러나 실제로 그럴지 의문이다. 그는 아마도 당신을 더욱더 많이 공격할 것이다. 왜냐하면 당신이 그에게 저항하지 않기 때문이다.

어쨌든 그것은 하나님의 나라가 아니다. 당신에게는 선택권이 없다. 너무나도 많은 그리스도인들이 전쟁을 하고 싶어 하지 않는 것에 대해 놀라움을 금할 수 없다. 그러나 성경적으로 그런 종류의 기독교는 존재하지 않는다.

하나님 나라의 탁월함

마태복음 12장에서 예수님은 한 가지 원리를 가르치신다. 문자적으로 이 구절을 번역하면 다음과 같다: "내가 너희에게 이르노니 성전보다 더 큰이(사람)가 여기 있느니라"(마 12:6). 주님은 자신을 사람(어떤 분)으로 강조하지 않고 '어떤 것'의 창시자요, 선구자로 강조하고 계시다. 그것은 바로 하나님 나라이다.

예수님은 자신이 아버지 하나님께로 돌아가기 전에 하나님 나라를 보여 주고 세우는 데 3년 반의 시간밖에 없다는 것을 아셨다. 만일 제자들이 주님이 떠나시기 전에 이 메시지를 깨닫지 못하면 하나님 나라는 계속될 수 없었다. 주님은 자신이 떠난 후에 그 나라가, 주님이 이 땅에서 사역하시면서 보았던 것 중에서 그 어느 것보다 더 크고 강력해질 것이라 기대하셨다. 예수님은 우리의 죄를 위해 죽으러 오셨을 뿐만 아니라 또한 '뭔가'(something)를 보여 주시기 위해 오셨다. 주님은 그것을 하나님 나라라고 부르셨다.

이 구절에서 주님은 제자들이 자신을 사람으로 보는 대신에 그분이 시작하신 하나님 나라라는 독립된 개체, 즉 그 자체의 정체성과 지속적인 힘을 가지고 있는 개체로 보길 원하셨다. 그것은 주님께서 아버지 하나님께 순종함으로써 세우신 '뭔가'였다. 예수님은 그 '뭔가'의 시작이셨다. 3년 후에 주님은 이 땅을 떠나 아버지께로 돌아가실 예정이었지만 하나님의 나라는 주님과 함께 떠나지 않을 것이었다. 반대로 그 나라는 이제 막 시작되었다. 다니엘은 오래전에 그 나라가 이 세상의 통치 시스템에 던져진 돌(그 돌은 예수님이셨다)처럼 시작될 것이라 예언했다. 그 돌은 점점 자라서 마침내 거대한 산을 이루고, 그 산은 결국 온 세상에 가득할 것이다. 왜냐하면 수많은 순종의 사람들이 동일한 성령으로부터 능력을 받아서 그 나라를 힘차게 진군시킬 것이기 때문이었다(단 2:34~35, 44~45, 7:9~14, 18, 22를 보라).

예수님 당시에 성전은 매우 인상적인 건축물이었다. 이는 46년 이상에 걸쳐 지어졌고, 아마도 '하나님의 영광을' 위한 것이었을 것이다. 그러나 실제로 그것은 헤롯 대왕이 정치적 편의주의를 위해, 그리고 유대인과 자기와의 관계를 개선하기 위해 지은 것이었다. 하나님의 임재와 하나님 나라는 그 건물 안에 없었다. 하나님의 나라는 단 두 번만 그 성전에 임했다. 한 번은 예수님이 사역을 시작하셨을 때이고 또 다른 한 번은 예수님의 사역 말기 때였다. 그때에 주님은 오셔서 성전을 청소하시고 환전상들을 쫓아내시고 성전을 정비하셨다. 하나님의 나라는 예수님을 통해 성전에 단 하루만 임했다가 바로 사라졌다(마 21:12~27을 보라).

이 말씀에서 예수님은 하나님께서 건물을 반대하지는 않으심을 지적하셨다. 건물은 적절히 사용하면 큰 축복이 될 수 있다. 주님이 반대하신 것은 건물에 영적 부패가 가득하고 하나님의 나라가 없었기 때문이었다. 주님은 하나님 대신에 건물이 경배의 대상이 되는 것을 반대하셨다. 풍성한 경배와 하나님 말씀의 가르침과 열방을 위한 기도와 치유 사역과 축사 사역을 통해 하나님의 나라가 건물 안에 임해야 하고 또한 행해져야 한다. 만일 이런 일이 일어나지 않는다면 그 건물은 쓸모가 없다.

제5장 하나님 나라의 능력

하나님 나라와 건물 사이에 선택하라고 한다면 당신은 하나님 나라를 선택해야 한다. 만일 하나님 나라를 소유하고 또한 그 나라의 목적을 섬기는 멋진 건물을 가지고 있다면 더할 나위 없다. 하나님 나라는 어떤 건물보다 크고 중요하다는 것을 기억하라.

다음 두 구절을 더 살펴보자. 먼저 마태복음 12장 40~41절을 읽어 보라.

> "요나가 밤낮 사흘을 큰 물고기 뱃속에 있었던것 같이 인자도 밤낮 사흘을 땅속에 있으리라 심판 때에 니느웨 사람들이 일어나 이 세대 사람을 정죄하리니 이는 그들이 요나의 전도를 듣고 회개하였음이어니와 요나보다 더 큰이[영어 성경에는 something(것)으로 나와 있다-역주]가 여기 있으며"

예수님은 하나님 나라의 전도의 능력이 자기 힘으로 일하는 전도자 한 사람의 능력보다 훨씬 크다고 가르치신다. 라인하르트 본케(Reinhard Bonnke)가 당신의 도시에 온다면 그가 심오한 영향력을 미칠 것이라 확신한다. 그러나 하나님 나라가 오면 그 영향력은 훨씬 더 클 것이다. 요나가 니느웨에 왔을 때 최고 정치 지도자부터 시작해서 말단 백성에 이르기까지 사람들은 자기 죄를 회개했다. 모든 사람이 그의 영향을 받았다. 한 사람의 전도로 말미암아 그 도시는 거의 150년 동안 변화되었다. 그러나 예수님은 하나님의 나라가 위대한 전도자 요나의 영향력보다 훨씬 더 강력하다고 말씀하신다. 도시들이 완전히 변화하여 수많은 사람들이 예수님에게로 돌아오는 장면이 보고 싶다면 어떤 위대한 복음 전도자보다 하나님 나라가 훨씬 더 큰일을 할 것이다.

이제 마태복음 12장 42절을 살펴보자.

"심판 때에 남방 여왕이 일어나 이 세대 사람을 정죄하리니 이는 그가 솔로몬의 지혜로운 말을 들으려고 땅 끝에서 왔음 이어니와 **솔로몬보다 더 큰이가 여기 있느니라**"

당시에 사람들은 솔로몬을 지구상에서 가장 지혜로운 자로 여겼다. 초기에 그는 권세와 영광, 성공과 지혜를 가지고 왕국을 세웠다. 시바 여왕은 자신이 들은 것이 사실인지 확인하기 위해 북아프리카의 에티오피아에서 먼 길을 찾아왔다. 그녀가 들은 것보다 실제가 훨씬 나았다. 현재 모든 국가의 지도자들은 그들이 풀 수 없는 문제들에 대한 해답을 찾고 있다. 세상에는 너무나 많은 정치적 문제들이 있지만 해답이 없다. 어느 누구도 이 문제들을 해결할 능력이나 지혜 혹은 명철을 가지고 있지 않다. 하지만 '솔로몬보다 큰 이가 여기 있다'. 만일 하나님의 나라가 능력 가운데 당신의 도시와 국가에 임한다면 당신의 모든 정치적, 사회적, 경제적 문제들을 풀 수 있을 것이다. 그러면 사람들은 시바 여왕처럼 세상 끝에서 만사를 변화시키는 당신을 보기 위해 달려올 것이다. 하나님의 나라에는 모든 정치, 사회, 경제의 문제를 풀 수 있는 능력이 있다.

제5장 하나님 나라의 능력

　솔로몬 왕국의 시작이 환상적이었다고 생각한다면 하나님의 나라가 실제로 임할 때까지 기다리라. 우리는 아직 그 어떤 것도 보지 못했다. 우리는 너무나 놀라운 의와 거룩과 지혜가 임하는 걸 보게 될 것이다. 그 나라는 하나님 나라의 영광스러운 평화와 공의 그리고 긍휼을 우리의 곤고한 세상에 가져다줄 것이다. 당신은 실제로 모든 면에서 하나님의 나라를 보게 될 것이다. 그 나라가 나타나기 시작하면 사람들은 당신의 하는 일을 알아보기 위해 전 세계 도처에서 이 영광스러운 해답이 드러나는 곳으로 몰려올 것이다. 해답은 언제나 '우리 주 예수 그리스도의 나라가 임했다'는 사실에 있어야 한다. 그 나라는 모든 필요를 채워 주며, 해답을 제시한다.

　성경은 이에 대해 많은 약속을 한다. 예수님이 이 세대의 끝에 재림해서 모든 것을 성취하시기 전에 그분은 파괴된 도시들을 재건하실 것이다. 주님은 많은 세대 동안 황폐해진 것들을 회복하실 것이다. 우리 도시들이 마귀적인 행동을 하는 지옥과 같은 도시가 되는 대신에 하나님의 나라가 임하면 그들은 우리 하나님의 영광으로 가득하게 될 것이다. 나는 이런 일이 일어날 때까지 성경의 중요한 구절들이 성취되지 않은 채 남아 있게 될 것이라 믿으며, 예수님께서 재림하시기 전에 이 모두가 성취될 것이다. 아멘!

Heaven on Earth

Chapter 6

하나님 나라의 비유

마태복음 13장에서 우리는 하나님 나라에 대한 비유를 발견한다. 이 모두는 매우 중요하며 또한 매우 강력하다. 많은 비유들이 마가복음 4장과 누가복음 8장에서 다시 등장한다. 이 세 곳은 하나님 나라를 언급하고 있는 중요한 부분이며, 그 진리를 온전히 알려면 이들을 통합적으로 연구해야 한다.

마태복음 13장에서 예수님은 청중을 두 부류로 나누셨다. 또한 주님은 천국의 '비밀'에 관해 여러 번 말씀하셨다. **비밀**이란 단어는 신약성경에 자주 쓰이는 단어이며, 이는 하나님께서 고의적으로 어떤 사람들에게는 감추시고 다른 사람들에게는 선택적으로 계시하기로 택하신다는 영적 진리를 의미한다. 아무리 많은 자연적인 지식이 있고 성경 본문을 학문적으로 아무리 많이 연구해도 하나님의 비밀을 꿰뚫을 수는 없다. 이는 하나님의 성령의 계시를 통해서만 가능하다. 하나님께서는 그분의 도구인 말씀을 통해 계시하시기로 작정하심으로써 우리의 영에 그 진리를 보이신다.

결정하시는 분은 하나님이시다. 하나님이 어떤 이들에게 이 비밀을 계시하시기로 작정하시면 예수님께서는 그 사람들을 '너희'(you)라고 부르신다. 또한 하나님께서 이 비밀을 다른 이들에게 숨기기로 작정하시면 예수님은 그 사람들을 '저희'(them)라고 부르신다. '너희'에 속하기 위해서는 마음의 태도에 있어서 뭔가가 필요하다. 이제 그것들을 마태복음 13장에서 찾아보자.

9절에서 예수님은 "귀 있는 자는 들으라"고 말씀하신다. 이 말씀이나 이와 유사한 말씀이 복음서 전체에서 13번 나온다. 예수님은 물리적인 귀를 말씀하시는 것이 아니라 영적인 귀를 말씀하시며, 이는 하나님의 말씀을 들을 때에 배우려는 자세로 간절히 사모하는 마음의 태도를 가리킨다. 어떤 사람들 안에는 진리를 알고자 하는 간절한 갈망이 있으며, 그런 갈망으로 인해 그들의 영적인 귀가 열린다.

어느 부류에 속할지는 모든 사람이 선택하는 것이라는 점을 주님께서는 분명히 말씀하신다. 만일 '너희'의 부류에 속하길 원한다면 당신은 어떤 조건들을 만족시켜야 한다. 만일 그 조건들을 만족시키면 당신은 합격이다. 만일 그 조건들을 만족시키지 못하면 하나님은 그분의 비밀을 당신에게 계시하지 않으실 것이다. 당신은 결국 '저희'의 부류에 속하고 말 것이며 결코 하나님 나라의 비밀을 이해하지

제6장 하나님 나라의 비유

못할 것이다.

10절에서 우리는 다음과 같은 말씀을 읽는다: "제자들이 예수께 나아와 가로되 어찌하여 저희에게 비유로 말씀하시나이까." 마가복음에서 예수님은 오직 비유로만 가르치셨고 우리는 이것이 주님께서 의도적으로 그렇게 하셨다는 말을 듣는다.

예수님은 주로 이야기를 통해 가르치셨으며, 그 이야기에는 오직 소수의 사람들만이 이해할 수 있는 보다 더 깊은 영적인 의미가 들어 있었다. 심지어 성경에 기록된 이적은 이적 자체보다 더 깊은 의미를 지녔다. 이들은 우리에게 하나님 나라의 감춰진 진리들을 비유로 가르치기 위해 기록되었다.

요한복음에는 예수께서 하신 모든 일을 기록한다면 세상에 이 책을 둘 곳이 없다고 기록되어 있다(요 21:25를 보라). 그러나 성령의 인도를 받은 요한은 8개의 기적만을 기록하고 있으며 이 8개의 기적을 중심으로 그의 복음서를 완성했다. 이는 요한복음을 이해하는 열쇠이다. 모든 기적이 놀라운 기적이지만 그것을 기록한 이유는 한 가지만이 아니다. 각 기적은 우리가 이해해야 하는 하나님 나라의 영적 원리를 가르쳐 준다. 성령께서는 이 비유들을 이해하는 법을 우리에게 점차 더 많이 가르쳐 주실 것이다.

마태복음 13장, 마가복음 4장, 누가복음 8장 모두 같은 내용이 많지만, 각 복음서마다 특별히 중요한 세부사항들이 추가로 더해져 있다. 첫 번째로 등장하는 비유는 네 가지 서로 다른 땅에 씨를 뿌리는 자의 비유이다. 예수님은 마가복음 4장 13절에서 제자들에게 "너희가 이 비유를 알지 못할찐대 어떻게 모든 비유를 알겠느뇨"라고 말씀하셨다. 다른 말로 하면, 만일 씨 뿌리는 자의 비유를 통해 가르친 영적 원리들을 이해하지 못한다면 예수님이 가르치신 다른 비유들을 이해하기가 어렵다는 얘기다. 이는 무서운 말씀이다. 나는 신학 학위를 가지고 있지만 여전히 예수님께서 하신 말씀을 하나도 이해하지 못하는 사람들을 만난 적이 있다.

제자들이 예수님께 왜 그들에게(특히 서기관들과 바리새인들에게) 비유로 말씀하시는지 그 이유를 묻자 주님은 다음과 같이 대답하셨다.

> "천국의 비밀을 아는 것이 너희에게는 허락되었으나 저희에게는 아니되었나니 무릇 있는 자는 받아 넉넉하게 되되 무릇 없는 자는 그 있는 것도 빼앗기리라"(마 13:11~12).

어린아이처럼 잘 받아들이라

하나님께서 하나님 나라의 비밀을 계시하시는 첫 번째 조건은 지적인 겸손이다. 아무리 지적으로 뛰어나고 교육을 많이 받았더라도 우리는 어린아이와 같은 마음으로 하나님께 나아가야 한다. 이상하게 들리겠지만 어린아이와 같은 태도를 취하면 우리는 매우 지혜로워지고 영적으로 빨리 성숙해진다. 한편 바울은 고린도 교회에 대하여 그들의 마음의 교만함에 대해 여러 차례 언급했으며, 특히 고린도전서의 첫 부분 세 장에서 그렇다. 그들의 지적인 교만으로 인해 그들은 영적으로 어린 상태에 머물렀으며, 바울은 그들에게 깊은 것을 가르칠 수 없었다.

반대로 데살로니가 교회는 간절한 마음을 가지고 바울의 가르침을 있는 그대로 하나님의 말씀으로 받았다. 그들이 믿었기 때문에 그 말씀은 그들 안에서 역사할 수 있었다(살후 2:13을 보라). 그 결과 그들은 믿음에 있어서 무척 빠르게 성숙했고 곧 바울과 예수님처럼 이적도 행하였다.

고린도는 훨씬 더 중요한 도시였다. 고린도는 마케도니아와 아가야라 불리는 두 지역의 중요한 상업 중심지였다. 그곳은 자연히 두 지역 전체의 중심지가 되었다. 또한 고린도 교회는 성도가 많았다. 하지만 고린도 교인들의 지적 교만으로 인해 하나님은 그들을 거의 쓰실 수가 없으셨다. 때문에 그들은 영적인 어린아이로 남아 있었다.

바울은 거의 3년을 고린도에서 보냈다. 에베소를 제외하면 그곳은 그가 머물렀던 곳에서 가장 오래된 곳이었다. 그러나 그들의 마음의 교만 때문에 고린도 교회는 마땅히 발휘해야 할 영향력을 발휘하지 못했다. 바울은 데살로니가에 단지 3주밖에 머무르지 않았지만 그들이 잘 받아들이고 간절한 마음의 태도를 지녔기 때문에 훨씬 더 많은 영향력을 발휘했다. 데살로니가는 훨씬 작고 별 볼일 없는 도시였지만 하나님의 말씀에 대한 그들의 반응 때문에 그들은 강력한 지역 교회가 되었으며, 그 교회는 믿음을 가지고 마케도니아와 아가야 전 지역을 전도했다(살전 1:8을 보라). 예수님께서 천국에 들어오길 원하면 어린아이처럼 되어야 한다고 자주 말씀하신 이유가 바로 이것이다.

첫 번째 조건은 지적으로 겸손한 것이며, 이는 어린아이처럼 겸손하고 잘 받아들이는 것을 말한다.

하나님의 말씀에 대한 존경심

두 번째 요구 조건은 하나님의 말씀을 들을 때에 당신이 거기에 두는 가치이다. 마가복음 4장 24절을 보라. 여기서 예수님은 "너희가 무엇을 듣는가 스스로 삼가라"고 말씀하신다. 주님은 계속해서 말씀하신다: "너희의 헤아리는 그 헤아림으로 너희가 헤아림을 받을 것이요 또 더 받으리니 있는 자는 받을 것이요 없는 자는 그 있는 것까지 빼앗기리라"(막 4:24~25). 만일 하나님의 말씀을 귀하게 여기면 당신이 그 말씀에 두는 가치의 능력이 당신에게 임할 것이다. 만일 하나님의 말씀이 당신에게 놀랍게 다가오면, 하나님의 말씀에 대한 태도 때문에 놀라운 능력이 당신을 통해 흘러갈 것이다.

근본적으로 하나님의 말씀이 당신의 삶에서 얼마나 강력하게 역사할 것인지는 당신의 태도에 의해 결정된다. 어떤 이들은 강력한 기적의 역사를 본다. 어떤 이들은 감기조차도 고칠 수 없다. 당신이 하나님의 말씀을 소중히 여기는 것을 입증하면 하나님께서는 당신에게 그분의 말씀을 통해 더 많은 것을 주신다. 그러나 만일 하나님의 말씀을 소중히 여기지 않으면 당신이 가진 것도 빼앗길 것이다. 하나님의 말씀을 경홀히 여기면 그로 인해 당신은 점점 더 영적으로 가난해질 것이다.

하나님의 말씀에 대한 순종과 믿음

세 번째 요구 조건은 말씀에 순종하기로 작정한 강도이다. 당신은 하나님의 말씀에 대한 태도를 순종을 통해 입증해야 한다. 당신은 말씀을 듣기만 하는 자가 아니라 말씀을 행하는 자가 되어야 한다. 히브리서 5장은 신자들이 하나님의 말씀에 흥분하지 않았다고 말한다. 그 결과 그들은 계속 영적으로 어린 상태로 남아 있었고 말씀을 듣기에 더뎠다(히 5:11~14를 보라). 히브리서 4장은 그들이 말씀을 들었지만 "듣는 자가 믿음을 화합지 아니"(2절)하였기 때문에 유익과 도움을 얻지 못했다고 말한다.

하나님의 말씀을 믿음 없이 듣거나 순종할 의향이나 의도 없이 듣는 것은 매우 위험하다. 실제로 이는 당신에게 해를 끼친다. 말씀을 듣고 순종하지 않으려면 차라리 말씀을 듣지 않는 편이 낫다. 성경이 권능이 있는 하나님의 말씀임을 입증하는 유일한 길이 있다. 그것은 나가서 그대로 행하는 것이다! 말씀을 지적으로 이해할 때까지 기다리지 말라. 그저 말씀대로 행하라! 그러면 경험을 통해 확신하게 되며 그것이 훨씬 나은 방법이다. 왜냐하면 그럴 때에 역사가 나타나고 그것이 진리임을 참으로 알게 되기 때문이다. 요한복음 7장 17절에서 예수님은 '자기 뜻을 행하려고 하는' 자는 누구나 그분의 가르침이 하나님께로부터 온 것인지 아니면 자기 스스로 말하는 것인지 알게 될 것이라고 말씀하셨다. 이제 나가서 그대로 행하라. 그러면 곧 알게 될 것이다.

1958년에 회심한 지 얼마 안 되어서 나는 처음으로 성경을 읽기 시작했다. 처음에 나는 다른 책처럼 이를 지적으로 읽으려 했다. 많은 부분이 의심이 갔기 때문에 나는 성경에서 많은 것을 얻지 못했다. 그때 하나님께서 내게 매우 강력하게 말씀하셨다. 그분께서는 내가 잘못된 도구를 사용하고 있으며, 변화가 필요하다고 말씀하셨다. 나는 내 마음 대신에 내 영을 사용해야 했다. 그랬을 때 그분의 성령께서 직접 내 영에 말씀하시고 내게 그분의 말씀 안에 감춰진 놀라운 것들을 보이실 수 있었다.

나는 모든 것을 지적으로 이해하길 멈춰야 했고, 이해가 되지 않았어도 어린아이처럼 모든 말씀을 문자 그대로 진리로 믿기로 결정해야만 했다. 그런 뒤에 주님은 앞으로 나는 그분의 말씀에 대해 다음의 세 가지 원칙에 따라 살아야 한다고 말씀하셨다: (1) 나는 모든 말씀을 문자 그대로 진리임을 믿기로 작정해야 했다, (2) 나는 모든 명령에 순종해야 했다, (3) 나는 모든 약속이 사실이라고 주장해야 했다.

이제 나는 거의 50년 동안 경험을 통해 하나님의 말씀인 성경이 절대적으로 진리임을 알았다. 내가 지금까지 주장한 하나님의 모든 약속은 진리임이 입증되었다. 우리가 하나님의 말씀에 무조건적으로 순종했을 때 나와 내 아내는 외적으로 불가능해 보이는 상황에 빠지곤 했다. 하지만 하나님은 결코 실패하지 않으셨다. 에일린은 여러 번 "불가능한 상황에 처하기 전에는 하나님께서 불가능한 일을 행하실 수 있는 분이라는 사실을 입증할 수 없다"고 말하곤 했다.

이런 일을 통해 당신은 '너희' 부류에 속하게 되고 하나님은 점진적으로 그분의 나라의 비밀들을 당신에게 더 많이 계시하실 것이다. 또한 당신이 그분께 받은 것을 더 소중히 여기기 때문에 그분은 당신에게 더 많은 것을 주실 것이다. 성경을 읽으면 하나님께서는 당신에게 많은 것을 계시로 설명해 주실 것이다. 당신은 신학 학위를 가진 의심 많은 박사들이 당신에게는 너무나 명백한 것을 왜 이해하지 못하는지 의아하게 생각할 것이다. 나처럼 당신도 '이들에게 뭐가 문제지? 왜 그들은 내가 볼 수 있는 것을 보지 못할까?' 라는 생각이 들기 시작할 것이다.

나는 이것이 우리가 이해해야 하는 근본적인 원리라고 생각한다. 만일 우리가 어린아이와 같은 겸손함과 신뢰의 태도를 가지고, 말씀을 갈망하며 이를 소중히 여기고, 문자 그대로 모든 약속을 주장하고 우리에게 행하라고 하신 모든 말씀에 순종하면 우리는 '너희'의 부류에 속하게 되고, 천국의 비밀이 우리에게 계시된다. 그러나 이처럼 단순한 것들을 행치 않는 자들에게는 천국의 비밀이 감춰진다. 그러므로 하나님 나라의 계시를 온전히 이해하기 위해서 우리가 만족해야 할 조건이 아직도 남아 있다.

하나님 나라의 핵심 비유: 씨 뿌리는 자의 비유

우리는 이 비유를 세 개의 공관복음 모두에서 볼 수 있다(마 13:3~9, 막 4:3~9, 눅 8:4~8을 보라). 예수님께서는 우리가 이 비유를 이해하지 못하면 다른 비유들도 이해하지 못할 것이라 하셨다(막 4:13을 보라). 예수님께서 자세히 설명하신 비유가 바로 이것이었다.

내가 인도에 오래 산 것이 성경을 이해하는 데 큰 도움이 되었다. 그 덕분에 예수님께서 하신 농사 이야기 중 많은 부분이 내 눈앞에 생생하게 다가왔다. 예수님이 설명하신 대로 나는 소들이 밭을 가는 것과 타작마당에서 곡식을 떠는 것을 보았다. 나는 남자와 여자들이 우물가에서 물을 긷는 것과 손으로 씨를 뿌리는 것을 보았다. 이런 광경은 6, 70년대 인도의 일상의 모습이었다.

비유 해석

이 비유에서 씨 뿌리는 자가 나가서 좋은 씨를 서로 다른 네 종류의 땅에 뿌린다. 여기서 토양 조건은 네 가지 마음의 상태를 대표하며, 그 네 가지는 다음과 같다.

1. 강팍한 마음

나는 인도에서 이 일이 일어나는 것을 많이 보았다. 한 농부의 밭 귀퉁이에 마을 공동 우물이 있다고 상상해 보라. 어느 날, 주인 농부는 소에 멍에를 메이고 나무 쟁기로 밭을 간다. 그러나 농부가 밭에 씨를 뿌리기 위해 기경하는 데 며칠이 걸린다. 모든 마을 사람들은 매일 조석으로 물을 긷기 위해 밭을 가로질러 우물로 온다. 그러자 우물까지 오는 밭에 곧바로 단단한 길이 생긴다. 며칠 후에 농부가 와서 밭에 씨를 뿌릴 때 이 길은 이미 사람들이 밟고 다녀서 단단하여 아무것도 심을 수 없게 된다. 이 길 위에 씨가 떨어지자 새들이 와서 싹이 나기도 전에 그 씨를 먹어 버린다.

이런 흙의 상태는 이미 딱딱한 종교적 전통과 교리로 마음이 굳어져 이런 전통과 일치하지 않는 모든 진리를 즉각 거절하는 사람들을 나타낸다. 하나님이 아무리 말씀하시고 행하셔도 그들은 자신의 방식이나 신조를 바꾸지 않는다. 예수님은 서기관들과 바리새인들이 자신들의 전통을 지키기 위해 하나님의 말씀을 거절한다고 여러 번 책망하셨다. 그래서 그들은 주님에게서 하나님 나라에 관한 새로운 말씀을 받을 수가 없었다.

2. 얇은 마음

이런 마음의 상태는 돌밭 위에 얇게 덮인 흙으로 표현된다. 씨는 흙 표면 바로 아래에 심겨진다. 해가 나면 흙은 급속히 데워지고, 씨는 얇은 흙 때문에 금방 싹이 나고 깊이 심겨진 씨보다 더 빨리 땅 위로 올라온다. 그러나 흙이 깊지 않고 뿌리가 돌밭을 뚫지 못하기 때문에 식물은 햇볕에 금방 말라 죽고 만다. 예수님은 이에 대하여 하나님 나라의 복음을 전했을 때 먼저 이에 따르는 희생을 계산하지 않고 쉽게 감정적으로 응답하는 사람들을 상징한다고 말씀하신다. 말씀으로 인해 환난과 핍박이 오면 그들은 타락하여 회심한 것을 부인하고 속히 그들의 옛 생활로 돌아간다.

3. 나쁜 마음

이 마음의 상태의 경우에 흙은 좋으나 두 가지 종류의 다른 씨앗이 그 안에서 동시에 자란다. 하나님 나라의 좋은 씨가 먼저 심겨진다. 싹도 먼저 나고, 잘 자라서 추수 때에 좋은 열매를 맺을 것 같이 보인다. 그러나 불행히도 바로 이어서 나쁜 씨앗도 함께 심기어 자란다. 이 나쁜 씨앗은 좋은 씨보다 더 왕성하게 성장하여 좋은 씨를 누르고 추수하기도 전에 좋은 식물을 질식시킨다. 예수님은 좋은 식물을 질식시키는 나쁜 식물을 이 세상의 염려와 재리의 유혹과 다른 것들에 대한 욕심이라고 말씀하신다. 예수님은 성경 여러 곳에서 우리가 하나님과 돈을 겸하여 섬길 수 없음을 분명히 하셨다. 우리는 하나님을 사랑하면서 동시에 이 세상의 부와 욕망과 명예와 보상을 사랑할 수 없다.

우리는 가난한 삶이 아닌 이 세상의 물질적인 것들(부, 명예, 직위와 같은 것들)이 우리의 마음을 빼앗지 못하는 삶으로 부름 받았다. 우리가 순전하게 먼저 하나님의 나라와 그분의 의를 구한다면 정당하게 필요한 모든 것은 우리의 것이 될 것이다. 그리고 우리는 이에 대해 염려할 필요도 없다(마 6:33을 보라).

4. 착하고 정직한 마음

마지막 마음 상태는 비옥하고 좋은 땅으로 표현된다. 거기에는 나쁜 씨도 없다. 이것은 착하고 정직한 마음이라 불린다.

예수님의 가르침에 따르면 세 단계를 지키면 30배부터 60배의 수

확량을 경험할 수 있다. 그러나 100배의 수확량을 경험하려면 추가적으로 두 단계가 더 필요하다.

첫 세 단계는 우리가 (1) 영적으로 말씀을 듣고, (2) 영적으로 말씀을 이해하고, (3) 말씀을 받아들이고 이에 순종하는 것이다. 이렇게 하면 60배까지 수확을 얻을 수 있다.

나아가 마음이 수동적으로 말씀을 받기만 하지 않고 적극적으로 분명하게 말씀을 추구하면 이러한 태도로 인해 추수의 질과 양이 상당히 달라질 것이다. 100배의 온전한 결실을 맺으려면 두 가지를 더 행해야 한다. 즉 (4) 말씀을 굳게 붙들고, (5) 말씀 안에서 끈질기게 인내해야 한다.

결과가 지체되고 보이는 증거가 없고, 원수의 공격이 있거나 난관으로 인해 갈등이 생긴다 할지라도 말씀이 온전히 드러날 때까지 우리는 인내해야 한다. 이처럼 끈질긴 믿음의 인내만이 우리의 삶과 환경에서 100배의 충만한 말씀 수확을 낳는다.

Heaven on Earth

Chapter 7

하나님 나라의 열쇠

마태복음 16장 16절에서 예수님은 "주는 그리스도시요 살아계신 하나님의 아들이시니이다"라고 선언하는 베드로에게 하나님 나라의 열쇠를 주셨다. 예수님은 "바요나 시몬아 네가 복이 있도다 이를 네게 알게 한 이는 혈육이 아니요 하늘에 계신 내 아버지시니라"라는 말씀으로 응답하셨다(마 16:17). 베드로는 하나님의 계시를 받는 수혜자가 되었다. 이로 인해 예수님은 모든 장애와 장애를 극복할 교회를 세우시기 위해 움직이기 시작하셨다. 예수님은 베드로에게 그가 하나님의 계시를 받은 수혜자이기 때문에 이제 그에게 천국 열쇠를 줄 수 있으며 또한 그에게 영적 상황들을 잠그고 여는 법을 보여 줄 수 있다고 말씀하신다. 이는 큰 주제이기 때문에 이 책에 이어 하나님 나라의 진군을 막는 '권세'(gates)를 다룰 때에 더 많은 시간을 할애하도록 하겠다.

이 약속은 바로 이어 나오는 또 다른 약속과 연결되어 있다: "네가 땅에서 무엇이든지 매면 하늘에서도 매일 것이요 네가 땅에서 무엇이든지 풀면 하늘에서도 풀리리라"(마 16:19). 이 말씀의 헬라어 원문의 구조는 매우 특이하다. 이는 과거완료형 동사로 되어 있는데 미래시제 동사와 연결되어 있다. 문법적으로는 매우 이상하지만 하나님 나라에서는 완전히 말이 된다. 더 나은 번역은 다음과 같다: "네가 땅에서 매는 모든 것은 매일 것이다. 왜냐하면 그것은 이미 하늘에서 매였기 때문이다. 네가 땅에서 푸는 모든 것은 또한 풀릴 것이다. 왜냐하면 그것은 이미 하늘에서 풀렸기 때문이다."

예수님은 믿음에 관해 말씀하실 때 몇 군데에서 이처럼 과거완료/미래를 조합해서 사용하셨다. 마가복음 11장 24절에서 예수님은 제자들에게 그들이 기도할 때에 먼저 그들이 **이미 받았다는** 것을 믿어야 하며, 그럴 때 그들이 받게 **될 것**이라고 말씀하신다. 주님은 또한 어떤 것에 대해서는 계속해서 기도하는 대신에 권세의 말을 가지고 말하면 떠나갈 것이라고 말씀하신다. 그러한 것의 예로는 귀신, 질병, 귀신의 진, 마귀적인 날씨의 형태, 산과 같은 반대, 종교적 전통의 나무와 같은 것들이 있다. 종교적 전통의 나무는 뿌리를 뽑아 집어 던져야 한다. 예수님은 이 모든 것들을 이와 같은 방식으로 다루셨다. 언제나 주님이 그러하셨던 것처럼 주님은 우리도 충만한 믿음을 가지고 동일한 방식으로 이들에게 명령하는 법을 배우길 원하신다.

제7장 하나님 나라의 열쇠

진정한 믿음에 도달하기

믿음은 이 책의 주제가 아니다(믿음에 관해서 더 많은 것을 알기 원하면, 나의 저서 「믿음의 선한 싸움」(The Good Fight of Faith)을 읽어 보라). 그러나 믿음과 하나님의 나라는 분리할 수 없다. 진정한 믿음에 관해 잠깐 이야기해 보자.

믿음에 관한 성경 말씀에서 우리가 듣는 내용은 다음과 같다. 즉 진정한 믿음에 도달하기 위해서 우리는 우리의 믿음의 대상이 영적인 세계에서 이미 성취된 사실이라는 점을 알아야 한다. 비록 아무것도 보이지 않고 우리 육체의 감각으로는 아무것도 경험할 수 없다 할지라도 우리는 이것이 이미 '이뤄졌다' 는 것을 알아야 한다. 물리적 시공간의 세계에서 보이는 현상이 나타나기 전임에도 불구하고 영적인 세계에서는 그것을 이미 이뤄진 사실로 인식해야 한다. 때가 되면 그것은 우리 눈앞에서 물리적으로 분명하게 드러난다.

나의 치유의 경험을 예로 들어 보겠다. 2007년 현재 이 책을 쓰고 있는 나는 77세의 건강한 노인이다. 그러나 1960년대에 내 몸의 상태는 무척 나빠 고군분투하였으며, 그 병은 점점 악화되었고 의학적인 치료 방법이 없었다.

나는 점점 더 자주 심각하게 코피를 흘렸다. 그것은 코 뒤쪽에 있는 혈관에서 흘러나왔다. 갑자기 혈관이 터지면 피가 흐르기 시작했고, 지혈하기가 무척 어려웠다. 때로는 몇 리터의 피를 쏟아서 병원 응급실에서 수혈을 받아야만 했다. 인도에 있던 처음 몇 년 동안은 출혈로 인해 죽을 뻔한 적이 여러 번 있었지만 병세는 점점 악화되다. 이런 경험을 통해 하나님은 나에게 믿음에 대하여 가르쳐 주셨다. 인도에 머문 지 7년째 되던 해에 스미스 위글스워스(Smith Wigglesworth)의 저서를 통해 나는 내가 이미 나았다는 계시를 받았다. 물리적으로 보이는 것이 아무것도 없었지만 나는 내 영으로 내가 나았다는 것을 참으로 알게 되었다.

하나님은 나에게 이미 병이 나았다고 말씀하셨다. 하지만 그분은 믿음의 도에 관해 가르치기 위해 당분간 증상이 계속될 것이라 말씀하셨다. 영적 세계에서 나의 치유는 성취된 사실이었기에 나는 계속해서 고쳐 달라고 구할 수가 없었다. 물리적으로 아무런 표적도 볼 수 없었지만 이미 이뤄진 것에 대해 나는 오직 하나님께 감사할 수밖에 없었다.

내 몸의 상태는 그 후로도 5년간이나 계속해서 더 악화되었다. 하나님께서는 나에게 믿음으로 영원한 영적 세계에서 사는 법을 가르치고 계셨다. 나는 총 12년 동안 이 병과 싸웠다. 참으로 어려운 세월이었지만 나는 매우 중요한 교훈들을 배웠다.

힌두교를 믿는 친구들 몇몇이 나에 대해 무척 걱정했다. 그들은 말했다: "우리는 아유르베다 의술(Ayurvedic medicine)을 사용하는 놀라운 치유자들을 알고 있습니다. 가서 그들 중 한 사람을 만나 보시지요? 우리는 당신을 사랑합니다. 당신이 죽는 것을 보고 싶지 않아요. 당신이 믿는 예수님은 당신을 위해 아무것도 하시지 않는 것 같습니다." 그들의 의도는 좋았지만 나는 그들에게 순복할 수가 없었다. 나는 좋은 의도를 가진 친구들에게 말했다: "여러분의 사랑의 관심에

제7장 하나님 나라의 열쇠

감사드립니다. 하지만 예수님께서 이미 나를 고쳐 주셨습니다. 물론 아직까지는 눈에 보이지 않지만 말이에요. 어떤 경우에도 마귀에게 나를 맡겨 고침 받기보다는 차라리 예수님을 믿다가 죽으렵니다." 이 말을 한 지 며칠이 안 되어 나는 치유를 받았고, 사람들은 모두 내가 5년 동안 믿어 왔던 것이 드러나는 것을 볼 수 있었다.

나는 당시에 배운 원리와 교훈을 사용하여 더 큰 일들에 대해 하나님을 믿을 수 있었다. 예를 들면, 도시가 바로 그것이다. 같은 방법으로 이미 30년 전에 나는 영적 세계에서 하나님이 뭄바이 도시를 변화시키실 것을 믿을 수 있었다. 나는 그런 일이 일어나도록 기도하지 않으며, 오히려 하나님께서 이미 그 도시를 변화시키시기로 결정하신 것에 대해 감사하고 있다. 그리고 실제로 이미 그런 일이 일어나고 있다. 하나님 나라의 문제에 있어서 이것은 매우 중요한 원리이다. 천국 열쇠 중에서 가장 중요한 것 중 하나가 믿음의 열쇠이다. 당신은 하나님께서 이미 당신에게 하신 말씀에 따라 열고 닫는 법을 배워야 하며, 그것이 자연 세계에서 보이기 전이라도 영적 세계에서 이미 이뤄졌음을 알아야 한다.

1976년에 나는 내가 태어난 영국 런던으로 돌아왔다. 나는 내가 본 것에 대해 마음이 아팠으며 눈물을 흘리기 시작했다. 1980년, 하나님은 내가 런던 거리에서 회교도 광신자들을 만났을 때 런던을 위해 믿음으로 싸울 수 있도록 내게 능력을 주셨다. 그들은 이란 사람들로서 런던을 이슬람 도시로 바꾸기 위해 파송되었다. 스피털필드(Spittalfield)의 교회들 거의 모두가 문을 닫았고, 대부분 지역에 새로운 모스크(mosques)가 등장했다. 나는 회심한 힌두교 친구와 함께 거리를 걸었다. 우리 두 사람 모두 우리 눈앞에서 펼쳐지는 광경을 보고 깊은 수심에 잠겼다. 그때 우리는 두 명의 이란 회교도 전도자들을 만났다. 그들은 자랑스럽게 말했다: "우리는 런던을 회교도 도시로 바꾸기 위해 수천만 달러의 돈을 쏟아 붓고 있습니다. 2000년이 되면 런던은 회교도 도시가 될 것이고 런던에서 우리는 유럽을 정복할 것입니다." 나는 말했다: "아닙니다. 당신은 절대로 그렇게 못 합니다!" 런던이 타락한 상태에서 회복되어 다시 예수님께 무릎을 꿇고 그분의 나라의 통치를 환영하는 그날까지 영적으로 그리고 상징적으로 모래 위에 선을 긋고는 런던을 위해 싸우기 위하여 믿음으로 서 있는 나의 모습을 지금도 기억한다.

그때가 바로 내가 처음으로 런던을 위해 하나님을 필사적으로 붙들었던 때이다. 몇 년이 안 되어 나는 또한 이 도시에 대한 믿음을 갖게 되었다. 지금 런던은 변화하고 있다. 아직 온전히 드러나진 않았지만 영적 세계에서는 이미 성취되었으며 우리의 시공 세계에서 반드시 성취될 것이다.

1991년, 놀랍게도 나와 아내는 텍사스 샌안토니오로 이사를 했다. 왜냐하면 우리는 하나님으로부터 매우 특별한 말씀을 받았기 때문이다. 그 말씀에 순종하면서 눈에 보이는 변화가 일어나기 전에 내가 런던을 떠나야 한다는 것이 가장 염려스러웠다. 영적인 아들들과 나의 육신의 아들들이 이미 그 짐을 졌고 그들이 이 임무를 완수할 것이라고 하나님은 내게 확신을 주셨다.

제7장 하나님 나라의 열쇠

지난 몇 년 동안 하나님은 샌안토니오 도시에 대한 믿음을 우리에게 주셨다. 이제 주의 깊게 살펴보라! 샌안토니오 도시에 하나님의 강력한 돌파가 일어날 것이다. 하나님은 우리에게 천국 열쇠를 주셨다. 우리는 이 믿음의 열쇠로 열 수도, 닫을 수도 있다. 우리는 영적인 영역에서 이런 것들을 사용하는 법을 배우고 있다. 하지만 오직 하나님께서 우리에게 말씀하실 때, 그리고 말씀하시는 장소에서만 그렇게 할 수 있다.

또한 하나님은 당신에게 계시를 주시기 원하시며, 당신의 도시를 위해 천국 열쇠를 주시길 원하신다. 당신이 이 열쇠를 받고 이를 사용하는 법을 잘 배우면 당신 도시의 영적, 정치적, 경제적, 사회적 미래에 관해 선포할 수 있을 것이다. 지금 우리가 다루고 있는 이러한 것들은 중요한 주제들이다. 당신은 하나님 나라에 대해 흥분하고 있는가? 당신은 당신의 도시를 위한 천국 열쇠를 받기 위해 기꺼이 대가를 치를 준비가 되어 있는가?

합심 기도

마태복음 18장에서 예수님은 우리에게 다른 중요한 것을 가르치신다. 이 장에서 주님은 또 다시 하나님 나라에서 우리가 큰 자가 되려면 어린아이가 되어야 한다고 말씀하신다(마 18:3~5). 또한 우리는 우리 가운데 존재하는 차이점과 범죄(offence)와 깨어진 관계를 다뤄야 한다(마 18:15~17). 그리고 18절에서 우리는 마태복음 16장에서 이미 말쏨하신 약속에 도달한다. 여기서 예수님이 하시는 말씀을 들어 보라. 이를 문자적으로 번역하면 다음과 같다: "내가 너희에게 진리를 말하노라(이는 정말 사실이다). 너희가 땅에서 무엇을 매든지 그것이 이미 하늘에서 매여졌기 때문에 매일 것이며, 너희가 땅에서 무엇이든지 풀면 그것이 이미 하늘에서 풀렸기 때문에 풀릴 것이다"(마 18:18을 보라). 그런 뒤에 주님은 계속해서 말씀하신다: "진실로 다시 너희에게 이르노니 너희 중에 두 사람이 땅에서 합심하여 무엇이든지 구하면 하늘에 계신 내 아버지께서 저희를 위하여 이루게 하시리라"(마 18:19). 이 말씀은 2,000명의 사람이 도시를 위해 기도해야지만 변화가 있을 것이라고 말하지 않는다. 단지 두 명만 있으면 된다.

그러나 이 둘에 대한 말씀에 주의하라: "너희 중에 두 사람이 땅에서 **합심하여** 무엇이든지 구하면…." '합심하다' 는 단어는 헬라어 **숨포네오**(sumphoneo)를 번역한 것이다. 이 단어에서 영어의 **심포니**(symphony)가 나왔다. 이는 문자 그대로 함께 같은 소리를 낸다는 뜻이다. 이 단어의 의미가 이와 같다. 만일 두 사람이 영적으로 함께 완전히 같은 소리를 낸다면 무엇이든 구하는 것마다 받을 수 있다. 이 말이 이루어지는 게 그렇게 어려운 일은 아니다.

부부는 이를 가장 분명하게 그리고 자연스럽게 보여 주는 예이다. 하지만 기도를 통해 두 사람이 특별한 감정이입을 한다면 그들에게도 가능하다. 이런 종류의 기도 생활을 하기 위해서 당신은 '교향악'(symphonic)적인 연합을 해야 한다. 만일 부부로서 이처럼 기도할 수 있다면 당신 가족 주변에 보호벽을 칠 수 있다. 교회 내의 리더 그룹이 진정으로 함께 같은 소리를 낼 수 있다면 교회 성도들 주변에 보호벽을 두를 수 있으며, 마귀는 그들을 쉽게 공격할 수 없다. 마음을 합하면 난공불락의 요새가 생길 뿐만 아니라 또한 하나님 나라의 강력한 무기가 된다. 그래서 예수님은 마태복음 12장 25절에서 우리에게 반대의 경우도 이야기하셨다: "스스로 분쟁하는 나라마다 황폐하여질 것이요 스스로 분쟁하는 동네나 집마다 서지 못하리라." 진정한 교향악적인 연합이 있을 때 원수는 우리를 공격하지 못한다. 그 나라가 하나님의 나라이기 때문에 원수의 공격은 성공하지 못한다.

이 말씀을 우리 가정에서, 우리 교회에서 그리고 모든 도시의 교회에서 진지하게 대한다면 어떤 일이 일어날지 알겠는가? 스스로 분쟁하는 도시는 설 수 없다. 이 세상에서 모든 그리스도인들이 같은 마음을 품은 도시를 알고 있는가? 만일 그들이 진정한 연합에 이른다면 무슨 일이 일어날지 상상할 수 있는가? 그들은 원하는 것마다 구할 수 있고, 그들이 구한 모든 것이 이뤄질 것이다. 그들은 무엇이든 묶을 수 있고, 무엇이든지 풀 수 있을 것이다. 마음을 합하여 진정으로 하나가 되면 엄청난 능력이 나오지만 분열하면 엄청나게 힘이 약화된다.

용서의 유익

이 말씀을 하시자마자 베드로는 예수님에게 "주여 형제가 내게 죄를 범하면 몇번이나 용서하여 주리이까 일곱번까지 하오리이까"

라고 말한다. 베드로는 이 질문이 매우 관대하다고 생각하지만 예수님은 "일곱번 뿐 아니라 일흔번씩 일곱번이라도 할찌니라"라고 대답하신다(마 18:21~22를 보라). 이 말씀은 하루에 490번을 용서하라는 것이며, 이는 하루에 매 3분마다 그렇게 하라는 것이다.

이제 부엌에 깔린 멋진 새 타일을 방금 청소하고서 자랑스러워하는 아내를 생각해 보라. 바닥이 빛이 날 정도로 멋지다. 그녀의 남편은 정원에서 일을 하다가 부엌 싱크대에서 손을 씻기 위해 들어오는데 장화를 벗는 것을 잊어버린다. 그는 자기가 만든 더러운 발자국을 보고 놀라서 말한다: "여보, 정말 미안해!" 그는 손을 씻고는 다시 마당으로 나간다. 그녀는 남편을 용서하고 더러운 바닥을 닦는다. 모든 것이 다시 빛이 나고 깨끗해진다.

이제 이 일이 하루 종일 매 3분마다 일어난다고 상상해 보라. 남편이 미안하다고 말한다 할지라도 그녀는 과연 몇 번이나 남편을 용서할 수 있겠는가? 남편이 서너 번만 그래도 그의 목을 조르고 싶지 않겠는가? 그러나 예수님은 계속해서 용서해야 한다고 말씀하신다. 거기에는 제한이 있을 수 없다.

예수님은 계속해서 왕에 대한 이야기를 하신다. 나는 언제나 이런 성경 이야기를 수학적으로 하길 좋아한다. 얼마나 더 많은 진리가 드러나는지 놀라울 때가 많다. 이 구절에서 예수님이 하시는 말씀을 계산해 보면 이 놀라운 수학적 진리로 인해 주님이 말씀하시는 바가 얼마나 더 강력해지는지 알게 될 것이다.

이 이야기에는 왕에게 일만 달란트를 빚진 종이 나온다. 한 달란트는 주머니에 넣을 수 있는 동전이 아니다. 한 달란트는 무게가 30킬로그램 혹은 66파운드가 나가는 금궤였다. 따라서 일만 달란트의 무게는 30만 킬로그램이며, 약 66만 파운드 정도 된다. 이는 약 300톤의 금이며, 오늘날 그 가치는 미화로 60억 달러가 넘는다. 정말 엄청난 액수이다!

예수님이 말씀하시고자 하는 핵심이 이것이다. 다른 사람의 죄를 자유롭게 용서하려면 우리는 하나님께서 우리를 용서하신 죄의 크기와 그분이 우리에게 거저 주신 유업의 크기를 온전히 이해해야 한다. 그것은 마치 60억 달러 이상의 빚을 완전히 탕감받은 것과 같다. 하나님은 그 빚을 탕감하시고는 "이제 너의 빚은 없다"라고 말씀하신다. 이와 더불어 하나님은 우리를 그리스도와 함께 그분의 엄청난 부와 자원 모두를 상속하는 후사로 삼으셨다. 이제 우리는 그분 안에서 측량할 수 없을 정도로 부요하다.

그러나 대부분의 그리스도인들은 100달러 정도만 용서받았다고 생각한다. 그들은 자신들이 그리 나쁜 사람이 아니라고 생각하며, 하나님께서 그렇게 많은 죄를 용서하실 필요가 없다고 생각한다. 예수님은 누가복음 7장에서 창기이지만 모든 죄를 용서받은 여인에 관해 말씀하신다. 그녀는 예수님에게 자신의 사랑과 감사를 쏟아내길 멈출 수가 없었다. 예수님은 자신을 집으로 초대한 바리새인 시몬에게 이 여인에 관해 말씀하신다: "이러므로 내가 네게 말하노니 저의 많은 죄가 사하여졌도다 이는 저의 사랑함이 많음이라 사함을 받은 일이 적은 자는 적게 사랑하느니라"(47절). 대부분의 그리스도인들은 자신이 100달러 정도만 용서받았다고 생각한다. 그래서 그들은 주님을 매우 많이 사랑하지 않는다. 그들은 '나는 그렇게 나쁘지 않아. 그게 그리 큰 문제는 아니지' 라고 느낀다.

하나님께서는 그분이 용서하신 우리의 빚이 100달러가 아니라 60억 달러라고 말씀하신다. 하나님께서 그렇게 많은 액수를 거저 탕감해 주셨기 때문에 하나님에 대한 당신의 사랑과 감사는 언제나 흘러 넘쳐야만 한다. 나아가 하나님께서는 당신을 그분 자신의 아들로 삼으셨고 당신이 그분의 사랑하는 독생자 예수님과 똑같은 유산을 받게 하셨다. 하나님께서 행하신 것이 이렇다. 이는 정말 환상적이다. 빚 때문에 절망하는 대신에 거저 주시는 은혜로 말미암아 지금 나는 그리스도 안에 있는 유산으로 인하여 영광스러울 정도로 부요하다. 이로 인해 나는 하나님께 정말 감사하고 다른 이에게 관대하게 된다.

이 두 가지를 이해하면 두 가지 효과가 나타난다. 첫 번째 효과는 그렇게 많이 용서하시고 은혜로 그렇게 많은 유업을 주신 것에 대해 하나님께 깊이 감사하고 그분을 사랑하게 되는 것이다. 당신이 이를 진정으로 알게 되면 이로 인해 당신은 압도되고, 당신은 사랑과 감사와 경배로 가득하게 된다. 두 번째 효과는 이로 인해 다른 사람이 당신에게 죄를 범할 때에 그들에 대한 당신의 태도가 바뀐다는 것이다. 당신이 너무나 많은 용서를 받았다면 당신은 하나님처럼 기꺼이 당신에게 죄를 범한 자들을 용서하려 할 것이다. 작은 죄뿐만 아니라 큰 죄도 말이다.

제7장 하나님 나라의 열쇠

마태복음 18장 28절에서 시작되는 다음 이야기를 살펴보자. 방금 용서받은 종은 다른 종에게 약간의 돈을 꿔 주었다. 다른 종이 진 빚의 금액은 100데나리온이다. 100데나리온은 수십억 달러는 아니지만 적은 돈도 아니다. 한 데나리온은 숙련된 노동자의 하루 품삯이었다. 미국에서 숙련된 전기 기술자가 오늘날 하루에 얼마 정도를 버는가? 하루에 150달러를 번다고 해 보자. 그럴 경우 100일 치의 임금이 되며, 약 1년 치 임금의 3분의 1 정도이다. 이는 현재 미화로 약 15,000달러 정도 될 것이다.

이는 적은 금액이 아니다. 예수님께서 말씀하시고자 하는 부분이 바로 이것이다. 내가 사역을 위해 당신 동네로 왔는데 당신 목사님에게 "아, 제가 돈을 가지고 오는 것을 깜빡했네요. 필요한 몇 가지를 사려고 하는데 20달러만 빌려 주시겠어요? 제가 집에 가서 돈을 송금해 드리겠습니다"라고 말한다고 상상해 보라. 목사님은 "그러시죠"라고 말하고는 나에게 돈을 줄 것이다. 그러나 내가 집에 와서 그에게 돈을 송금하는 것을 잊어버렸다고 생각해 보라. 이는 그리 좋은 일은 아니지만 분명히 목사님은 이를 용서할 수 있을 것이다. 목사님은 "아, 앨런 목사님이 이를 잊어버렸군. 그렇다고 세상이 끝나는 건 아니니까. 그 정도는 용서해 줄 수 있지"라고 말하면서 이 모든 것을 쉽게 잊어버릴 것이다.

그러나 이 비유에서 우리가 말하는 것은 20달러가 아니다. 그것은 15,000달러이다. 이제 내가 목사님에게 다음과 같이 말했다고 상상해 보라: "새로운 건물을 사려고 하는데 계약을 하기 위해서는 약간의 돈이 필요합니다. 한 달 동안만 저희 사역을 위해 임시로 돈을 빌려 주실 수 있나요? 저희는 15,000달러가 필요합니다." "물론이죠. 빌려 드릴 수 있어요"라고 목사님이 말한다. 그러고는 나에게 15,000달러짜리 수표를 써 준다. 두 달이 지나도 나는 그에게 돈을 보내지 않는다. 넉 달이 지나도 수표가 도착하지 않는다. 그럴 경우에 목사님에게 무슨 일이 일어날까? 그는 나로 인해 기분이 상한다: "앨런 빈센트, 그 인간! 두 달 후에 돈을 보내 주겠다고 약속했는데 돈이 오지 않네." 이제 목사님은 정말 짜증이 난다. 그리고 20달러 때처럼 쉽게 잊지 못한다. 20달러에 대한 죄는 쉽게 용서할 수 있지만 15,000달러에 대한 죄는 용서하기가 더 어렵다.

여기서 예수님께서 하시고자 하는 말씀의 핵심이 이것이다. 예수님은 당신이 여전히 용서해야 하며, 필요하다면 계속 반복해서 그래야 한다고 말씀하신다. 그렇지 않을 경우 하나님은 당신의 더 큰 죄를 용서하실 수 없다.

누군가와 오전 9시에 만나기로 했는데 10시가 되어도 도착하지 않거나 이에 대해 완전히 잊어버리고 당신의 시간을 낭비한다고 상상해 보라. 이는 20달러짜리 죄이다. 짜증이 나지만 용서하기가 그렇게 어렵진 않다.

그러나 자기 아버지에게 성적으로 학대를 받은 딸을 상상해 보라. 이는 무서운 죄이다. 이런 죄를 당신은 어떻게 생각하는가? 당신이 목사인데 신뢰하는 지도자, 즉 사역에서 평생 동안 당신을 섬기겠다고 언약한 형제가 갑자기 당신을 배신하고 교회 성도의 절반을 데

제7장 하나님 나라의 열쇠

리고 나가 새로이 교회를 시작한다고 상상해 보라. 그런 행동에 대해 어떻게 그를 용서할 수 있겠는가? 그러나 당신은 60억 달러 이상을 용서받았기 때문에 그를 용서해야 한다.

예수님이 무슨 말씀을 하시는지 들리는가? 대부분의 사역자들처럼 나도 무서운 일들을 당했다. 그리고 가장 고통스러운 것은 이런 일들이 다른 그리스도인들을 통해 행해졌을 때였다. 그러나 몇 년 전에 나는 이런 범죄를 다뤄야만 하며, 의지적 결단을 통해 하나님께서 나를 완전히 용서하신 것처럼 나도 그들을 용서하기로 결심해야 한다는 것을 알았다. 만일 이렇게 하지 않는다면 나는 분노와 회한과 상처로 인해 나 자신을 파괴하고 말 것이다. 만일 당신이 이렇게 하지 않는다면 괴롭게 하는 자(마귀)가 와서 당신이 마지막 호리까지 다 갚을 때까지 당신을 괴롭힐 것이라고 예수님이 말씀하셨다(마 18:34를 보라).

예수님이나 신약성경 기자가 기도에 관해 말할 때마다 그들의 결론은 언제나 서로 무조건 용서하라는 것이었다(몇 가지 예를 들면, 마 6:14~15, 마 18:21~35, 막 11:25~26, 골 3:12~13을 들 수 있다). 우리가 이렇게 하지 않으면 하나님은 우리의 모든 기도를 듣지 않으신다. 이는 중요한 하나님 나라의 원리이지만 교회에서 많은 자들이 이를 무시하며, 이로 인해 그들은 엄청난 대가를 지불한다.

내가 살고 있는 샌안토니오의 남쪽 지역은 주로 히스패닉들이 산다. 에일린이 인도하는 시티 리처즈(the City Reachers)는 한때 중보 기도자가 수백 명에 다다랐다. 이들은 하루에 한 시간 혹은 일주일에 한 시간을 내어 샌안토니오를 위해 밤낮으로 기도했다. 이 사역 초기에 하나님은 도시의 남쪽 지역에 있는 목회자들을 대상으로 삼고 그들의 마음이 변화되어 화해하며 연합을 갈망할 수 있도록 기도하라고 에일린에게 말씀하셨다.

4개월 후에 갑자기 상황이 바뀌기 시작했다. 목회자들이 그룹으로 모여 기도하기 시작했다. 이전에는 결코 이렇게 할 수 없었다. 이는 그들 사이에 상처가 너무 많았기 때문이다.

이 사건 후 몇 개월이 지났을 때 어떤 사람이 시티 리처즈의 에일린에게 전화를 걸었다: "저는 자기 사업체를 가지고 있는 사람들의 모임인 기독교실업인회의 대표입니다. 저희는 매년 4주간 휴가를 내어 한 주 단위로 하나님이 보여 주시는 도시들을 방문합니다. 저희는 호텔에 머물러서 매일 아침마다 기도합니다. 오후에는 기도하면서 거리를 걸으며 하나님께서 하실 일을 관찰합니다. 저희는 소규모 사업체를 방문해서 업주와 대화를 나누고 또한 '저희가 당신 사업체를 위해 기도할 수 있을까요?' 라고 말하고 싶습니다. 우리는 누구든 구원으로 인도할 수 있는 사람이 있으면 그렇게 하려고 합니다. 만일 누가 아프면 우리는 치유를 위해 기도합니다. 또한 하나님께서 이들 사업체를 형통케 하시길 위해서도 기도합니다. 아니면 하나님께서 지시하시는 것은 무엇이든 합니다."

이 대표는 다음과 같이 말했다: "하나님께서는 저희에게 샌안토니오로 가라고 강력하게 말씀하시는 것 같습니다. 저희는 당신의 기도 사역의 보호를 받고 싶습니다. 저희가 나가서 노방 전도와 사업체를 방문할 때 기도로 저희를 보호해 주시지 않겠습니까?" 에일린은 "물론입니다"라고 말했다.

그들은 아내에게 "저희가 갈 곳 중에 제일 좋은 곳이 어디라고 생각하십니까?"라고 물었다. 아내는 "이 도시의 남쪽 지역에는 소규모 자영업자들이 많습니다. 그들은 주로 히스패닉입니다. 그리로 가십시오"라고 말했다. 아내는 그곳 목회자들이 그동안 어떻게 기도했는지 생각하지 못했다. 어찌 된 일인지 당시에는 그런 생각이 전혀 들지 않았다.

그리고 기독교 실업가들이 왔다. 처음 나흘 동안 그들은 많은 사람들에게 그리스도를 영접시켰다. 그들은 기적과 놀라운 회심이 일어나는 것을 보았다. 그들은 완전히 놀라서 물었다: "무슨 일이 있었나요? 저희는 지금까지 이와 같은 분위기 가운데 다녀 본 적이 없습니다."

그런 뒤에 그들은 부유한 중산층이 사는 도시의 북서쪽으로 갔다. 사흘 동안 그곳에서는 영적인 영향력이 거의 없었으며 한 사람도 그리스도를 영접하지 않았다. 이처럼 이 도시의 두 지역에서 이런 차이가 생긴 것은 목회자들이 연합하여 기도했기 때문이었다. 우리는 이를 통해 중대한 교훈을 배웠다.

나는 당신이 하나님 앞에 나아가 "주님, 제가 용서해야 하는 사람 중에 용서하지 않은 사람이 있습니까?"라는 질문을 하길 권한다. 아마도 당신은 지금 당장 누군가를 만나야 할지도 모르겠다. 가서 그를 방문하라. 전화를 걸어라. 아니면 그들에게 편지를 쓰라. 이 문제를 해결하라. 당신이 그렇게 할 때까지 하나님 나라를 진군시키려는 당신의 의도는 아무런 소용이 없을 것이다. 만일 우리가 연합하여 진정으로 같은 소리를 낸다면 우리는 무엇이든지 구할 수 있고 그것은 우리를 위해 이뤄질 것이다. 그런 뒤에 하나님의 나라는 힘차게 진군할 것이다.

이제 우리가 배운 내용으로 돌아가 이를 생각해 보자. 그리고 당신 자신의 상황에 대해서도 생각해 보라. 먼저 당신이 '너희' 부류에 속하길 원한다고 가정하자. 이 경우에 당신은 다음과 같이 기도하고 싶을지 모르겠다.

> 하나님, 천국의 모든 비밀이 저와 더불어 저와 함께 동역하는 자들에게 계시되도록 하기 위해 자질을 갖추길 원합니다. 우리 모두는 겸손하고 순종적인 어린아이처럼 되길 원합니다. 오! 주님. 우리는 주님의 말씀을 소중히 여기길 원합니다. 우리는 말씀을 소중히 여겨서 그 말씀이 우리 안에서 그리고 우리를 통하여 강력해지길 원합니다. 우리는 주님께서 우리의 도시들을 변화시키는 모습을 보길 갈망합니다. 우리는 주님께서 이 일을 하실 수 있다고 참으로 믿습니다. 우리는 마귀와 그의 능력이 문제가 아니라 믿지 않는 분열된 교회가 문제라고 믿습니다. 오, 주님. 참으로 당신을 아는 자, 진정한 신자들의 마음을 변화시켜 주옵소서. 하나님 나라의 비밀을 그들에게 계시하여 주옵소서.

제7장 하나님 나라의 열쇠

우리로 한 마음이 되게 하시어 우리의 도시들에서 강력한 일들이 벌어지게 하소서. 주님, 우리는 당신의 나라가 임하길 원합니다. 하나님, 수천 명이 아니라 단지 두 사람이면 충분해서 감사합니다. 우리가 진정으로 하나가 된다면 이를 이룰 수 있습니다. 남편과 아내로서 그리고 기도 동역자로서 우리로 완전한 하나를 이루게 하소서. 우리로 같은 소리를 내게 하소서. 우리의 기도가 온전히 하나가 되게 하소서. 교회의 지도자인 우리로 주의 말씀에 따라 한 소리를 내게 하소서. 우리 가운데 분열이 없게 하셔서 우리에게 천국 열쇠를 주시고, 당신의 말씀을 따라 문을 열고 닫을 수 있도록 하소서.

주님, 우리 도시의 목회자들을 위해 기도합니다. 이미 존재하는 교회들을 위해 기도합니다. 우리의 잘못된 태도와 우리의 범죄와 잘못된 행동을 회개하게 하소서. 화해가 도래하게 하소서. 용서를 구하고 용서하는 일이 있게 하소서. 우리는 형제와 형제가 연합하고 분열된 교회가 다시 하나가 되어 용서가 흐르는 소식을 듣길 원합니다.

우리는 주님의 말씀에 순종하기 시작했습니다. 주의 나라가 지금 임하고 있습니다. 이것이 우리의 간증이 되게 하소서. 전능하신 예수님의 이름으로 기도합니다! 아멘!

Heaven on Earth

Chapter 8

마가복음과 누가복음에 나타난 하나님의 나라

하나님 나라의 진리는 복음서 전체에 걸쳐 너무나 서로 엉켜 있다. 그래서 우리는 복음서 중에서 많은 성경 구절을 이미 살펴보았으며 마태복음을 연구해 보았다. 하지만 우리가 주목해야 할 몇 가지가 추가적으로 더 있다.

마가복음에 나타난 하나님의 나라

마가는 하나님의 나라라는 말을 15번 언급한다. 마가가 하나님의 나라를 언급한 내용은 대개 마태가 언급한 내용과 거의 흡사하다. 한 가지가 다르다면 마가는 언제나 '하나님의 나라' 란 용어를 쓴 반면에 마태는 '천국'과 '하나님의 나라' 모두를 사용한다(막 4:11, 마 13:11, 막 9:1, 마 19:23을 보라).

마가는 같은 사건을 다루면서 추가로 세부사항을 더하고 있으며 중요한 원리에 더 많은 시간을 할애한다. 예를 들어 보자.

1. 하나님 나라의 주된 일은 사람을 낚는 것

마가복음 1장 14~17절은 예수님이 자기 사역을 어떻게 시작하셨는지를 기록한다. 그는 천국 '복음'에 대한 선포로서 시작한다. 처음에 그는 모든 사람에게 "회개하고 복음을 믿으라"고 청한다(막 1:15). 여기서 예수님은 하나님 나라의 제일 기초(bottom line)가 무엇인지를 설명하신다. 예수님은 무엇보다도 그분의 나라를 인정하고 그 나라에서 그분의 전적인 통치를 받아들이는 사람에게만 구주가 되실 수 있다.

예수님은 아담을 창조하신 이 땅에서의 최초의 목적을 다시 세우시기 위해 오셨다. 그 목적은 하나님의 절대적 통치의 은혜를 받으며 모든 삶을 사는 것이었다. 오직 이렇게 될 때에만 아담은 온 땅과 그분이 이 땅에 지으신 만물을 효과적으로 다스리는 하나님의 위임된 통치자가 될 수 있었다.

이처럼 제자들이 아버지 하나님의 절대적 주권 아래 있게 되었을 경우에 예수님이 그들에게 하신 첫 번째 약속은 그들이 사람을 낚는 자가 될 것이라는 것이었다(막 1:17을 보라). 여기서 주님은 이 땅에서의 하나님 나라의 주된 활동은 사람을 낚아 그들을 그분의 나라로 모으는 것이라고 선언하신다. 이는 천국 복음을 전파하고 표적과 기사와 이적을 그분의 전능하신 이름으로 행하여 그 나라의 능력을 실제로 보여 줌으로써 성취될 것이었다. 그리고 여기에는 귀신을 쫓아내고 병을 고치는 일도 들어갔다.

2. 하나님 나라에서 큰 자

이 가르침은 모든 복음서에 다 나오지만 마가복음에서 더 강하다. 예수님이 변화산에서 영광스럽게 나타나시고 아버지 하나님께서 친히 말씀으로 증거해 주심으로써 그분의 머리 되심에 대한 문제를 예수님께서 영원히 해결하시자 베드로와 다른 제자들은 주님의 머리 되심에 대해 더 이상 도전하지 않았다.

대신에 논점은 제자들 가운데 누가 예수님 다음에 하나님 나라에서 가장 큰 자인가 하는 것으로 옮아갔다. 하나님 나라에서 주님의 오른편과 왼편에 누가 앉을 것인가?(마 20:20~28과 막 10:35~45를 보라) 거기에는 베드로와 안드레로 대표되는 바요나[Bar Jonah, '바'(Bar)는 히브리어로 '아들'이란 뜻이다-역주] 가문과 야고보와 요한 그리고 그들의 어머니로 대표되는 바세베대(Bar Zebedee) 가문 사이에 심한 경쟁이 있었다. 복음서에서 최소한 여섯 번이나 우리는 제자들이 자기들 가운데 누가 가장 큰 자인지를 다투고 논쟁하는 모습을 발견한다. 그들의 태도는 매우 경쟁적이었고, 뭔가 혁명적인 방법을 취하지 않으면 그들이 한 팀으로 함께할 수 없을 것이라는 사실을 예수님은 볼 수 있으셨다. 베드로와 요한이 서로 좋아하지 않음이 분명했고 다른 팀 멤버들 간에도 관계의 긴장이 있음이 분명했다. 오순절에 도달할 때까지 베드로와 요한이 함께 뭔가를 하는 모습은 결코 보이지 않았다.

마태복음 18장에서 시작해서 제자들이 최후의 만찬을 위해 만나는 내용을 다룬 누가복음 22장의 끝까지 이 주제는 계속 반복해서 등장한다. 예수님은 언제나 같은 방법으로 반응하셨다. 가장 많이 사용하신 방법은 어린아이를 그들 가운데 세워 놓고, 만일 그들이 하나님 나라에서 큰 자가 되기를 원한다면 이 작은 어린아이처럼 되어야 한다고 말씀하셨다(마 18:1~5, 막 9:33~37, 눅 9:46~48, 눅 22:24~27을 보라).

주님은 제자들에게 하나님의 나라는 세상 나라와 전혀 다르다고 가르치셨다. 하나님 나라에서 큰 자가 되려면 당신은 모든 자의 종이 되어야 하고 큰 자가 되기보다는 어린아이처럼 되어야 한다(막 9:33~36을 보라). 그럼에도 불구하고 마가복음 10장 35~45절에서 세베대의 아들 야고보와 요한은 그들의 어머니와 함께 자신을 위해 하나님 나라에서 가장 높은 자리 두 개를 차지하려고 여전히 애썼다. 그래서 예수님은 동일한 경고를 하시면서 동일한 가르침을 반복하셨다. 그러나 제자들은 이 메시지를 받아들이지 못하고 변화되지도 않았다.

열띤 논쟁이 최후의 만찬 내내 계속되었으며 그들은 이 문제에 관해 여전히 논쟁을 펼쳤다(눅 22:24~30). 예수님께서는 일단 큰 자의 진정한 본질에 대해 제자들을 교정하신 후에 베드로에게 돌이키셔서 말씀하신다: "시몬아, 시몬아, 보라 사단이 밀 까부르듯 하려고 너희를 청구하였으나 그러나 내가 너를 위하여 네 믿음이 떨어지지 않기를 기도하였노니 너는 돌이킨 후에 네 형제를 굳게 하라"(눅 22:31~32).

제8장 마가복음과 누가복음에 나타난 하나님의 나라

베드로가 자신을 아무것도 아니라고 생각할 정도로 겸손하게 된 것은 그가 두려움 가운데 도망하고 주님을 부인한 이후였다. 오직 예수님의 기도로 인해 그는 완전히 타락하지 않았다. 하나님은 그를 돌이키셔서 겸손하고 깨어진 팀원이 되게 하셨다. 그리고 그는 예수님의 인정을 받았을 뿐만 아니라 어떤 조건에서도 나머지 팀원의 인정을 받음으로 기뻐하는 자가 되었다. 그런 다음에 그는 자기 형제들과 경쟁하는 대신에 그들을 굳세게 할 수 있었다(눅 22:24~34를 보라).

모든 것이 정말 바뀌고 그들의 다양한 관계와 상처 주는 행위들이 진정으로 고쳐진 것은 예수님이 승천하셔서 아버지 하나님께로 돌아간 후에 120문도가 열흘간 다락방에서 성령의 찔림 가운데 함께 보낸 때부터였다. 성령의 영광스러운 기름부음을 받은 후에 다락방에서 나온 사람들은 그곳에 들어갔을 때의 사람들과 완전히 달랐다.

- 그들은 자기를 추구하는 자로 들어갔지만 나올 때는 깨어지고 겸손해졌다.
- 그들은 분열된 채로 들어갔지만 나올 때는 하나가 되었다.
- 그들은 두려움 가운데 들어갔지만 나올 때는 사자처럼 담대해졌다.
- 그들은 불신앙 가운데 들어갔지만 나올 때는 믿음으로 충만했다.
- 그들은 영적 이해력이 없이 들어갔지만 나올 때는 놀라운 성경의 계시로 충만했다.
- 그들은 기도할 능력이 없이 들어갔지만 나올 때는 강력한 중

보자가 되었다.
- 그들은 힘없이 들어갔지만 나올 때는 하나님 나라의 능력으로 가득했다.
- 그들은 성령 없이 들어갔지만 나올 때는 성령 충만했고 성령의 모든 은사 가운데 움직였다.

제자들이 다락방에서 나왔을 때 그들은 마침내 모든 장애를 물리치고 하나님 나라를 힘차게 진군시킬 수 있었다.

누가복음에 나타난 하나님의 나라

누가는 '하나님의 나라'라는 말을 32번이나 사용하고 있으며, 마가와 요한처럼 '천국'이란 용어를 한 번도 사용하지 않는다.

누가는 마가나 마태가 언급한 사건의 많은 부분을 재 언급하고 있지만 유일하게 그만이 두 가지에 대해 더 많은 시간을 할애하고 있다. 누가복음 12장에 나오는 12제자의 파송과 누가복음 10장에 나오는 70인 제자의 파송이 그것이다. 오직 누가만이 70인 파송을 언급하고 있다.

12인은 사도라 불리며 오직 이스라엘 집의 잃어버린 자들에게만 보내심을 받았다(마 10:5~7을 보라). 또한 70인은 사도처럼 보냄을 받았지만 사도라 불리지 않았다. 그들은 예수님께 위임받은 권세를 가지고 나아갔으며, 하나님 나라의 권능으로 움직였고, 주님이 친히 가시려는 모든 곳에 가서 천국을 전파했다(눅 10:1). 그들이 전할 메시지는 '하나님의 나라가 가까이 왔다' 는 것이었다. 그들은 병자를 고치고, 귀신을 쫓아내며, 이러한 행동을 통해 하나님의 나라가 임했다는 사실을 선포하라는 명령을 받았다. 예수님은 70인에게 대추수를 약속하셨고 그들에게 원수의 모든 권능(두나미스, dunamis)을 제압할 권세(엑소시아, exousia)를 주셨다. 또한 예수님은 그들에게 그 어느 것도 그들을 해할 수 없다는 약속을 하셨다(눅 10:17~24를 보라).

사도행전에서와 마찬가지로 누가복음에서 하나님 나라를 진군시키는 데 중심이 되는 주체는 성령이셨다. 이런 이유 때문에 우리 모두는 계속해서 성령 충만을 받아야 하며, 예수님께서 그렇게 하셨던 것처럼 하나님께서 악한 자의 역사를 파괴할 수 있도록 그분의 칼이 되어드려야 한다.

누가복음에서 가장 강조되는 부분은 **전쟁**이고 하나님의 나라가 가장 두드러지게 나타나는 방식은 표적과 기사와 축사로 드러나는 그 나라의 권능(power)이다.

둘째로 **예수님의 기도 생활**이 강조된다. 누가는 하나님 나라의 추진력은 기도라는 사실을 분명하게 보여 준다. 먼저 그는 예수님을 기도하는 사람의 모범으로 삼는다. 그런 뒤에 누가는 마침내 예수님의 제자들이 그분의 기도 생활에서 그분을 닮고 싶어 하게 될 때까지 그분이 어떻게 기도하셨는지를 보여 준다. 그런 다음에 예수님은 그들에게 기도하는 법을 자세하게 가르쳐 주신다.

누가복음 11장 - 하나님 나라의 기도 생활

누가복음 11장 1절에서 예수님의 제자 중 한 사람이 주님께 기도하는 법을 가르쳐 달라고 부탁하자 주님은 강력한 기도의 기초 단계들을 가르쳐 주신다. 먼저 주님은 개인의 모든 필요를 채울 수 있는 그런 종류의 기도 생활을 설명하신다(눅 11:1~4를 보라). 오늘날 이 개요(outline)는 '주기도'로 널리 알려져 있다. 이는 분명 개요이지 헛되이 계속 반복해서 하는 종교적 기도를 목적으로 주신 것은 아니다. 왜냐하면 이는 예수님께서 방금 가르치신 것과 정면으로 배치되기 때문이다.

그러나 예수님은 개인적 필요를 채우기 위해 기도하는 법만 가르치시는 것으로 끝내지 않으신다. 주님은 제자들을 더 깊은 기도 생활로 데려가고 싶어 하셨으며, 곤경에 처한 자기 친구들을 위해 그들의 위대한 친구이신 삼위일체 하나님을 부름으로써 다른 이들의 필요를 채우는 방법도 가르쳐 주고 싶어 하셨다.

주님은 계속해서 지속적으로 성령을 구하여 귀신을 쫓아내고 강한 자를 묶을 수 있는 능력을 가질 수 있도록 구하라고 가르치셨다. 누가는 예수님이 병을 고치고 귀신을 쫓아내는 그분의 권세와 능력을 그분의 기도 생활과 직접적으로 여러 번 연관 지으시는 것을 보여 주었다.

누가복음 3장 21절을 보면 하늘이 열리고 성령이 임하신 것은 주님의 기도를 통해서였다.

제8장 마가복음과 누가복음에 나타난 하나님의 나라

- 누가복음 5장 16절을 보면 주님의 기도를 통해 병을 고치는 주의 권능이 나타났다.
- 누가복음 6장 12~13절을 보면 주님의 기도를 통해 주님은 누구를 12사도로 선택해야 할지를 아셨다.
- 누가복음 6장 7~19절을 보면 주님의 기도를 통해 온 무리의 병을 고치고 귀신을 쫓아내는 권능이 그에게서 흘러나왔다. 주님은 그들 모두를 고치시고 귀신을 쫓아내 주셨다.
- 누가복음 9장 18~20절을 보면 주님의 기도를 통해 제자들의 눈이 열려 계시로 주님이 정말 어떤 분이신지를 알게 되었다.
- 누가복음 9장 28~29절을 보면 주님의 기도를 통해 주님은 베드로와 야고보와 요한 앞에서 형상이 변화되셨으며, 그들은 평생 잊을 수 없는 변화산상의 경험을 하였다.
- 누가복음 11장 1~22절을 보면 주님의 기도를 통해 주님은 제자들의 마음에 커다란 갈망을 만들어 내시어 그들로 주님처럼 기도할 수 있도록 하셨다. 그런 뒤에 주님은 그들에게 강력한 기도를 위한 6단계를 상세하게 가르쳐 주셨다.
- 누가복음 18장 1~8절을 보면 주님의 기도를 통해 주님은 기도를 지속적으로 할 때에 나타나는 능력에 대해 가르치셨으며, 이 땅에서 믿음을 어떻게 발견해야 하는지를 가르치셨다. 주님은 아버지의 집이 만민이 기도하는 집이 되길 갈망하셨다(눅 19:46, 사 56:7을 보라).
- 누가복음 22장 31~32절에서 주님의 기도를 통해 주님은 베드

로의 믿음이 시험 때문에 떨어지지 않도록 하셨다. 주님은 베드로가 자기 형제들과 경쟁하지 않고 대신 그들을 굳세게 하도록 하시기 위해 그의 회심을 위하여 기도하셨다.

- 누가복음 22장 41~46절에서 주님은 겟세마네의 기도를 통해 죽음의 전투를 하시고 이에 승리하셨으며, 십자가로 가시기 전에 믿음으로 부활을 얻으셨다(히 5:7을 보라).
- 누가복음 23장 34절에서 주님은 십자가의 기도를 통해 자기를 십자가에 못 박은 자들을 용서하셨다. 강도 중 한 사람과 주님의 처형을 맡았던 백부장도 현장에서 회개하였다(눅 23:42~43, 막 15:34~39를 보라).
- 누가복음 23장 46절에서 십자가에서 드린 주님의 믿음의 기도를 통해 주님은 교회와 열방을 유업으로 얻으셨을 뿐만 아니라 다른 많은 놀라운 것들을 얻으셨다(시 22:1~31을 보라).

성경에는 이와 같은 예들이 많이 있다. 이제 주님처럼 아버지 하나님과 친밀한 기도의 관계를 갖고 그분처럼 산다면 하나님 나라의 능력이 우리를 통해 흘러갈 것이다.

누가복음 11장 20~22절에서 예수님은 마귀의 세력에 속한 강한 자보다 더 강한 것(강한 자가 아니다. 우리말 성경에는 '더 강한 자'로 되어 있다. 헬라어 원문은 '더 강한 것'으로 번역이 가능하다-역주)이 왔다고 말씀하신다. 여기서 물론 이것은 하나님의 나라이다. 이 나라에 속한 모든 자들은 이 마귀적인 강한 자를 공격할 능력과 그가 의지하는 갑주를 빼앗고 그의 모든 소유를 강탈할 능력을 가지고 있다(그것은 사탄이 이미 영원히 묶어 놓았다고 생각한 수많은 포로들을 해방시킬 능력이다).

다시 말하지만 예수님이 말씀하시는 것은 슈퍼맨이나 제임스 본드와 같은 그리스도인이 아니다. 그분이 말씀하시는 것은 교회를 통해 단체로 나타나는 하나님 나라의 능력이다. 하나님 나라의 능력으로 움직이는 교회는 강한 자를 묶을 수 있고 그를 던져 버릴 수 있으며, 그의 모든 소유를 빼앗을 수 있다. 하지만 그리스도인 개인은 그가 아무리 용맹하다 할지라도 이 일을 혼자 달성할 수 없다.

예수님은 이 '더 강한 자'가 성령의 대리인(agency)이신 주님 자신이시며, 성령께서는 주 예수님의 인성을 통해 하나님의 나라를 나타내셨다고 선언하셨다. 만일 예수님이 이 땅에 계시는 동안 이것이 그분에게 적용되었다면 부활의 권능 가운데 계신 주님께서 지금도 살아 계셔서 그분의 새로운 몸인 교회를 통해 그분의 역사를 얼마나 더 많이 계속하지 않으시겠는가?

법적 전투에서 이기라

누가복음 18장 1~8절에서 예수님은 우리에게 법적인 전투에서 이기는 법을 가르치신다. 우리가 성공하길 원한다면 우리는 군사적인 전투를 하기 전에 이 전투를 먼저 해야 한다.

여기서 하나님은 무정한 재판관으로 나오신다. 이는 그분의 진정한 성품이 아니지만 그분이 우리의 기도에 무관심한 것처럼 보이기 때문에 때로는 이처럼 보일 때가 있다. 이런 상황에서 기도 응답이 지연되는 이유는 하나님께서 의로우시기 때문이며, 심지어 마귀를 다루실 때에도 의로우시기 때문이다.

하나님은 하늘에 계신 주시며 재판관이시다. 하지만 모든 의를 이루시기 위해서는 마귀를 송사할 사람이 땅에 필요하다. 이 이야기는 심지어 연약한 과부 한 사람이라 할지라도 그가 계속 포기하지 않으면 그만으로도 충분하다는 것을 보여 준다. 우리가 할 일은 마귀를 송사하는 것이며, 예수님께서 이미 그분의 보혈로 모든 사람과 세상을 사셨기 때문에 어떤 사람에 대해서도 그리고 이 세상의 어떤 부분에 대해서도 마귀가 더 이상 어떤 법적 권리를 가지고 있지 않다는 것을 선포하는 것이다. 이런 종류의 기도를 통해 우리는 하나님께서 천사들을 보내서서 우리와 함께 전쟁을 치르고 이미 기록된 판결문대로 집행하시도록 구할 수 있다. 하지만 이는 공의롭게 진행되어야 한다.

누가복음 18장 1~8절에서 과부는 '그녀의 법적인 권리'를 계속 외친다. 헬라어 동사 **에크디케오**(ekdikeo, 이 단어는 '신원하다, 복수하다, 원수를 갚다'라는 의미이다)의 여러 형태가 이 여덟 구절에서 네 번이나 사용되었다. 예수님은 무관심하고 불의한 재판관도 과부의 계속되는 집요함으로 인해 항복할 수 있다는 점을 말씀하신다. 만일 이것이 사실이라면 밤낮으로 하늘 아버지께 부르짖는 자들에게 그분이 온전한 법적 권리를 얼마나 더 많이 부여하시겠는가?(눅 18:7을 보라)

재판장이신 하나님은 이미 우리 편이시며, 처음으로 우리에게 판결을 내려 주시길 갈망하셨다. 그러나 하나님은 의롭게 행동하셔야 하고 사탄도 교회를 핍박하는 것에 대해 자신을 변호할 기회를 부여받아야 한다. 사탄과 그의 천사들은 우리 형제들을 참소하고, 그들의 증거를 무시하며 위협하고 낙담시키려 할 것이다. 죄가 있는가? 진정한 믿음이 있는가? 인내가 있는가? 우리가 하나님 나라의 명분보다 우리의 삶에 더 가치를 두고 있는가?

만일 우리가 의롭고 인내한다면 우리는 분명히 그들의 참소를 이길 것이다. 만일 우리가 마지막 판결이 내려지기 전에 포기한다면 우리가 완벽한 법적 소송을 한다 할지라도 사탄은 심판을 교묘히 빠져나갈 것이다. 우리는 소송이 끝나고 판결이 날 때까지 계속 포기하지 말아야 한다. 일단 심판이 내려지면 하나님은 법적으로 천사들을 파송하여, 하늘 법정의 명령을 집행하기 위해 인류와 함께 동역하게 하실 수 있다.

예수님은 우리가 낙망치 말고 기도하는 법을 배울 수 있도록 이 비유를 말씀하셨다(눅 18:1). 주님은 8절에서 마지막으로 적절한 질문을 하신다: "그러나 인자가 올 때에 세상에서 믿음을 보겠느냐"(눅 18:8).

'군사적' 전투

법적인 전투는 중보를 아는 개인 한 사람이나 혹은 두세 사람만 있어도 이길 수 있다. 그러나 '군사적' 전투를 할 때, 즉 그들의 요새를 무너뜨리고 도시와 국가에 대한 그들의 영향력을 제거하기 위하여 악한 영의 세력과 싸우기 위해 실제로 나아갈 때에는 숫자에 따라 파워가 달라진다. 이런 종류의 전쟁에서 기도와 전쟁의 찬양, 그리고 성경 말씀은 강력한 무기가 된다. 우리는 때로 특정한 지역으로 가서 악한 영의 요새에서 그곳을 다스렸던 귀신의 세력을 쫓아내라는 인도를 받는다. 우리가 권세와 믿음을 가지고 그들에게 명하면 그들은 우리를 떠나가야만 할 것이다.

우리가 법적 전투를 이기기 위해 끝까지 포기하지 않으면 천사들이 동원되어 우리와 함께 전쟁에 나가 이미 내려진 심판을 집행한다. 따라서 대리인인 인간은 기도를 멈춤으로 천사들이 활동할 법적 근거를 없애서는 안 된다. 미가엘과 가브리엘 천사가 바사(Persia)와 그리스의 왕들과 씨름할 때에 다니엘의 기도가 없어서는 안 되었다. 전투가 한창 중일 때에 다니엘을 굳세게 하기 위해서 가브리엘 천사가 보내심을 받았으며, 이로 인해 다니엘은 계속해서 기도할 수 있었다(단 10:10~12를 보라).

우리가 이미 법적 전투에서 이겼을 경우에 '군사적' 전쟁의 모든 역동이 갑자기 달라지며, 우리는 진정한 돌파를 보게 된다. 묶였던 많은 자들이 사탄의 속박에서 풀려나 주님께 돌아오고 대추수를 거둘 수 있다. 마귀와 그의 군사들은 그들에게 대항하여 우리와 함께 싸우기 위해 동원된 천군들의 능력 때문에 도망한다.

사사기 7장 9~23절, 역대하 20장 17~25절, 시편 149편 1~9절, 이사야 30장 29~30절을 보라. 특별히 우리를 가르치기 위해 기록된 이 위대한 구약성경의 말씀들은 전쟁에서 찬양의 능력만으로 쟁취된 놀라운 승리를 보여 준다. 강력한 전쟁 찬양으로 인해 원수는 완전히 패배하여 도망한다. 성령께서는 이런 종류의 기도 전쟁에 있어서 우리가 능해지도록 가르치고 훈련하길 간절히 원하신다.

위로부터 능력을 입히울 때까지 예루살렘에서 기다리라

누가는 누가복음 24장 49절에 나오는 다음의 권면으로 복음서를 끝낸다: "볼찌어다 내가 내 아버지의 약속하신 것을 너희에게 보내리니 너희는 위로부터 능력을 입히울 때까지 이 성에 유하라"(눅 24:49). 여기서 '유하라'는 동사는 헬라어로 카씨조이며, 이는 '앉다, 정착하다, 놓다' 라는 의미이다. 나는 이 단어를 이 책의 초반부에서 이미 소개한 바 있다. 예수님은 당신이 이미 그리스도와 함께 일으킴을 받고 예수님과 함께 하늘에서 그분의 보좌에 합법적으로 편안히 앉아 있음을 아는 그리스도인이 되어야 한다는 점을 지적하신다. 당신은 당신의 부르심에 대해, 그리고 주님과 함께 다스릴 능력과 권세에 대해 확신이 있어야 한다. 당신은 위로부터 능력의 옷을 확실하게 그리고 영원히 입었다는 사실을 인식해야만 한다. 근본적으로 예수님은 "이것을 얻을 때까지는 다른 곳에 가지 마라. 가지 않는다면 너는 정말로 이런 것을 경험하게 될 것이다!"라고 말씀하신 것이다.

위로부터 능력을 입기 위해서 당신은 부활을 통해 하나님께서 당신에게 행하신 것을 이해해야 한다. 그렇지 않을 경우에 당신은 하나님 나라를 세우는 데 있어 그분에게 쓰임을 받을 수 없다.

누가복음 11장의 기도에 관한 위대한 말씀은 교회에 대한 이야기로 끝난다. 여기서 교회는 강한 자로 비유된 마귀 혹은 마귀의 주요 정사(principality)를 공격하는 더 강한 자로 등장한다. 이처럼 하나님 나라의 교회는 마귀의 무장을 해제하고 그의 모든 소유물을 약탈할 수 있다.

Chapter 9

요한복음에 나타난 하나님의 나라

하나님 나라의 본성

요한은 하나님 나라를 단지 두 번만 언급하고 있는데 예수님께서 니고데모에게 하나님 나라에 들어가기 위해 '거듭나야 할' 것을 권하셨을 때가 그 경우이다(요 3:3~5를 보라). 그러나 요한은 예수님께서 그분의 나라를 어떻게 언급하셨는지를 기록하고 있다. 주님은 빌라도 앞에서 증언하시면서 그 나라의 본성과 장소에 대해 설명하신다 (요 18:36~38을 보라). 주님은 그분의 나라가 "이 세상에 속한 것이 아니라"고 말씀하신다. 만일 그 나라가 이 세상에 속했다면 예수님은 그분의 제자들이 인간적이고 군사적인 방식으로 싸웠을 것이라고 말씀하셨다. 그러나 그 나라의 진정한 목적은, 먼저 영적 영역의 전투에서 승리를 거두고 영적으로 더렵혀진 낮은 수준의 하늘에서 악한 영들을 쫓아내고 그곳을 정결케 함으로써 이 세상을 강력하게 변화시키는 것이었다. 그런 다음에 정결해진 하늘에서 땅에 대해 강력하고도 점진적인 영향력을 행사하여 이 땅에서 하나님의 뜻이 점점 더 많이 이뤄지도록 하는 것이다. 그런 다음에 마지막으로 온 땅을 점령하여 그것을 변화시키는 것이 그 나라의 목적이다.

하나님 나라에서의 사랑

누가는 하나님 나라의 전쟁의 능력과 성령을 강조한 데 반해 요한은 하나님 나라의 사랑과 아버지 하나님을 강조한다. 개인적 차원에서 하나님 나라에 들어감으로써 우리는 아버지 하나님과 개인적으로 친밀한 관계를 가질 수 있으며, 예수님이 그러셨던 것처럼 날마다 그분을 참으로 알 수 있게 된다.

요한은 자신의 책에서 아버지란 단어를 150번 정도 언급하고 있으며, 많은 경우에 아버지 하나님을 암시하고 있다. 요한은 아버지 하나님과 아들 하나님의 사랑에 대해 그리고 그 사랑 때문에 아버지 하나님을 순종하는 아들 하나님의 기쁨에 대해 자주 언급한다. 요한은 하나님의 놀라운 은혜를 통해 동일한 하나님의 아들들로서 누리는 동일한 관계로 우리를 초청한다. 그런 뒤에 그는 우리도 예수님과 동일한 수준에서 하나님 아버지께 순종하도록 부른다. 우리가 순종하는 동기는 단순히 존경심에서 나오는 경외감뿐만 아니라 아버지 하나님과 그분의 참된 자녀 사이에 흐르는 사랑 때문이어야만 하며 사랑이 더 큰 동기가 되어야 한다.

　하나님의 나라는 하나님의 은혜로운 통치를 받을 때에 제대로 기능할 수 있으며, 하나님은 그분이 인간에게 위임하신 권세를 통해서 역사하신다. 이는 아버지 하나님께 온전히 복종해야만 하는 관계를 말한다. 그러나 이는 사랑을 통해 역사하기 때문에 큰 기쁨이 된다. 만일 그렇지 않다면 이는 매우 율법적이 되고, 왜곡될 수 있으며, 두렵고, 권위적이며, 고압적이 될 수 있다. 이제 요한복음과 그의 서신서를 좀 더 자세히 살펴보자.

　요한은 요한복음 3장 3~5절에서 '하나님의 나라' 라는 문구를 두 번 사용하고 있다. 여기서 우리는 하나님 나라에 들어가기 위해서는 물과 성령으로 거듭나야 한다는 말을 듣는다. 요한은 그의 복음서를 주후 92~95년경에 썼으며, 이는 세 개의 복음서가 쓰이고 나서 30년 후였다.[1] 처음 세 공관복음서는 서로 다른 사람들을 전도할 목적으로 쓰였다. 마태복음은 주로 유대인을 위해 쓰였으며, 그들에게 예수님이 그들이 그렇게도 애타게 기다리던 하나님 나라의 왕, 즉 그들의 메시야임을 확신시키려 했다. 마가복음은 주로 로마 세계를 위해 쓰였으며, 그들에게 시저(Caesar)보다 더 큰 이가 오셨고 그분이 모든 경배를 받으시기에 참으로 합당하신 분이심을 확신시키려 했다. 누가복음은 주로 헬라인들을 대상으로 쓰였으며, 예수님이 그들이 그렇게 간절히 찾던 완전한 인간임을 입증하려 했다.

　그로부터 30년이 지난 후(주후 약 93년), 요한이 밧모 섬에 잡혀 있는 동안 요한은 성령의 감동으로 이 네 번째 복음서를 기록했다. 이 복음서는 세상 사람들을 전도하기 위해 쓰인 것이 아니었다. 이는 교회를 깨우고, 교회로 하여금 그들에게 주어진 유산을 얻도록 하며, 또한 그들로 영적 전쟁을 하도록 권면하고, 하나님이 뜻하신 바대로 승리의 천국 백성이 되도록 하기 위함이었다.

당신은 거듭나야 한다

요한은 유일하게 '거듭남'(born again)이란 단어를 사용한다. 베드로도 베드로전서 1장 3절과 23절에서 이와 비슷한 말을 언급하고 있다. 여기서 그는 하나님의 '썩지 않을 씨' 로 말미암아 거듭나는 것을 말한다. 이와 유사한 표현으로 '하나님께로 났다' 라는 말이 요한일서에서 여러 번 나오며 요한만이 이 용어를 사용하고 있다. 이러한 말씀을 살펴보면 '거듭남' 이란 문구가 죄 사함을 받거나 아니면 전형적인 복음주의적 의미에서 '구원받은' 사람을 말하지 않음이 분명하다. 이 문구는 하나님의 나라로 강하게 들어옴으로 인해 그의 삶이 완전히 변한 사람을 가리킨다.

요한일서에 따르면 하나님께로 난 자들은 더 이상 패배감 속에 살지 않고 죄를 이기는 삶을 산다(요일 3:9를 보라). 그들은 하나님의 사랑을 알며 형제들을 많이 사랑한다(요일 4:7을 보라). 그들은 세상을 이길 힘을 지니고 있으며 마귀를 이기었고, 마귀는 그들을 만질 수 없다(요일 5:4, 19를 보라). 하나님의 말씀에 따르면 이러한 것들은 참으로

'거듭난' 자의 표식이다.

　복음주의자들은 '거듭났다' 라는 문구를 크게 평가 절하한다. 우리는 '거듭난' 자들을 바르게 생산하기 위해 요한이 사용한 대로 이 용어를 사용할 필요가 있다. 이들은 참으로 하나님 나라에 속한 자들이며, 하나님의 통치하에 살고, 마귀의 모든 저항에 대항하여 하나님 나라를 강력하게 진군시키는 자들이다.

아버지 하나님을 알라

　요한복음은 성자 하나님과 성부 하나님과의 관계를 강조한다. 두 분은 서로를 사랑하시기 때문에 아버지 하나님께 순종하고 모든 일에 있어 그분의 뜻을 완전하게 행하는 것은 아들 하나님의 큰 기쁨이다. 그럼에도 불구하고 동시에 우리는 예수님께서 아버지 하나님을 경외했다는 말을 듣는다. 하나님 아버지와 동일한 관계를 맺고 사는 법을 배우기 위해서 우리도 이러한 것들을 고찰할 필요가 있다.

　하나님이 우리의 사랑하는 아버지 되심을 알지 못하고 우리가 그 나라를 전파하면 그 나라는 매우 엄격하고 거칠어 보일 수 있다. 그러나 우리가 그 나라를 사랑하는 아버지 하나님을 기쁨으로 복종하는 사랑하는 아들 하나님의 관점에서 보면 그것은 기쁨 그 자체이다. 거기에는 하나님과의 놀라운 관계가 있으며, 예수님도 그 나라에서 사는 것이 힘들지 않으셨다. 오순절 이후에 요한 자신이 이러한 동일한 관계를 경험했음이 요한복음과 그의 서신서에 분명히 드러난다.

요한이 사용하는 단어가 너무 놀라울 때가 있다. 예를 들어, 요한일서 1장 3절에서 그는 자신이 지금 아버지 하나님과 아들 하나님과 '교제한다'고 말한다. 그는 지금 삼위 하나님께서 그들 가운데 가지고 계신 그 관계를 동일하게 가지고 있다. 문자 그대로 그는 지금 삼위 하나님과 삶을 함께 영위하고 있다. 그는 "우리의 사귐은 아버지와 그 아들 예수 그리스도와 함께 함이라"고 외친다(요일 1:3).

이는 참으로 너무 놀라운 말씀이다. 성부께서는 성자를 사랑하시고, 성자는 성부를 사랑하시며, 성령께서는 이 두 분 모두를 사랑하시고, 이제 나도 이 동일한 사랑의 관계 속에 이끌리어 삼위 하나님과 교제를 한다. 이것이 바로 요한이 주장하는 것이다. 요한복음에서 예수님은 여러 번 동일한 언어를 사용하신다: "아버지 하나님이 나를 사랑하신 것처럼 그분이 너희를 사랑하신다 … 나도 내가 아버지 하나님을 사랑한 것처럼 너희를 사랑한다 … 그러므로 와서 그 사랑 안에 우리와 함께 거하라 … 너희가 나를 사랑하고 내 계명을 지키면 우리(즉 성부, 성자, 성령)도 너희를 사랑하고 와서 너희와 영원히 살 것이다"(요 14:20~21, 23을 보라).

그러므로 우리는 아버지 하나님의 아들들로서 은혜로 말미암아 삼위 하나님과 교제토록 초청을 받는다. 그리고 우리는 예수님이 그러셨던 것과 동일하게 아버지 하나님과 살고 있다. 당신과 나는 더 이상 '은혜로 구원받은' 불쌍한 죄인이 아니다. 당신과 나는 예수님이 가지셨던 것과 동일한 아버지 하나님과의 관계를 통해 은혜로 말미암아 해방되었다. 이는 강력한 기도의 열쇠이다. 당신은 이 진리를 당신의 영에 담아야 한다. 왜냐하면 이로 인해 당신의 삶이 모든 면에서 변화될 것이기 때문이다(요 16:23~27을 보라).

성령께서 우리에게 아버지 하나님을 보이시다

성령 세례를 받은 후에 하나님의 성령은 매우 명확한 방법으로 나를 방문하셨다. 그분은 나에게 아버지 하나님과 나를 향한 그분의 사랑을 보여 주셨다. 무뚝뚝하고 늙은 영국 침례교도인 나는 이 계시로 인해 완전히 녹아내렸고, 너무 흥분되어 미친 듯이 기뻐하며 서재를 뛰어 다녔다. 그리고 "그분이 나를 사랑하셔! 그분이 나를 사랑하신다니까!" 하며 소리 질렀다. 그때가 1965년이었다. 나는 그 경험을 결코 잊을 수 없다. 시간이 갈수록 그 경험은 더욱 생생해지고 깊어졌다. 그때 나는 일반적인 잃어버린 죄인들 모두가 아니라 앨런 빈센트 한 사람을 개인적으로 사랑하시는 하나님을 발견했다.

하나님은 비인격적으로(impersonal) 영혼들을 구원하시는 데에는 관심이 없으시다. 그분은 우리를 사랑하시고 우리와 개인적인 관계를 갖길 원하신다. 그분은 우리를 알길 원하시고 우리가 그분을 알길 원하시며 삼위 하나님께서 서로 사랑하신 것과 동일하게 우리가 그분을 사랑하길 원하신다. 하나님은 우리와 그분의 깨어진 관계를 온전하게 고치시길 원하신다. 그분은 이 관계가 회복되어서 우리가 은혜로 말미암아 그분과 갖는 관계가 아담이 타락하기 전에 순전한 상태에서 하나님과 누렸던 그 관계보다 더 낫기를 원하신다. 그분은 우리의 관계가 예수님께서 이전에 가지셨고 지금도 아버지와 가지고 계신 그 관계와 동일하길 원하신다. 이는 현기증이 날 정도이며 거의 믿을 수가 없지만 사실이다!

당신은 자신에게 다음과 같이 정직하게 물어야 한다: 나는 예수님이 아버지 하나님을 아신 것처럼 그분을 알고 있는가? 나는 하나님께서 예수님을 사랑하신 방식대로 나를 사랑하신다는 사실을 정말 알고 있는가? 나는 이처럼 그분을 알길 원하는가? 이에 도달하기 위한 대가를 지불하겠는가?

당신이 이와 같은 관계에 온전히 들어가게 되면 당신의 안정감은 당신이 가지고 있는 어떤 직분이나 혹은 당신이 그분을 위해 하는 어떤 일에 있지 않고 당신과 하나님이 맺은 관계 안에 있게 된다. 만일 내가 결코 다시는 설교를 하지 못하거나 아니면 공적으로 어떤 일을 하지 못한다 할지라도 나의 안정감과 성취는 그분과의 관계에 있기 때문에 그것이 나에게 문제가 되지는 않는다. 그리스도의 몸 안에서 발생하는 경쟁 가운데 많은 부분은 이런 관계에 대한 지식이 없음으로 인한 불안정 때문에 생긴다. 당신을 너무나 사랑하는 사람에게 완전히 복종하는 것은 그렇게 어려운 일이 아니다. 그것은 언제나 완전한 기쁨을 가져다준다.

그래서 나는 나의 하늘 아버지를 사랑하고 나의 하늘 아버지는 나를 사랑하신다. 실제로 그분은 나를 너무나 사랑하셔서 그분 자신을 나에게 나타내시길 좋아하신다. 그분은 그분의 손을 내게서 떼기가 어려우신 것 같다. 이상하게 들릴지 모르지만 하나님에 대해 우리가 경험하는 것 중 어떤 것들은 말로 설명하기가 거의 불가능하다. 내 경우에는 하나님의 임재가 너무 강해서 마치 그분이 물리적으로 그분의 팔로 나를 감싸서 그 능하신 팔 안에서 내가 녹는 것 같을 때가 가끔씩 있다.

내가 이처럼 처음으로 하나님을 경험한 후에 뭄바이의 인쇄술 연구소에서 강의를 한 적이 있었다. 그때 나는 과학 과목을 가르치면서 화학 공식을 칠판에 쓰고 있었다. 매우 많은 정중한 학생들이 강의를 받아 적고 있었다. 나는 뜨거운 대형 교회 집회에 참석한 것도 아니었고 대학 강의실에서 칠판에 화학 공식을 적고 있었다. 그런데 갑자기 하나님께서 오셔서 강의 도중에 그분의 팔로 나를 안으셔서 나는 수업을 계속할 수가 없었다. 나는 하나님의 사랑에 완전히 압도당했다. 나는 그분께 "지금은 안 돼요, 주님. 강의를 망치고 계시잖아요"라고 말씀드렸다. 그분은 개의치 않으시는 것 같았다. 그분은 단지 나를 사랑하길 원하셨다. 이는 지금 내가 그분과 누리고 있는 참으로 놀라운 관계이다.

친밀감과 경외감은 함께 간다

그러나 동시에 합당한 경외심이 있어야 한다. 이런 사랑으로 인해 잘못된 친밀감이나 경외심 부족이 생기진 않는다. 오히려 이런 사랑에는 두려움이 따른다. 이 둘의 균형을 설명하기가 매우 힘들지만 내가 지금 말하고 있는 것이 예수님의 삶에 완벽하게 나타난다. 주님은 자기 아버지를 깊이 사랑하셨지만 동시에 그분을 경외하셨다.

나는 하나님을 경외한다. 그분은 하늘과 땅을 창조하신 전능하신 창조주이시다. 그분은 보이는 것과 보이지 않는 모든 것을 지으신 창조주이시다. 수많은 천사들이 그분을 경배하며 나 또한 경외감에 사로잡혀 그분 앞에 서거나 혹은 엎드려 경배한다. 때로 내가 경배하는 동기는 사랑이고 때로는 경외감이다. 사도 바울도 고린도후서 5장의 몇 구절 안 되는 말씀에서 이 두 가지를 말하고 있다. 11절에서 바울은 "우리가 주의 두려우심을 알므로 사람을 권하노니"라고 말한다. 계속해서 그는 "그리스도의 사랑이 우리를 강권하시는도다"라고 말한다(고후 5:14). 그 사랑이 강력하게 우리를 강권하시고 우리를 이끌어 간다. 그래서 바울은 이와 같이 이중적인 동기를 가졌으며, 하나님과 사랑과 경외감이 그로 하여금 언제나 하나님의 뜻을 행하도록 강권했다.

이제 예수님의 사역 종반으로 가 보자. 요한복음 13~17장에 나오는 소위 다락방 강화라 불리는 주님의 마지막 위대한 가르침을 통해 예수님은 자신의 마지막 저녁을 제자들과 보내신다. 다음 날이면 주님은 십자가에서 돌아가실 것이다. 이 밤은 주님이 사랑하는 제자들과 마지막으로 친밀하게 대화를 나눌 수 있는 기회였다. 만일 당신이 내일 처형되는 것을 알아 이 밤이 가족과 보내는 마지막 시간이라는 것을 안다면 당신은 사소한 것을 말하는 데 시간을 보내지는 않을 것이다. 당신은 가장 중요한 것에 집중할 것이다. 따라서 예수님께서 이 강화에서 집중적으로 말씀하신 사항을 살펴보는 것은 흥미롭다.

주님이 다루신 주요 주제는 성령이 오신다는 것이었다. 그분은 보혜사로서 예수님이 떠나셔야지만 오실 수 있었다. 이는 너무나 중요한 사건이어서 예수님은 자주 이를 '그 날'이라 부르셨다. '그 날'이 오면 그들은 성경에 대해 새롭고 놀라운 계시를 받을 것이며, 능력을 받고 모든 종류의 기이한 일들이 그들을 통해 이뤄질 것이다. 그러나 예수님이 그들에게 말씀하신 것 중에 가장 중요한 것은 성령이 오시면 그분이 '그들에게 아버지 하나님을 보여 주실' 것이라는 것이었다. 요한복음 16장 25절에서 예수님은 "이것을 비사로 너희에게 일렀거니와 때가 이르면 다시 비사로 너희에게 이르지 않고 아버지에 대한 것을 밝히 이르리라(혹은 보이리라)"라고 말씀하셨다(요 16:25를 보라).

이 세대의 비극은 자기의 생물학적 아버지와 만족스러운 관계를 가진 자들이 너무 없다는 것이다. 많은 사람들이 좋은 아버지의 모습이 어떤 것인지, 심지어 인간적인 용어로도 알지 못한다. 하나님 아버지를 안다는 것은 인간이 경험할 수 있는 최상의 것보다 훨씬 더 나으며, 성령이 오시기 전까지는 이해할 수 없다.

예수님은 제자들에게 그분이 발견할 수 있는 최선의 언어를 통해 이를 설명하려 하셨지만 그 설명을 통해 실제 계시가 이뤄지지는 않았다. 나도 이 책을 쓰면서 동일한 느낌을 가진다. 나도 당신이 성령으로 말미암아 아버지 하나님에 대한 계시를 기도를 통해 구하길 원한다. 그 계시는 그 옛날에 내 안에서 역사했던 것과 동일하게 당신 안에서도 같은 효과를 낼 것이다. 남자와 마찬가지로 여자에게도 하나님의 아버지 되심이 진정 어떤 것인지에 대해 건강하면서도 영광스러운 계시가 필요하다. 이는 하나님 나라의 절대적인 기초이다.

하나님 나라는 하나님 아버지를 근거로 운영된다

하나님은 교회를 디자인하실 때 그것이 아버지를 근거로 운영되도록 하셨다. 사회, 정치, 정부 그리고 모든 인간관계가 아버지를 중심으로 움직이도록 디자인하신 분은 하나님이시다. 우리는 아버지를 필요로 하는 만큼 전문적인 정치가가 필요치 않다. 그리고 하나님께서 가족을 이처럼 디자인하셨기 때문에 가정은 아버지의 적절한 부성이 있어야 제대로 작동한다. 실제로 헬라어에는 가족이란 별도의 단어가 존재하지 않는다. 헬라어로 가족이란 말은 **파트리아**(patria)인데, 이 단어는 어떤 사람의 부성의 영향력의 범위를 뜻한다. 아버지의 부성이 제대로 기능을 발휘하지 못하면 진정한 가족이란 있을 수 없다. 부성은 이만큼 기본적이다. 우리 세대는 부성(fatherhood)과 작별하고 진정한 가족의 안정감과 사랑을 박탈당한 세대이다. 구원과 별도로 아버지 하나님을 안다는 것은 모든 인간의 삶에서 가장 큰 필요이다. 그래서 구약성경의 마지막에 하나님께서는 엘리야의 영을 보내서서 아버지의 마음을 회복시키시겠다고 약속하신다(말 4:6). 진정한 부성이 없으면 하나님의 나라가 드러날 수 없다.

아들들의 나라

우리는 아버지 하나님께 자발적으로 그리고 사랑하는 마음으로 순종하는 아들로서 하나님 나라에 들어가는 방법 이외에 다른 방법으로 그 나라에 들어갈 수는 없다. 우리는 로마서 8장 15절과 갈라디아서 4장 6절에서 성령이 오시면 그분께서 우리 마음에 들어오셔서 "아바, 아버지"라고 외치신다는 말씀을 듣는다. 아바(Abba)는 '아빠'(daddy)와 같이 친밀한 히브리어이다. 아버지란 뜻의 헬라어 **파터**(pater)는 존댓말로서 한 가족의 아버지의 권위와 가장 됨을 인정한다. 따라서 성령의 외침 가운데는 친밀감과 경외감의 개념 모두가 존재한다. 성령께서는 우리에게 아버지 하나님을 계시하시기 위해 오셨으며, 이는 그분의 중요한 목적 중 하나이다. 로마서 8장 15절에서 성령에 대한 호칭 중 하나가 '양자의 영'이다. 그분은 "너는 나의 아들이다"라고 외치신다. 이제 그 동일한 성령으로 말미암아 당신도 그분에게 "아빠, 아버지"라고 소리쳐 응답할 수 있다.

갈라디아서 3장 26절은 "너희가 다 믿음으로 말미암아 그리스도 예수 안에서 하나님의 아들이 되었으니"라고 말한다. 헬라어를 잘 모르는 사람들을 위해 말하지만 **아들**, 즉 **휘오스**(huios)라는 단어는 영어나 다른 언어들처럼 남성의 개념이 없다. 이 단어는 성(gender)이 아닌 관계를 강조한다. 이 단어에 남자와 여자라는 개념을 붙이기 위해서는 아들에 해당하는 헬라어 접두어를 더해야 한다. 헬라어에는 남성과 여성인 '하나님의 아들들'이 있을 수 있다. 하지만 '하나님의 딸들'이란 문구는 신약성경에서 한 번도 사용되지 않았다. 다음 두 구절(갈 3:27~28)에서 바울은 아들 됨(sonship)의 관점에서 거기에는 유대인도 헬라인도, 종도 자유자도, 남자와 여자도 없으며, 우리 모두는 그리스도 안에서 하나라고 말한다.

남성 위주의 것이라고 생각했던 성경 말씀 중에서 많은 부분이 그리스도 안에서는 남자와 여자 모두에게 똑같이 적용될 수 있다. 영어로 번역했을 때 남성으로 변환된 많은 단어들이 헬라어에서는 실제로 남성이 아니다. 영어에서 우리가 '인류'(mankind)란 단어를 사용하는 것과 똑같이 '안쓰로포스'(anthropos, 사람)란 단어도 인류 전체를 나타나는 경우에는 남성과 여성 모두를 나타낸다. 특별히 남자를 말할 때에는 '아네르'(aner)란 단어가 사용된다.

마찬가지로 '형제'(adelphos, 아델포스)란 단어도 같은 가족의 형제자매인 남자와 여자 모두를 대표하는 데 사용된다. '형제' 혹은 '형제들'(adelphos)이란 단어도 교회 내에서 남자와 여자 모두를 부를 때 자주 사용되었다. 우리는 이런 경우를 고린도전서 14장 23~26절에서 볼 수 있다: "그러므로 온 교회가 함께 모여 … 그런즉 형제들아 어찌할꼬 너희가 모일 때에 각각 찬송시도 있으며."

형제들이란 말이 오직 남자들만을 가리킬 때도 종종 있다. 이 경우에 헬라어에서는 아네르(aner)란 말이 사용된다(이 단어는 남성에게만 적용된다). 아네르란 단어가 사용된 경우를 살펴보면 흥미롭다. 몇 가지 예를 들어 보자: "형제들(아델포스)아 너희 가운데서 성령과 지혜가 충만하여 칭찬 듣는 사람 일곱(아네르)을 택하라"(행 6:3), "알지 못하던 시대에는 하나님이 허물치 아니하셨거니와 이제는 어디든지 사람을 다명하사 회개하라 하셨으니 이는 정하신 사람(아네르)으로 하여금 천하를 공의로 심판할 날을 작정하시고 이에 저를 죽은 자 가운데서 다시 살리신 것으로 모든 사람(안쓰로포스)에게 믿을만한 증거를 주셨음이니라 하니라"(행 17:30~31).

우리가 하나님의 아들들이 되면 우리는 성숙해지고, 아버지 하나님과 같이 되며, 남자와 여자 상관없이 하늘 아버지가 주시는 모든 것의 상속자가 된다. 이러한 계시가 오기 전에 우리는 하나님 나라에서 충만한 삶을 살 수 없으며 하나님 나라를 진군시킬 수도 없다.

예수님은 제자들이 이런 계시를 가지는 것에 대해 깊은 관심을 보이셨다. 마찬가지로 사도 바울도 자신의 에베소서에서 이 나라의 모든 영광과 능력을 밝힌 뒤에 "이러하므로 내가 하늘과 땅에 있는 각 족속(pas patria, 파스 파트리아)에게 이름을 주신 아버지 앞에 무릎을 꿇고 비노니"라고 쓴다(엡 3:14~15를 보라). 바울은 우리가 아버지 하나님의 아버지 되심(fatherhood)을 통해 가족에 대한 계시를 받고 예수님처럼 성부 하나님의 풍성한 사랑을 받는 아들로서 살길 원했다. 이는 자기 아버지를 알고, 자기 아버지를 사랑하며, 자기 아버지를 두려워하고, 자기 아버지에게 기쁨으로 순종하는 그런 아들이다. 이 아들은 언제나 아버지께서 말씀하시는 대로 순종하기로 결단한다.

예수님은 아버지 하나님의 뜻을 행하는 것이 자기의 양식이라고 말씀하셨다(요 4:34를 보라). 본질적으로 주님은 "나는 내 스스로 아무것도 하지 않는다. 아버지께서 행하시는 것을 보고 똑같이 그분과 함께 행할 뿐이다"라고 말씀하고 계신 것이다. 요한복음 5장 30절에서 예수님은 우리처럼 자기 영으로 영적 세계에서 들리는 온갖 소리를 들으셨던 것 같다. 하지만 주님은 아버지의 음성을 듣는 데 있어 한 번도 실수하신 적이 없으셨다. 주님은 "듣는대로 심판하노니 … 내 심판은 의로우니라"라고 말씀하셨다(요 5:30). 이 얼마나 놀라운 말씀인가! 예수님께서는 "나는 내 아버지의 음성을 단 한 번도 놓친 적이 없다. 나는 아버지의 음성을 듣고서 이를 다른 음성과 혼동한 적이 단 한 번도 없다. 나는 언제나 아버지의 음성을 완벽하게 들었고 그분의 뜻을 완벽하게 행했다"라고 말씀하신 것이다. 예수님은 이것이 어떻게 가능한지 그 이유를 설명해 주셨다. 주님은 다음과 같이 말씀하셨다: "나는 나의 원대로 하려하지 않고 나를 보내신 이의 원대로 하려는고로"(요 5:30). 하나님의 나라는 이렇다. 그리고 하나님께서는 이와 같이 우리 모두가 그 나라 안에서 어떻게 살아야 할지를 보여 주셨다.

그러므로 아버지 하나님의 부성에 대한 계시가 없으면 진정한 의미에서 하나님 나라를 이해할 수 없다. 일단 우리가 이런 관계 속에서 그분의 놀라운 사랑을 이해하면 사랑의 아버지의 통치를 받으며 사는 것은 힘들지 않고 오히려 완전한 즐거움이다. 만일 당신이 이런 계시를 받지 못했다면 이를 위해 기도해야 한다. 그러면 하나님께서 나와 다른 사람에게 오신 것처럼 당신에게 오셔서 아버지 하나님을 보여 주실 것이다. 나는 남은 사람들이 이 계시를 통해 변화되는 모습을 너무나 자주 보아 왔다.

제9장 요한복음에 나타난 하나님의 나라

아들의 특권과 책임

갈라디아서 3장 26절은 "너희가 다 믿음으로 말미암아 그리스도 예수 안에서 하나님의 아들이 되었으니"라고 말한다. 미숙한 어린아이로 사는 대신 실제로 하나님의 아들로 사는 데에는 네 가지 중요한 측면이 있다.

1. 아들들에게는 관계가 있다.

우리가 하나님 나라를 진군시키려면 하나님 아버지와의 관계에서 우리가 아들이라는 사실의 중요성을 이해해야 한다. 예수님께서는 하나님 나라의 기도법을 우리에게 가르쳐 주셨다. 그 내용이 마태복음 6장에 모두 나와 있다.

> "그러므로 너희는 이렇게 기도하라 하늘에 계신 우리 아버지여 이름이 거룩히 여김을 받으시오며 나라이 임하옵시며 뜻이 하늘에서 이룬 것 같이 땅에서도 이루어지이다 오늘날 우리에게 일용할 양식을 주옵시고 우리가 우리에게 죄 지은 자를 사하여 준것 같이 우리 죄를 사하여 주옵시고 우리를 시험에 들게 하지 마옵시고 다만 악에서 구하옵소서 … 너희가 사람의 과실을 용서하면 너희 천부께서도 너희 과실을 용서하시려니와 너희가 사람의 과실을 용서하지 아니하면 너희 아버지께서도 너희 과실을 용서하지 아니하시리라"(마 6:9~15).

예수님과 아버지 하나님과의 관계를 이해하면 우리의 기도 방법이 극적으로 바뀔 뿐만 아니라 하나님 나라를 어떻게 강력하게 진군시킬 것인가에 대한 이해도 달라진다. 주님의 십자가의 역사로 인해 우리는 아버지 하나님과 이처럼 영광스러운 관계를 갖게 되었다. 갈라디아서에서 우리는 성령께서 우리 안에서 "아바, 아버지"라고 외친다는 말씀을 읽는다(갈 4:6을 보라). 실제로 이러한 계시 없이 효과적으로 기도하기란 불가능하다. 일단 우리가 이러한 계시를 갖게 되면 우리는 이제 예수님처럼 기도할 수 있고, 우리의 기도 생활에서 100퍼센트 응답 받을 수 있다. 왜냐하면 아버지 하나님께서 언제나 그의 아들들의 기도를 들으시고 응답하실 것이기 때문이다.

2. 아들들에게는 권리가 있다.

우리는 이 세상에서 간구자(petitioner)와 아들 사이에는 엄청난 차이가 있다는 사실을 알아야 한다. 당신이 간구자로서 기도해도 응답을 받을 수 있다. 하지만 아들로서 기도한다면 당신의 하늘 아버지는 당신의 기도를 듣고 응답하셔야만 한다. 그래서 예수님께서는 우리가 기도를 배우기 위해서는 먼저 관계가 있어야 하고 마음으로부터 "아버지"라고 말할 수 있어야 한다고 하셨다. 그런 뒤에 당신은 하나님 아버지께서 예수님에게 하셨던 것처럼 당신의 모든 기도에 응답하시길 기대할 수 있다.

아들들에게는 관계가 있고 권리가 있다는 이 사실을 이해하라. 아버지는 아들에게 응답해야만 하고 아들을 위해 필요한 것을 제공해야만 한다. 왜냐하면 아들은 아버지에게 요구할 권리가 있기 때문이다. 예수님께서는 땅의 악한 아비들도 이를 아는데 하물며 하늘 아버지께서는 구하는 자에게 좋은 선물을 얼마나 더 많이 주시겠느냐고 말씀하셨다(마 7:11, 눅 11:13을 보라).

예수님께서는 나사로의 무덤 밖에 서서 아들로서 기도하셨다. 그분은 큰 소리로 "아버지여 내 말을 들으신 것을 감사하나이다 항상 내 말을 들으시는 줄을 내가 알았나이다" 하고 기도하셨다(요 11:41~42). 예수님께서는 하나님께서 듣지 못하시기 때문에 크게 말씀하신 것이 아니라 주변에 있는 자들이 왜 언제나 예수님이 기도 응답을 받으셨는지 그 이유를 듣고 이해하길 바라셨기 때문에 크게 말씀하셨다. 아들이 아버지에게 기도할 때 아버지는 응답해야만 한다. 만일 그렇지 않을 경우 그는 아버지가 아니다.

3. 아들들에게는 자원이 있다.

1965년 뭄바이에서 나는 하나님의 아들이 된다는 것이 무엇인지에 대해 한 가지 교훈을 배웠다. 1963년에 에일린과 나는 '믿음 선교사'(Faith Missionaries)로 뭄바이에 갔다. 우리는 우리가 위해서 일한 복음문서선교회(Gospel Literature Service)에서 월급을 받지 않았고 어떤 선교 단체로부터도 지원을 받지 않았다. 우리는 그저 하나님께서 우리의 필요를 공급해 주실 것을 믿었다. 그래서 나는 우리 가족의 필요를 하나님께서 공급해 주시도록 매일 간절하게 기도해야 한다는 가르침을 다른 사람들에게서 받았다.

어느 날 나는 집에서 쉬면서 에일린이 셔츠를 다리는 모습을 지켜보았다. 아내는 아들 던컨의 셔츠를 들더니 낡은 목깃을 가리키면서 셔츠를 바꿔 줘야겠다고 했다. 그래서 나는 곧바로 "던컨에게 셔츠를 새로 사 줘. 셔츠가 필요하네"라고 말했다. 그 순간 하나님께서 나에게 말씀하셨다: "너는 내가 어떤 아버지라고 생각하느냐?" 나는 대답했다: "주님, 무슨 뜻이죠?" 하나님께서 말씀하셨다: "네가 네 아들을 대하는 태도를 보아라. 그는 자신이 새로운 셔츠가 필요하다는 것조차 모르고 그가 너에게 한 번도 구하지 않았지만 너는 그에게 셔츠를 미리 사 주려 했다. 그는 무릎도 꿇지 않았고 너에게 간청하지도 않았다. 너는 단지 그의 필요를 보고 공급해 줬을 뿐이다. 나도 나의 기록된 말씀을 통해 네가 구하기도 전에 너를 위해 미리 공급해 주겠다고 말하지 않았느냐? 그런데 너는 어째서 나를 이처럼 대우하느냐? 날마다 이런 식으로 내게 부르짖지 마라. 지금부터는 그냥 나에게 감사해라. 나는 언제나 신실하며 네가 구하기 전에 너의 모든 필요를 채워 줄 것이다. 왜냐하면 나는 네게 아버지가 될 것이라고 약속했기 때문이다."

그날 이후로 나는 하나님께 내 필요를 채워 달라고 간청하지 않았다. 그날 이후로 나는 한 번도 나의 기본적인 필요를 공급해 달라고 기도하지 않았다. 이제 나는 단지 나의 아버지께 감사할 뿐이다. 왜냐하면 그분은 신실하시기 때문이다. 나는 은혜로 말미암아 내가 그분의 아들이 되었다는 것을 안다. 그리고 그분은 언제나 나의 필요를 채우실 것이다. 이제 나는 나 자신보다는 다른 사람들과 다른 필요들을 위해 기도하는 데 집중할 수 있다. 나는 나 자신을 위해 기도할 필요가 없다. 나의 하늘 아버지가 나를 사랑하시고 내 아버지의 것은 모두가 내 것이다. 아멘!

만일 당신이 이를 진정으로 믿는다면 이제 간구자처럼 기도하지 않고 아들처럼 기도할 것이다. 아들에게는 관계가 있고 응답받을 권리가 있다. 아버지의 모든 소유를 아들도 사용할 수 있다. 그것이 바로 하나님 나라의 삶이다.

4. 아들들에게는 책임이 있다.

우리가 봐야 할 네 번째 것은 아들의 책임을 다하지 않으면 아들의 특권이 있을 수 없다는 것이다. 내 아들은 아들의 특권을 가지고 있지만 또한 아들로서의 책임도 가지고 있다. 그는 나에게 순종해야 하며, 내 아들이기 때문에 내가 그에게 명하는 것을 행해야만 한다. 순종해야 하는 책임을 수용하지 않으면서 아들의 관계와 특권만을 가질 수는 없다.

이제 다시 나사로의 무덤 밖에서 기도하신 예수님을 바라보자. 예수님께서는 앞서 제자들에게 아들로서 전능하신 하나님께 "우리 아버지"라고 말하며 기도하는 법을 가르쳐 주셨다. 이제 주님은 의도적으로 제자들과 나사로를 문상하기 위해 모인 모든 자들에게 아들의 기도의 모범을 보이신다. 주님은 실제로 다음과 같이 말씀하신 것이다: "자, 들어라! 지금 무덤 안에서 시체가 썩고 있다. 나는 이미 내 아버지께 죽은 자 가운데서 나사로를 살려 달라고 구했으며, 아버지께서는 이미 내 말을 들으시고 '허락했다'라고 말씀하셨다. 그래서 나는 지금 무덤으로 가서 응답받은 기도가 물리적 현상으로 드러나도록 말할 것이다."

예수님은 기도할 때에 애쓰지 않으셨다. 주님은 모든 이가 듣도록 큰 소리로 기도하셨다: "아버지여 내 말을 들으신 것을 감사하나이다"(요 11:41). 주님은 그 상황에 대해 기도하지 않으셨다. 주님은 이미 개인적으로 은밀하게 기도하셨으며 아버지 하나님의 응답을 받으셨다. 대신에 주님은 순종하는 아들로서 한마디 명령을 내리셨다! 주님은 "나… 나… 사로야, 나… 나… 오라"라고 더듬으면서 말씀하시거나 그렇게 되었으면 좋겠다고 바라면서 기도하지도 않으셨다. 주님은 이미 아버지께서 나사로를 살리실 것을 아셨다. 순종하는 아들로서 주님은 단지 확실하고 분명하게 "나사로야 나오라"고 명령했을 뿐이며, 나사로는 그 즉시 나왔다.

- 미주 -

1. 요한복음의 정확한 연대는 분명치 않다. 하지만 헨드릭슨(Hendrickson), 버크호프(Berkhof), 톰슨(Thompson)과 같은 많은 학자들은 이레니우스(Ireneus)와 클레멘트(Clement)의 말을 인용한다. 젊은 클레멘트는 사도 요한이 석방된 후에 그의 제자가 되었다. 이들은 요한복음이 95년에서 96년 사이에 에베소에서 쓰인 것으로 추측한다. 요한이 아마도 아직 유배지에

제9장 요한복음에 나타난 하나님의 나라

있을 동안에 계시록을 쓴 것 같다. 요한이 쓴 세 서신서의 연대는 보통 그가 95년경에 밧모 섬에서 풀려나기 바로 직전에 쓴 것으로 여겨진다. 요한이서 12절과 요한삼서 14절에서 요한은 자기의 임박한 석방을 기대하며 즐거워하고 있다. 요한복음은 그가 석방되고 난 바로 직후에 쓰였다.

Heaven on Earth

Chapter 10

하나님 나라의 차원들

　이제 신약성경에서 실제로 임하는 하나님 나라를 살펴보도록 하자. 주님께서는 하나님 나라가 교회에 들어올 때에 몇 가지 단계가 있다는 것을 내게 보여 주셨으며, 나의 사역 초반 30년 동안 이 모든 단계가 나타났다. 마지막 단계에 도달했을 때에야 비로소 유럽이 그 뿌리까지 흔들렸고, 이 세상에서 최초로 기독교를 믿는 대륙이 되었다. 오늘날 세계 교회를 살펴보면 여러 곳에서 여러 단계의 모습을 모두 동시에 다양하게 볼 수 있다.

　그리스도가 재림하시기 전까지 하나님의 나라가 그 정도에 상관없이 도래할 수 있다고 믿지 않는 자들이 아직도 상당히 많다. 그들은 우리가 할 수 있는 일이 하나도 없으며 오늘날 이 세상이 점점 더 악화되고 있는 상황을 받아들여야 한다고 믿는다. 그들의 관점으로 볼 때 주님이 재림하셔야 모든 것이 변하며, 그때에만 그분의 나라가 이 땅에 현현한다. 그러나 나는 지금 최소한 어느 정도 하나님의 나라를 목도한 자들에게 이 글을 쓰고 있다. 결과적으로 그들은 하나님의 나라가 권능으로 임하는 것을 보고 싶어 하며, 이로 인해 우리 주 예수 그리스도의 재림이 앞당겨지길 원한다.

전능하신 우리 왕께서 영광스럽게 재림하시기 전에 우리가 얼마나 많은 것을 성취할 수 있는지 그리고 그분이 재림하신 후에 그분이 모든 것을 완성하시기 위해 그분 스스로 얼마나 많은 일을 하실 것인지를 교리화하는 것은 어려운 일이다. 그러나 우리에게 힘이 되는 약속들이 많이 있으며, 주님이 재림하실 때에 그분의 나라를 세우는 주인의 일에 바쁜 나날을 보내는 자들에게 약속하신 보상도 크다. 비록 주님이 갑자기 오실지라도, 성경적으로 볼 때 주님이 오실 때까지 이 땅에서 그분의 일에 전념하는 것은 여전히 최선의 방법이다.

1단계: 세례 요한의 단계
능력의 나타남이 없이 말씀을 선포함

능력이 나타나지 않으면서 말씀을 선포한다는 것은 누군가가 하나님 나라에 대해, 그 나라가 어떻게 생겼는지 어느 정도 말할 수는 있지만 실제로 그 나라가 나타나도록 할 수는 없음을 의미한다. 세례 요한이 사역을 시작했을 때 그의 입에서 나온 최초의 말씀은 "회개하라 천국이 가까왔느니라" 였다(마 3:2). 세례 요한은 하나님 나라를 열정적으로 선포할 수 있었지만 그 나라가 드러나는 것을 전혀 보지 못했으며, 이 땅에 있는 동안에는 그 나라에 결코 들어가지 못했다. 그는 결코 하나님의 나라를 보여 줄 수 없었고, 그의 사역을 통해 권능으로 그 나라가 드러나는 것을 보지 못했다. 예수님께서 "그러나 천국에서는 극히 작은 자라도 저보다 크니라"고 말씀하신 이유가 그중 하나이다(마 11:11을 보라).

이 단계에서 하나님 나라의 선포는 능력이 없고, 이론적이다. 이 땅에 그 나라가 나타나지 않으며, 그 나라의 현현에 저항하는 마귀의 정사와 능력을 이기는 권세도 없다. 이때 결국 당신을 공격하게 될 주요한 마귀의 진들을 책망하는 것은 위험하다. 세례 요한은 당시의 악에 대해 공개적으로 말할 정도로 담대했지만 악한 영들을 쫓아내고 정치적, 종교적, 사회적 변화를 가져올 만큼 강력하지는 않았다.

내 생각에 대부분의 복음주의 교회들과 은사주의 교회들이 내가 '세례 요한' 기독교라 부르는 곳에서 살고 있다. 그들은 우리 시대의 악을 개탄하고 이를 반대할 수 있지만 이를 변화시키거나 이기지는 못한다. 설상가상으로 그들은 영적 전쟁이나 정치적 활동 혹은 다른 수단을 통해 마귀의 세력을 이기려 하지만 이기지 못한다. 대신에 마귀의 세력이 그들을 이기며, 그들은 부상과 참패를 당하고 도망한다.

구약성경에서 엘리야가 와서 아합 왕과 왕비 이세벨의 악과 비도덕, 그리고 우상 숭배에 대해 그들을 책망할 때에 이런 종류의 전투가 처음으로 등장한다. 이세벨은 이방 대국의 배후에서 역사하는 강력한 정사(principality)의 영의 지배를 받았다. 엘리야를 대적한 것은 이세벨이 아니었다. 그녀를 다스리던 고위급의 악령은 이 용감한 선지자가 감히 자신을 대항하여 말하는 것을 보고 격노했다. 이 대결로 인해 엘리야는 갑자기 심각한 우울증에 빠졌다. 그래서 그는 도망가 죽기를 바랐고, 예언적인 영적 전면전에 결코 다시 돌입하지 못했다 (왕상 19장을 보라).

세례 요한이 헤롯 왕에 대항하여 그와 헤로디아 사이의 부도덕한 관계를 말했을 때에도 이와 거의 비슷한 일이 일어났다. 성경은 요한이 엘리야의 영의 권능으로 올 것이라고 말한다(눅 1:17). 헤로디아 안에 역사하는 동일한 고위급의 악령과 전쟁을 한 것은 요한 안에 역사하는 엘리야의 영이었다. 세례 요한은 이 전쟁에서도 이기지 못했다. 그는 패배했으며, 결국 감옥에 갇히고 말았다. 그러나 더 나쁜 것은 그에게 임한 심한 우울증과 환멸감이었다.

그는 예수님이 참으로 누구인지를 선포한 최초의 사람이었다. 요한복음 1장에서 그는 예수님이 하나님의 아들이며, 세상 죄를 지고 가는 하나님의 어린 양이라고 선언했다(요 1:29를 보라). 또한 요한은 예수님이 성령과 불로 세례를 주실 분임을 선포했다(마 3:11, 눅 16장을 보라). 그는 놀라운 계시를 받았으며, 강력하게 선포했다. 그는 군중에게 "나는 너희로 회개케 하기 위하여 물로 세례를 주거니와 내 뒤에 오시는 이는 나보다 능력이 많으시니 나는 그의 신을 들기도 감당치 못하겠노라 그는 성령과 불로 너희에게 세례를 주실 것이요"라고 선포했고 말했다(마 3:11). 예수님이 요한에게 세례를 부탁하셨을 때 그는 "내가 당신에게 세례를 받아야 할 터인데 당신이 내게로 오시나이까"라고 말했다(마 3:14). 그는 예수님이 누구인지 알았다. 그는 예수님이 메시야이며, 교회의 신랑임을 알았다. 그는 예수님이 선지자들이 수 세기 동안 말해 왔던 바로 그분이라는 것도 알았다. 그럼에도 불구하고 마태복음 11장에서 요한은 투옥된 후에 완전히 헷갈려 하면서 예수님에 대해 다음과 같은 질문을 던진다: "오실 그이가 당신이오니이까 우리가 다른이를 기다리오리이까"(마 11:3). 이 얼마나 황당한 질문인가!

지난 수십 년 동안의 사역을 회상해 보면 오랫동안 이런 고통을 받아 온 사람들을 알 수 있다. 그들은 자기들 시대의 잘못들에 대해 담대하게 지적했다. 하지만 그들은 이에 따르는 악한 영의 공격에 대해 제대로 준비되어 있지 않았기 때문에 승자가 되기보다는 부상자가 되었다. 이들은 여전히 살아 있지만 더 이상 효과적인 사역을 하지 못하며, 은퇴한 것과 마찬가지의 상태에서 상처를 핥으면서 거의 아무것도 하지 못하고 있다.

나도 그와 비슷한 경험을 해 봐서 그런 느낌이 어떤 것인지 조금은 안다. 이들은 포기하고서 '세례 요한'처럼 말하기 시작한다. 그들은 다음과 같이 말한다: "이제 뭔가 다른 걸 찾아봐야겠어. 하나님의 나라는 내가 생각한 것과 다른 것 같아. 하나님의 나라는 내가 생각한 것만큼 그렇게 빨리 그리고 강력하게 임하지 않았어. 어둠의 세력은 점점 더 강해지고 그들에 대한 하나님 나라의 영향력은 별로 없는 것 같아. 하나님 나라가 내가 속한 세상을 변화시키지 못하고 있지.

그 나라는 내가 살고 있는 도시를 변화시키고 있지도 않아. 뭔가 다른 것을 찾아봐야겠어."

이는 세례 요한 기독교의 증상들이다. 많은 그리스도인들이 현재 이런 질병을 앓고 있으며, 그 결과 기독교 세계의 많은 부분이 환멸 속에 살고 있다. 이는 일전에 그들이 사실로 알고 믿었던 것들을 성취할 수 없는 무능력의 결과로 발생한 깊은 좌절감에 지나지 않는다.

이처럼 하나님 나라가 무능력하게 나타나는 단계에는 두 가지 특징이 있다.

1. 요한은 아무런 기적을 행하지 못했다.

요한복음 10장 41절은 "요한은 아무 표적도 행치 아니하였으나 요한이 이 사람을 가리켜 말한 것은 다 참이라 하더라"고 말한다. 그는 예수님이 누구신지 정확하게 가르쳤으며 하나님의 나라에 대해 완벽하게 설명했지만 그 능력을 보여 줄 수는 없었다. 이는 실증 없는 설명이며, '세례 요한' 식의 기독교이다. 하나님 나라에 대한 진리를 정확히 가르치지만 어떤 능력도 어떤 기적도 일어나지 않는다. 이제 이를 분명히 말하겠다. 만일 당신의 사역에 능력이 없고 그 나라가 기적적으로 나타나지 않는다면 당신은 참으로 하나님 나라에 있는 것이 아니다.

2. 요한은 그 빛이 아니었다.

요한복음 5장 35절에서 예수님은 세례 요한에 대해 증거하시면서

"요한은 켜서 비취는 등불이라 너희가 일시 그 빛에 즐거이 있기를 원하였거니와"라고 말씀하셨다(요 5:35). 예수님은 세례 요한이 켜서 비취는 등불이었다고 확증하신다. 그러나 요한복음 1장 1절에서 '빛' 이란 단어가 어떻게 사용되었는지 보라. 사도 요한은 예수님에 관해 말하면서 "그 안에 생명이 있었으니 이 생명은 사람들의 빛이라"고 했다(요 1:4). 우리는 예수님의 생명이 이 세상에 오신 '빛' 이라는 말을 분명하게 듣는다.

예수님이 사람들 앞에 사셨던 삶을 사람들의 빛이라고 말한다. 6절에서 세례 요한에 대한 사도 요한의 증거는 다음과 같이 시작된다: "하나님께로서 보내심을 받은 사람이 났으니 이름은 요한이라 저가 증거하러 왔으니 곧 빛에 대하여 증거하고 모든 사람으로 자기를 인하여 믿게 하려 함이라"(요 1:6~7). 이제 8절을 자세히 살펴보라: "그는 이 빛이 아니요 이 빛에 대하여 증거하러 온 자라"(요 1:8). 세례 요한은 예수님을 세상의 빛이라고 가리킬 수 있었다. 세례 요한 자신은 비취는 빛이었지만 그는 그 빛이 아니었다는 말을 분명하게 듣는다.

세례 요한은 예수님처럼 살 수 없었기 때문에 그 빛이 될 수 없었다. 그는 참된 빛을 증거하는 **강력한** 빛이었지만 결코 그 빛은 아니었다. 그러나 예수님께서 자신에 대하여 말씀하실 때 주님은 "나는 세상의 빛이니 나를 따르는 자는 어두움에 다니지 아니하고 생명의 빛을 얻으리라"고 말씀하셨다(요 8:12).

놀랍게도 예수님께서는 자신에 대하여 말씀하셨던 것과 똑같은 말로 교회에 대하여 말씀하셨다. 주님은 하나님 나라 교회에 대해

"너희는 세상의 빛이라"고 말씀하셨다(마 5:14). 주님께서 세례 요한을 가리켜 말씀하실 때에 "아니다. 그는 그 빛이 아니다. 그는 큰 빛이지만 그 빛은 아니다"라고 말씀하셨다. 그러나 주님께서 하나님 나라 교회에 대해서는 "너희는 바로 그 빛이다!"라고 말씀하셨다. 하나님 나라의 참된 교회는 분명히 그 빛이 되어 예수님과 같은 삶을 살라는 부르심을 받았다.

어떤 전도자들은 "저와 저의 삶을 보지 마십시오. 저는 은혜로 구원받은 죄인일 뿐입니다. 저는 저의 삶과 역사에서 초자연적인 것을 보여 줄 수 없습니다. 저를 보지 마십시오. 예수님을 보십시오"라고 말한다. 우리 스스로 아무것도 할 수 없다는 것은 사실이지만 하나님께서 우리 안에 거하시면 그분은 자신이 우리의 낮은 몸을 통해 놀라운 일을 하실 수 있다고 선언하셨다.

하나님의 나라는 능력이다

고린도전서 4장 20절은 "하나님의 나라는 말에 있지 아니하고 오직 능력에 있음이라"고 말한다. 신약성경을 찾아보면 능력이란 뜻의 헬라어에 다양한 말들이 있다. 이 단어들 모두는 '할 수 있다, 능력이 있다' 라는 뜻의 **두나마이**(dunamai)란 단어에서 나왔다. 명사에는 **두나미스**(dunamis, '능력, 강력, 힘'), **두나스테스**(dunastes, '통치자, 군주'), **두나토스**(dunatos, '강한, 강력한, 힘센') 등이 있다. 이 모두는 능력과 관련이 있는 단어이다. 신약성경에서 이 단어는 여러 가지 형태로 350회에 걸쳐

제10장 하나님 나라의 차원들

나온다. 이 단어들이 어떻게 번역되었는지를 살펴보면 흥미롭다. 116회에 걸쳐 이들은 단순히 영어로 '능력'(power)이란 단어로 번역되었다.

이 여섯 단어 중 한 단어는 하나님과 그분이 하실 수 있는 일을 설명하는 데 자주 사용된다. 그러나 신약성경은 하나님 나라의 그리스도인들과 그들이 할 수 있는 일을 설명할 때에도 거의 동일한 빈도수로 이 여섯 단어를 사용하고 있다. 하나님 나라의 능력이 성령으로 말미암아 우리에게 임한 후에 하나님의 말씀은 우리와 하나님을 같은 범주에 넣고 있다.

두나마이(dunamai)는 54회에 걸쳐 '할 수 있는'(able)으로 번역되었고, 이는 또한 '강력하게 할 수 있는'(powerfully capable)이란 뜻도 된다. 우리는 하나님께서 우리 가운데서 역사하시는 **능력**대로 우리의 온갖 구하는 것이나 생각하는 것에 더 넘치도록 능히 **하실 수**(두나마이, able) 있다는 말을 듣는다(엡 3:20을 보라).

두나토스(dunatos)란 단어는 12회에 걸쳐 '가능하다'(possible)란 말로 번역되었다. 우리는 "하나님으로서는 다 할 수(두나토스) 있느니라"라는 말씀과(마 19:26), "믿는 자에게는 능치 못할(두나토스) 일이 없느니라"(막 9:23)라는 말씀을 듣는다. 하나님께서 그렇게 하실 수 있다는 것은 의심의 여지가 없지만 신약성경은 신자에 대해서도 동일하게 말한다. 만일 신자가 하나님과 바른 관계를 맺고 성령 충만하며 그분의 나라에서 그분의 뜻을 행한다면, 하나님이 하실 수 있는 것이 신자들에게도 가능하다.

세례 요한에게는 이런 말을 한 적이 없으시다. 그는 예수님을 가리키며 예수님을 선포하고 그분을 존경할 수 있었지만, 그가 주님처럼 될 수는 없었으며 그분의 일을 할 수도 없었다. 그러나 성경이 세례 요한에게서 하나님 나라의 신자에게로 눈을 돌려 말을 할 때, 만일 신자가 부활하신 주님의 생명으로 충만하고 동일하게 순종의 삶을 살 경우에, 성경은 예수님에게 했던 말을 신자에 관해 동일하게 말하기 시작한다.

문제는 대부분의 교회가 이 사실을 믿지 않는다는 것이다. 대부분의 그리스도인들은 '세례 요한' 식 기독교에 상당히 만족하고 있다. 그들은 예수님에 대한 정확한 가르침만으로 흡족해 하지만 그분처럼 살려고 하지는 않는다. 이처럼 살 수 없는데 이렇게 정확한 가르침이 무슨 소용이 있는가? 하나님 나라에는 우리가 믿고 가르치는 바를 실제로 행할 수 있는 능력이 있다.

특별히 요한일서를 보라. 그는 아시아의 신자들에게, 특별히 에베소에 있는 교회에 편지를 쓰고 있다. 그들은 하나님 나라를 전혀 진군시키고 있지 않았다. 온갖 종류의 악한 영들의 분노가 그들을 대항했지만 그들은 단지 버티고 있을 뿐이었다. 요한은 정말로 그들을 강하게 하고 견고케 하고 싶어 했다. 그의 첫 번째 서신에서 요한은 사귐(코이노니아)이란 헬라어를 사용하는데, 이는 두 가지 중요한 차원의 의미를 담고 있다. 첫째, 이는 '같은 생명 안에서 연합하다'란 의미를 지닌다. 그래서 요한일서 1장 1~3절의 요한의 말을 의역하면 다음과 같다: "나와 성부와 성자 모두는 하나의 공통된 생명을 가지고 있다. 그것은 영원하신 하나님의 영생이다. 우리는 그 생명을 먼저 예수님 안에서 보았고, 만졌고, 들었고, 주목하여 보았다. 아버지 하나님의 생명인 이 영생을 아들 하나님 안에서 우리에게 드러내셨으며 이제 우리도 이를 너희에게 보여 줄 수 있다. 우리가 이것을 쓴 이유는 너희도 와서 우리와 함께 같은 생명 안에서 연합하게 하기 위함이다. 우리는 너희가 와서 살아 계신 하나님의 이 영원한 한 생명에 참여하길 원한다. 참으로 우리의 사귐(우리가 함께 누리는 생명)은 아버지 하나님과 그의 아들 예수 그리스도와의 사귐이다."

예수님께서 기름부음을 받으신 후에 몇 주 동안 초자연적인 일을 하나도 하지 않고 다니시는 모습을 상상할 수 있는가? 그럴 수 없다! 마찬가지로 당신 자신에 대해 생각해 보라. 만일 당신이 그 생명을 깊이 의존하는 법을 알 수 있다면 당신은 그 생명을 강력하게 드러낼 것이다. 만일 나를 통해 기적이, 매일은 아니더라도 자주 일어나지 않는다면 나는 스스로에게 '뭐가 잘못되었지?' 라고 질문해야 할 것이다. 나는 내가 기적을 행하는 것이 아니라는 점을 잘 알고 있다. 그러나 만일 하나님께서 나를 통해 흘러나와 그분의 이름을 영화롭게 하시기를 오랫동안 하지 않으신다면 내게 뭔가 문제가 있는 것이다. 우리 주변에는 너무나 많은 필요들이 있다. 그러므로 우리는 스스로에게 다음과 같은 질문을 해야 한다: 왜 하나님은 이런 필요들을 채우시기 위해 나를 사용하지 않으시는 것일까?

대부분의 그리스도인 세계는 이를 믿지 않는다. 만일 우리가 아프다면 제일 먼저 보이는 반응은 의사의 도움을 얻거나 아니면 다른 사람에게 가서 우리를 위해 기도해 달라고 하는 것이다. 아내와 나는 결코 이렇게 하지 않는다. 만일 아내가 아침에 일어났는데 몹시 심한 통증이 있다면 나는 아내에게 안수하면서 그녀가 금방 낫기를 기대한다. 내가 아플 때도 마찬가지다. 우리는 이런 식으로 살고 있다. 그것이 암이든 아니면 요통이든 하나님에게는 모두가 똑같다. 그것이 경제적 필요이든 아니면 다른 필요이든 살아 계신 우리 하나님 안에는 모든 것을 충족시키는 능력이 있으시다. 우리는 계속해서 하나님이 즉각적으로 응답하시는 것을 보아 왔다.

코이노니아의 두 번째 의미는 '같은 목적 안에서 연합하다'란 뜻이다. 하나님의 의도와 모든 다른 열정을 능가하는 열정은 오직 하나이다. 예수님은 이를 분명하게 가르쳐 주셨으며 우리는 자주 이에 대해 노래한다. 그분의 열정은 과거에도 그랬지만 지금도 여전히 그분의 나라가 이 땅에 임하고 그분의 뜻이 하늘에서 이뤄진 것같이 이 땅에서 이뤄지는 것이다. 그 이외의 모든 것은 가장 중요한 열정에 비해 부수적인 것들이다. 성부 하나님은 하나님 나라의 왕이신 예수님이 온 땅에서 영화롭게 되는 것을 보길 원하신다. 그것은 그분의 열정이다. 그러므로 내가 만일 하나님과 사귐이 있다면 나는 그분과 동일한 목적 안에서 연합할 것이다. 하나님은 이런 일에 열정적이시기 때문에 나도 이런 것에 열정적이다. 나는 누가 월드컵이나 NFL 슈퍼볼에서 우승하는지에 대해 전혀 관심이 없다. 나는 그처럼 중요하지 않은 일에 내 시간을 낭비할 수 없다. 나는 그분의 나라가 임하는 것을 보고 싶다.

제10장 하나님 나라의 차원들

　대부분의 복음주의자들은 우리가 천국에 간 후에야 영생을 얻을 수 있다고 믿는다. 나는 차라리 지금 이 순간에 능력을 받겠다. 왜냐하면 그럴 경우에 지금 죄로 병들고 곤경에 처한 이 세상에 대해 뭔가를 할 수 있기 때문이다. 내가 천국에 갈 경우에 나는 그저 다른 사람들이 땅에서 하는 일을 쳐다보고만 있을 것이다. 나는 그들을 응원할 수 있지만 그들과 함께 일할 수는 없다. 차라리 나는 이 땅에 머무르면서 하나님 나라를 승리 가운데 진군시키는 일에 참여하고 싶다. 나는 어쭙잖게 천국에 가고 싶은 마음이 없다. 하나님과 나는 이 땅에서 할 일이 있다. 우리는 함께 교제를 나눈다. 우리는 같은 생명과 같은 목적을 가지고 있다.

　세례 요한은 결코 이렇게 살지 않았다. 그가 예수님의 길을 예비하면서 다가올 나라에 대해 말했지만 그는 하나님 나라 안에서 사역할 수 없었으며, 광범위하게 나타나는 변화의 역사를 볼 수 없었다. 결국 그 시대의 어두운 악의 세력들이 그를 의심과 환멸로 지치게 만들었으며, 예수님께 "오실 그이가 당신이오니이까 우리가 다른이를 기다리오리이까"라고 질문한다(마 11:3). 예수님은 다음과 같은 말씀과 함께 요한의 제자들을 돌려보내셨다: "너희가 가서 듣고 보는 것을 요한에게 고하되 소경이 보며 앉은뱅이가 걸으며 문둥이가 깨끗함을 받으며 귀머거리가 들으며 죽은 자가 살아나며 가난한 자에게 복음이 전파된다 하라 누구든지 나를 인하여 실족하지 아니하는 자는 복이 있도다"(마 11:4-6). 예수님은 그분 나라의 역사를 증거하심으로 요한을 재확신시키셨으며, 무리에게 그에 관해 "여자가 낳은 자

중에 세례 요한보다 큰이가 일어남이 없도다"라고 말씀하셨다(마 11:11).

요한이 자신의 헌신된 열정으로 하고자 했던 것은 아마도 다른 사람들이 성취한 것보다 수천 배 나았을지 모른다. 우리는 그가 모태로부터 성령 충만함을 받았기 때문에 성령과 함께했다는 말을 듣는다. 그러나 그는 하나님 나라에 있지 않았다. 성경은 그가 여자에게서 나왔지만 아직 위로부터 나지 못했다고 말한다. 우리가 세례 요한에게서 볼 수 있는 것은 하나님 나라 이전 시대에 살았던 사람의 최선의 모습이다.

예수님은 요한을 명예롭게 여기셨지만 또한 그러한 삶의 스타일과 그런 관계의 한계를 분명히 선포하셨다. 예수님은 참으로 천국에 있는 자는 극히 작은 자라도 저보다 크다고 말씀하셨다(마 1:11).

예수님은 자신이 하나님 나라를 권능으로 가져오시기 전에 세례 요한의 사역이 끝나길 기다리셔야 했다. 그러므로 '세례 요한식 기독교'의 삶을 살지 않도록 하자. 예수님에 관한 진리를 정확히 가르치지만 그분의 이름으로 아무런 기적도 행할 수 없는 교회에 속하지 않도록 하자. 이곳에서 우리는 우리의 세상을 변화시켜야 한다.

2단계: 이 땅에서 하나님 나라를 선포하고 나타낼 능력을 지니신 예수님

우리는 이미 초반부에 죄가 없는 상태에서 하나님께 순종하며 살았던 아담과 하와가 이 땅에서 처음에 실제로 어떻게 하나님의 나라를 나타냈는지 살펴보았다. 그들이 순종함으로 하나님을 의지했던 상태에서 독립했을 때 그들은 하나님 나라를 떠났으며, 그날 이후로 오직 그들 자신의 능력과 지혜를 의지해 살았다. 그들은 마귀의 통제를 받았다. 그들은 어쩔 수 없이 그에게 복종하여 흑암의 나라의 포로가 되었다. 인간은 모든 만물을 다스릴 책임을 부여받았기 때문에 사탄은 그들을 통해 모든 만물을 다스리는 그의 나라를 세울 수 있었고, 이로써 하나님이 만드신 만물을 더럽히고 왜곡시켰다.

이 땅에서 사탄은 그에게 협력하는 인간 없이는 일할 수 없다는 사실을 기억하라. 대부분의 사람들은 무의식적으로 이렇게 하지만 소수의 사람들은 너무나 미혹되어서 의식적으로 사탄을 위해 일한다. 하나님께서는 흑암의 모든 나라를 없애 버리고 새롭게 시작하실 수 있으셨다. 그러나 그분은 인류에게 자발적으로 하나님 나라로 돌아와 다시 한 번 하나님의 통치를 받을 수 있는 기회를 주셨다. 그런 뒤에 하나님은 모든 만물을 인간에게 위임하신 권세하에서 하나님 나라의 질서와 순전함으로 다시 세우시기로 작정하셨다. 이를 공의롭게 행하려면 한 사람이 인류를 구원해야만 했으며, 한 사람이 이 땅에서 하나님의 나라를 다시 찾아야만 했다.

이사야 59장 15~21절에서 하나님은 자신이 그 사람이 될 거라고 선언하셨다: "사람이 없음을 보시며 중재자 없음을 이상히 여기셨으므로 자기 팔로 스스로 구원을 베푸시며 자기의 의를 스스로 의지하사"(사 59:16). 그래서 성육신이라는 위대한 비밀 가운데 하나님은 아담이 죄를 범하기 전에 가졌던 것과 동일한 인성의 제한 속으로 자신을 축소시키셨다. 이를 의롭게 행하기 위해 그분은 여자에게서 태어나셔야만 했다. 갈라디아서 4장에서 우리는 이를 성취하기 위해 주님이 여자에게서 나시고 율법 아래 나셔야만 했다는 말을 듣는다(갈 4:4를 보라). 주님은 아담 족속의 모든 죄의 값과 하나님의 율법을 어긴 유대인의 모든 죄를 구속하셔야 했다.

예수님은 하나님의 첫 번째 인간 아들이 되셨다

보통 '아들'로 번역되는 헬라어 단어 '휘오스'(huios)는 아들 됨(sonship)과 관련하여 주 예수님을 위해 사용된 유일한 단어이다. 아들에 관한 이 특별한 단어는 그 의미에 있어서 세 가지 차원을 지닌다. 첫째, 이 단어는 완전히 성장한 성인의 성숙함의 개념을 지닌다. 둘째는 아버지를 닮았다는 의미를 지니며, 셋째로는 위임된 유산을 받는다는 개념을 가지고 있다. 성경 문화에서는 유산을 받기 위해 아버지가 죽을 때까지 기다리지 않는다. 유산을 받으려면 30년간 온전히 아버지를 섬겨야 한다. 30번째 생일날 아버지가 아들의 순종을 기뻐했다고 선언하면 그는 법적으로 유산을 받을 권리를 부여받는다. 그는 아버지에게 가서 "아버지, 제가 30년 동안 아버지를 순종함으로 섬겼습니다. 제가 저의 유산을 받을 수 있을까요?"라고 말할 수 있었다. 그럴 경우에 아버지는 그에게 법적으로 유산을 줘야 한다.

예수님도 아들의 조건을 완수하셔야 했다. 그래서 아버지 하나님

제10장 하나님 나라의 차원들

께서 주님에게 그 나라의 모든 자원과 능력을 부어 주시기 전에 주님은 먼저 30년 동안 온전히 순종하셨다. 그런 뒤에야 예수님은 이 땅에서 합법적으로 주어진 자원들을 자유롭게 사용하실 수 있었다. 예수님께서 그분의 생애 중에 첫 30년 동안 하신 것이 바로 이것이었다. 30년 동안 주님은 그분의 순종을 입증하셔야 했고 율법이 요구하는 모든 공정한 요구들을 온전히 행하셔야 했다.

완전한 동일시

예수님께서 30회 생일을 맞이하셨을 때 주님은 세례 요한에게 세례를 받으시기 위해 즉시 요단강으로 가셨다(마 3:13~17을 보라). 주님은 죄가 없으신 분이시기에 자신의 죄를 씻기 위해 세례를 받으신 것이 아니었다. 그분은 자신의 옛 사람을 장사지내지도 않으셨다. 그분에게는 그럴 것이 없으셨다. 주님은 교회에 입회하기 위해 세례를 받으신 것도 아니었다. 왜냐하면 그분 자신이 교회이셨기 때문이다. 예수님께서 받으신 세례는 아담과 자신을 동일시하는 세례였다.

예수님께서 오셔서 요한에게 세례를 받으셨을 때 성부께서는 하늘에서 외치셨다: "마침내 내가 인간 아들을 갖게 되었도다. 내가 그를 기뻐하노라. 그는 30년 동안 완전한 순종 가운데 나를 신실하게 섬겼도다. 이제 그에게 하늘의 모든 자원을 합법적으로 부여할 수 있게 되었노라. 아들아, 내가 가진 모든 것은 너의 것이니라! 네가 사람이기에 너는 합법적으로 이 모든 자원을 땅으로 불러 너를 능하게 하여 하나님의 나라를 세울 수 있노라." 그러나 한 가지 시험이 더 남아 있었다.

광야의 전투

주님의 30회 생일이 돌아오자 믿음의 큰 전투가 벌어졌다. 예수님이 아들로서 그분의 유산 가운데로 들어가시기 전에 그분은 먼저 그 자원에 접근하기 위해 믿음의 전투에서 승리하셔야만 했다. 그래서 예수님은 마귀에게 시험을 받기 위해 광야로 들어가셨다.

우리는 누가복음 4장 1절에서 예수님이 성령이 충만하여 광야로 가셨으며, 누가복음 4장 14절에서는 **그분이 성령의 권능으로 갈릴리로 돌아가셨다는** 말씀을 듣는다. 그런 뒤에 주님은 기적을 행하는 사역을 시작하셨다. 곧바로 주님은 흑암의 온 나라를 흔드셨고, 이 땅에서 믿음으로 하나님의 아들이 된 사람에게 어떤 일이 일어나는지를 몸소 보여 주셨다. 주님께서 믿음으로 이런 삶을 사시는 동안 하나님의 권능이 주님을 통해 흘러나왔다.

이는 또한 우리에게도 적용된다. 하지만 우리에게는 시간이 요구되지 않으며, 30년을 기다릴 필요도 없다. 당신이 진정으로 거듭나면 당신은 믿음으로 하나님의 아들이 될 수 있으며, 이렇게 믿기로 작정하는 순간부터 당신은 당신의 유업에 즉각적으로 접근하여 온전히 사용할 수 있다. 갈라디아서 3장 26절은 "너희가 다 믿음으로 말미암아 그리스도 예수 안에서 하나님의 아들이 되었으니"라고 말한다. 이런 점에서 거기에는 유대인도 헬라인도, 종도 자유자도, 남자도 여자의 차이도 없다. 왜냐하면 우리 모두는 그리스도 예수 안에서 하나이기 때문이다(갈 3:28을 보라). 거기에는 인종적, 사회적, 성적 차이가 없다. 단지 믿음만이 중요하다.

그러나 만일 마귀가 예수님의 믿음을 시험할 정도로 교만하다면 그가 당신을 어떻게 할 것이라 생각하는가? 그는 당신을 의심하도록 만들어 당신으로 하여금 결코 하나님의 아들로서의 권능을 가지고 행할 수 없도록 만들려 할 것이다. 성령 충만한 많은 신자들이 광야에서의 믿음의 전투에서 이기지 못했기 때문에 능력 가운데 행하지 못하고 있다.

예수님은 이 땅에 오셔서 만물을 회복하시려고 전쟁을 시작하셨다(행 3:21을 보라). 마태복음 11장 12절에서 우리는 하나님 나라를 강력하게 진군시키시는 첫 번째 사람 예수님을 보게 된다. 그것은 하나님 나라를 진군시키는 유일한 방법이었고, 지금도 여전히 그렇다. 하나님 나라를 강력하게 진군시키려면 침노하는(violent) 자들이 필요하다. 내가 알고 있는 자들 가운데 가장 많이 '침노하는' 자들은 여자들이다. 거기에는 성(gender)이 문제가 되지 않고 오직 자녀 됨(sonship)만이 중요하다.

예수님은 아담이 잃어버린 것을 회복하심으로써 회복을 시작하셨다. 예수님은 권능과 권세를 가지고 계셨지만 이 단계에서(그분이 부활하시기 전) 그분의 권세는 땅에만 국한되어 있다는 사실에 주목하라. 이러한 제한을 설명하는 구절들을 우리는 성경에서 많이 찾아볼 수 있다. 예수님은 누가복음 5장 24절에서 "그러나 인자가 땅에서 죄를 사하는 권세가 있는 줄을 너희로 알게 하리라"고 말씀하셨다(눅 5:24).

하나님 나라의 두 번째 단계가 지속되는 동안 우리는 이 땅에서 하나님 나라의 권세로 무장한 첫 번째 사람을 만나게 된다. 예수님은 아담이 잃어버렸던 것을 회복하셨지만 그 권세는 아직 하늘에까지 미치지 못했다. 주님이 이 땅에 계시는 동안 그분의 권세는 아담이 처음 다스렸던 곳, 즉 이 땅에만 국한되었다.

예수님께서 그 나라의 권세와 능력을 위임하시다

누가복음 9장에서 예수님은 12사도를 능하게 하셔서 그들로 하나님 나라의 능력 가운데 행하게 하심으로 그 나라의 진군을 가속화하셨다. 몇 년 전에 이 말씀을 묵상하면서 나는 "주님, 어떻게 그렇게 하셨습니까? 주님이 십자가에서 그들의 죗값을 아직 치르지 않으셨는데 어떻게 그들에게 하나님 나라의 능력으로 능하게 하셨습니까?"라고 물었다. 그러자 주님이 내게 "갈보리 신용카드를 사용했지"라고 대답하셨다. 예수님은 갈보리의 권능을 미리 당겨서 사용하셨다. 왜냐하면 주님은 성령의 영원한 영역에서 이미 십자가에 못 박히셨고 부활하셨기 때문이다. 주님은 이미 구속의 피 값에 대한 신용(credit)을 온전히 가지고 계셨으며, '지급일'이 도래했을 때에 지불하시겠다고 약속하셨다. 그리고 그 날이 도래하자 주님은 지불하시기 위해 십자가로 가셨다.

제10장 하나님 나라의 차원들

영원한 영역으로 들어가라

때로 우리는 영적인 것들을 이해하기 위해 시공의 세계를 벗어나 영원의 세계로 들어가야 한다. 성경은 예수님이 창세전에 십자가에 못 박히셨다고 말한다(계 13:8, 우리말 성경에는 다르게 번역되어 있으나 헬라어 원문은 이렇게도 번역될 수 있다-역주). 이미 설명한 대로 십자가의 사건은 역사의 한 시점에서 발생했지만 그 능력은 언제나 영원을 가득 채운다. 어떤 시점에서도 중생한 사람은 그의 영의 사람(spirit man)을 통해 영원으로 들어갈 수 있으며 시간 밖에 존재하는 영원한 것들을 붙들 수 있다. 그것들이 시간 가운데는 아직 나타나지 않았지만 영원 가운데는 이미 존재한다. 그들은 하나님의 영원한 말씀이 선포될 때에 이미 존재하였다. 이와 동일한 방법으로 영으로 중생한 사람은 오래전에 존재했던 것들을 지금도 언제나 생생하게 붙들 수 있다.

히브리서도 이런 종류의 언어를 사용한다. 이 서신서는 예수 그리스도께서 영원히 죽임을 당했지만 언제나 그 죽음이 새롭다고 말한다. 히브리서 10장 20절을 문자 그대로 말한다면 '새롭고 산 길이며, 그 죽음이 날마다 새로운 길'이라는 뜻이다. 십자가에는 영원한 새로움이 있고, 그 새로움은 영원을 채우며 시간의 처음과 끝에 이른다. 다시 희생을 치를 필요가 없고 앞으로도 없을 것이다. 시간의 처음부터 끝까지 그것은 영원을 채우고 믿는 자들 모두에게 언제나 유용하다!

하나님의 말씀도 동일하게 영원성을 갖는다. 하나님이 선지자들을 통해 여러 시대에 말씀하셨고, 마지막에는 그의 아들을 통해 말씀하셨다(히 1:1~3을 보라). 말에는 말을 한 시점이 있다. 그러나 하나님의 말씀의 속성 때문에 일단 말을 하면 그 말은 즉시 영원해진다. 일단 말씀이 선포되면 하나님의 말씀은 그곳에 머물러, 영의 세계에서 영원한 생명으로 약동한다. 그분의 말씀은 결코 낡거나 상관없는 말씀이 되지 않는다. 어떤 시점에서 모든 사람은 자신의 영의 사람(spirit man)을 통해 하나님이 말씀하신 것을 붙들 수 있다. 왜냐하면 그분의 말씀은 영원한 영의 세계에서 언제나 새롭게 말씀되어지기 때문이다. 내 영으로 나는 영원으로 들어가 하나님께서 하신 말씀을 붙들 수 있다. 나는 그 말씀을 붙들고 "이제 이는 제 것입니다"라고 말할 수 있다. 그런 뒤에 나는 영원에서 나와 나의 시공의 세계로 이 말씀을 가져오고 갑자기 그 말씀은 현재의 능력으로 나타난다.

예수님은 영원의 영역으로 들어가셔서 그분이 갈보리에서 이루실 것을 가불하셨으며, 그분이 가지셨던 하나님 나라의 동일한 능력과 더불어 12제자들에게 자신의 권세를 위임하심으로 그들을 보내실 수 있었다. 주님은 그들을 보내시면서 그들에게 가서 병자를 고치고 귀신을 내쫓고 죽은 자를 살리며, 하나님의 나라가 임했음을 전하라고 하셨다(눅 9:1~2를 보라). 그들은 나가서 하나님 나라를 전파했을 뿐 아니라 그 나라를 드러냈다. 그것은 위대한 진군이었다. 처음에는 오직 예수님만이 그렇게 하실 수 있었지만 이제는 이 땅에 하나님 나라의 전파를 나타낼 수 있는 자가 13명이 되었다.

예수님은 아직 만족하지 못하셨다. 누가복음 10장 1~9절에서 그분은 70인을 보내셨으며, 동일한 능력을 그들에게 주셨다. 12사도는 매우 특별한 사역을 맡기로 되어 있었다. 그들은 이스라엘 집의 잃어 버린 양들에게만 가야 했다(마 10:6을 보라). 그러나 70인은 이러한 제약이 없었다. 그들은 어디든지 갈 수 있었으며 오직 한 가지 조건만 있었다. 그들은 주님이 보내시는 곳으로 가야 했으며, 그곳은 주님이 가시려고 한 모든 도시였다(눅 10:1을 보라). 주님은 대그룹으로 보내시기보다는 둘씩 짝을 지어 보내셨다. 최소한 두 사람만 필요하다는 말씀이 성경에서 반복적으로 언급되고 있다. 한 도시를 점령하고 싶을 경우에 얼마나 많은 사람이 필요한가? 성경은 두 사람이라고 답한다. 둘은 승리를 의미한다. 만일 두 사람이 이 땅에서 무엇이든지 합심할 수 있다면 그대로 이뤄질 것이다(마 18:19를 보라).

주님이 위임하신 권세로 움직이라

70인이 이런 권세를 잠시 경험할 수 있었던 것은 어떤 조건들을 만족시켰기 때문이었다. 우리는 성경이 모든 사람이 아닌 특정 그룹에게만 제한적으로 말씀할 때에도 이를 모든 사람에게 적용하는 경향이 있다. 때로 우리는 특히 예수님이 누구에게 말씀하시는지 잘 살펴봐야 한다. 누가복음 10장 1~21절에서 주님은 무리에게 말씀하지 않으시고 오직 70인에게만 말씀하셨다. 주님은 70인을 임명하시고 하나님 나라의 능력 가운데 그들을 둘씩 보내시면서 대추수가 그들을 기다리고 있다고 말씀하셨다. 주님은 이 이야기를 그분이 임명하신 70인(그들은 어떤 필요조건들을 만족했다)에게만 하셨으며 그분의 집회에 온 모든 사람에게 하시지 않았다.

주님은 또한 70인의 특정 그룹에게 말씀하셨다: "내가 너희에게 뱀과 전갈을 밟으며 원수의 모든 능력을 제어할 권세를 주었으니 너희를 해할 자가 결단코 없으리라"(눅 10:19). 기도도 하지 않고 게으르며 때로 죄를 짓는 삶을 사는 많은 사람들이 이 성경 말씀을 취하여 적을 이기길 기대한다. 그러나 이 말씀은 그런 자들을 위해 쓰이지 않았다. 이는 오직 70인의 조건을 만족시킨 자들을 위해서 쓰였다. 우리가 승리를 목도하려면 이런 조건들을 만족시키는 것이 매우 중요하다.

70인이 큰 기쁨으로 돌아왔다. 그들은 "주의 이름으로 귀신들도 우리에게 항복하더이다"라고 말했다(눅 10:17). 예수님은 "사단이 하늘로서 번개 같이 떨어지는 것을 내가 보았노라 … 그러나 귀신들이 너희에게 항복하는 것으로 기뻐하지 말고 너희 이름이 하늘에 기록된 것으로 기뻐하라"고 말씀하셨다(눅 10:18, 20).

이제 12명의 사도와 70인, 그리고 예수님을 합쳐 도합 83명이 있다. 점차 늘어나는 이들은 하나님 나라의 능력 가운데 움직였고 흑암의 나라에 엄청난 영향을 미쳤다. 그러나 이 모든 것에도 불구하고 예수님은 아직도 좌절하셨다. 이처럼 하나님 나라가 강력하게 나타났지만 한 도시의 종교적, 사회적, 정치적 삶은 거의 변하지 않았다. 실제로 이런 면에서 예루살렘은 더 악화되었으며 대부분 종교 지도자들의 마음은 더 완악해졌다. 시기심 때문에 그들은 예수님을 죽일 음모를 세웠다.

누가복음 9장과 10장에서 예수님은 83명을 하나님 나라의 권능 가운데 동원하셨다. 누가복음 11장에서 예수님은 강한 자를 묶는 기도의 삶이 무엇인지 조심스레 가르치셨다. 주님은 6단계의 기도를 말씀하셨으며, 이는 궁극적으로 우리로 하여금 강한 자를 효과적으로 다룰 수 있게 해 준다. 앞서 지적한 대로 강한 자보다 더 강한 것은 어떤 사람(someone)이 아니라 어떤 것(something)이다. 그것은 사람이 아니라 나라이다. 하나님 나라는 이 세상의 지역이나 도시를 다스리는 악마적인 강한 자보다 훨씬 더 강하다. 우리가 하나님 나라를 가져오는 데 전심한다면 그 나라는 진군로에 있는 모든 것들을 파괴할 것이다. 그럼에도 불구하고 위임된 하나님 나라의 능력 가운데 움직인 83명은 예수님에게 흡족하지 않았다. 그분의 성령 안에서 주님은 보다 더 강력한 것을 보셨으며, 그 나라가 더 강력하게 나타나길 소망하셨다.

이 땅에서의 주님의 좌절이 절정에 이르다

누가복음 12장에서 예수님은 하나님의 나라가 나타나는 수준에 대해 여전히 좌절하셨다. 표적과 기사가 일어났고, 귀신이 쫓겨났으며, 사람들은 구원을 받았다. 그러나 하늘에서 도시를 조종하는 세력은 하나님 나라의 권세가 아니라 사탄의 것이었다. 특별히 성전 지역은 도시 가운데 가장 악의 세력이 판을 치는 곳이었다. 보통 가장 악하고 강력한 귀신들이 발견되는 곳은 종교이다. 종교가 진리를 교묘히 위조하면 할수록 위험성은 그만큼 더 크다. 예수님께서 성전에 오셨을 때 무시무시한 악한 영의 반응이 있었다. 예루살렘 도성 위에는 이 도시를 지배하고 있는 어둠의 악한 세력이 여전히 덮고 있었다. 예수님은 이 악령의 세력들에 대해 결코 말씀하지 않으셨으며 이 땅에 계시는 동안 이들을 다루지도 않으셨다.

이 땅에서 예수님은 마귀의 모든 공격에 난공불락이셨다. 그들은 주님을 만질 수도 없었다(요 14:30을 보라). 주님은 이 땅에서 역사하는 귀신들을 놀라울 정도로 파괴시키셨다. 그러나 주님은 아직 하늘에 있는 악한 영의 진들(strongholds)을 다루실 수 없었다. 주님은 이와 같은 하나님 나라의 수준에 대해 좌절하셨으며 십자가에서 고난의 세례를 받기를 갈망하셨다.

누가복음에서 예수님은 자신의 좌절을 표현하시면서 그분이 오신 목적을 선포하신다: "내가 불을 땅에 던지러 왔노니 이 불이 이미 붙었으면 내가 무엇을 원하리요 나는 받을 세례가 있으니 그 이루기까지 나의 답답함이 어떠하겠느냐"(눅 12:49~50). '답답하다'로 번역된 헬라어 단어 수네코마이(sunechomai)는 '갇히다, 제약을 받다, 움직일 수 없다'라는 의미를 지닌다. 이는 마치 죄수처럼 묶인 것과도 같다. 주님은 "내가 이 일을 이루기까지 얼마나 묶이고 제약을 받는지! 나는 이 세례 받기를 더 이상 기다릴 수가 없다"고 말씀하신다. 무슨 세례인가? 주님은 이미 물세례를 받으셨기 때문에 그것은 물세례가 아니다. 주님은 십자가를 고대하고 계셨고, 그것은 고난의 세례였으며, 십자가를 통해 마귀의 세력은 완전히 파괴되고 주님의 부활의 능력은 풀려날 것이었다. 주님이 부활하신 후에 온 세상을 변화시킬 새로운 차원의 하나님 나라의 능력이 도래했다. 그리고 부활하신 후에는 주님 나라의 충만한 능력이 임할 수 있었다(요 12:23~32를 보라).

Heaven on Earth

Chapter 11

하늘과 땅의 모든 권세

3단계: 하늘과 땅의 모든 권세를 가지신 예수님

세례를 받으신 후에 예수님은 이 땅에서 사탄의 역사와 활동을 다루실 수 있었다. 하지만 주님은 하늘의 영역에 있는 그들의 견고한 진들을 통해 역사하는 악령의 정사와 권세를 단호하게 다루실 권세가 아직 없으셨다. 그 권세는 후에 왔다.

혼돈스러운 가르침 때문에 많은 중보자들이 승리를 얻지 못했다. 만일 달리 가르쳤다면 그들은 승리를 얻었을 것이다. 중보자들은 그들의 영적 권세가 땅에만 국한되어 있으며, 이 땅에 사는 어느 그리스도인도 하늘의 악한 정사들을 다룰 수 없다고 배웠다. 이는 예수님이 십자가에서 돌아가시기 전인 땅에 사시는 동안에 잠시 사실이었지만 지금은 그렇지 않다. 주님은 지금 부활하셔서 승천하셨고, 하늘과 땅의 모든 권세를 가지고 계시다.

불행하게도 땅에 사는 그리스도인들에게 하늘의 악한 정사와 권세를 다룰 수 있는 능력이나 권세가 있다는 사실을 알지 못하는 자들이 많다. 그리고 이들은 악한 영의 공격이 두려워 다른 그리스도인으로 하여금 그들의 권세를 사용하지 못하도록 한다. 그들은 스스로 제약할 뿐만 아니라 자신과 연관된 자들을 하나님 나라의 두 번째 단계에 묶어 놓는다.

부활하신 주님은 이 땅에 사셨던 예수님과 다르다

이 장에서 분명히 밝히고 싶은 한 가지는 이 땅에 사셨던 예수님과 지금 하늘의 모든 권세와 능력으로 다스리시는 부활하신 예수님 사이에는 차이가 있다는 점이다. 주님께서 세례를 받고 기름부음을 받으신 날부터 예수님은 이 땅에서 죄를 사하시는 권세를 가지셨으며, 또한 원수의 모든 권능을 능가하는 권세를 행하셨다. 표적과 기사가 따르는 강력한 역사들이 그분을 통해 흘러나오기 시작했다. 그러나 와야 할 것이 더 남아 있었다.

갈보리 사건 이전에 예수님은 회복된 아담의 통치권을 가지고 이 땅에서 움직이셨다. 지상에 사시는 동안 예수님은 성경이 '마지막 아담'이라 부르는 자의 삶을 사셨다(고전 15:45를 보라). 이를 연구할 때에 정확한 용어를 고수하는 것이 무척 중요하다. 예를 들어, 예수님은

제11장 하늘과 땅의 모든 권세

결코 두 번째 아담이라 불리지 않으셨으며 마지막 아담이라 불리셨다. 또한 주님은 둘째 사람이라 불리셨지만 오직 부활하신 후에 그랬다. 우리는 이 둘째 사람이 땅에서 나지 않고 하늘에서 나신 주님이라는 말을 듣는다. 또한 주님은 생물학적 족보도 없으시다(고전 15:47, 히 7:3-5를 보라). 이제 이 둘째 사람은 첫째 아담이나 그의 후손과 인종적으로 연관이 없는 완전히 다른 종류의 사람이다. 이 사람은 마리아에게서 난 적이 없으며 유대인도 결코 아니다.

이 땅에 계신 예수님은 하나님 나라의 능력으로 움직이신 최초의 사람이 되셨다. 그분은 첫 아담 수준의 기름부음과 권세를 회복하셨으며 이 땅의 모든 것을 다스릴 수 있었다. 그러나 예수님은 또 다른 전쟁터로 향하셨다. 주님은 첫째 아담이 한 번도 간 적이 없는 영역으로 들어가실 예정이었다. 첫째 아담은 부활하여 하늘과 땅의 통치자가 결코 되지 못했다. 왜냐하면 그는 순종의 시험에 실패했기 때문이다. 그는 하늘의 권세를 받지 못했으며 심지어 땅에서의 권세도 범죄한 이후에 빼앗겼다.

예수님은 마지막 아담으로 오셔서 이 땅에 하나님 나라의 통치를 다시 세우셨다. 하지만 그 나라는 이미 세워진 사탄의 나라와 즉각 충돌했다. 주님이 부활하심으로 온전하고 영광스럽게 순종하였음을 입증하신 후에 성부 하나님은 공의를 따라 첫째 아담이 결코 경험하지 못했던 권세의 차원으로 주님을 격상시키실 수 있었다. 그러나 먼저 성취해야 할 것들이 있었다. 기업 무를 자(Kinsman-Redeemer)이신 예수님은 여전히 아담 종족이 진 죄의 빚을 해결하셔야만 했다. 이 일은 십자가에서 이뤄졌으며, 주님은 승리 가운데 외치셨다: "다 이루었다. 이제 갚을 것이 없도다!"(요 19:30을 보라) 그런 뒤에 즉각적으로 주님의 영이 떠나고 돌아가셨으며, 이 일을 온전히 이루셨다. 주님은 죽으실 때까지 마지막 아담이라 불리셨다. 하지만 부활하신 후에는 둘째 사람이 되셨다.

첫째 아담에서 죄와 사망의 빛이 나와 지구상의 모든 피조물을 만졌다. 모든 남자, 모든 여자, 모든 짐승, 모든 식물들이 죄에 감염되었고, 죄로 인해 손상을 입었으며 부패하였고, 죄는 하나님의 모든 피조물을 덮었다. 아담 종족이 처음부터 끝까지 지은 모든 죄는 악한 농축액이 되었으며, 예수님은 이 농축액을 십자가에서 마시셨다. 그리고 그 모든 죄는 마지막 아담이신 한 사람, 그리스도 예수의 일부분이 되었다.

주님이 마신 잔

때로 자리에 앉아서 하나님께 이러한 것들에 관해 질문하는 것도 괜찮다. 왜 예수님은 십자가에서 움츠리셨는가? 무엇이 그렇게도 두려웠던가? 신체적 고통 때문이었던가? 아니다! 주님을 가장 괴롭혔던 것은 그분의 완전하고 죄가 없으신 인성이 아담 종족의 모든 죄로 인해 더럽혀질 것이기 때문이었다. 인간의 역사를 한번 생각해 보라. 지금까지 자행된 모든 악행들을 생각해 보라. 모든 폭력과 잔혹함을 생각해 보라. 모든 학대와 성적 도착과 인종 간의 증오를 생각해 보

제11장 하늘과 땅의 모든 권세

라. 모든 잔악한 행위와 탐욕을 생각해 보라.

창조 이후 처음부터 끝까지 지은 모든 죄가 농축액이 되었다. 그것은 마치 진하고 어두운 악의 수프처럼 되었다. 그것은 성부께서 아들에게 마시라고 주신 잔이었다. 주님은 너무나 더러운 무언가에 오염되어 몸서리를 치며 움츠리셨다. 하지만 주님은 이를 마시길 거절하지 않으셨다.

몇 년 전에 나는 아프리카의 한 컨퍼런스에서 사역을 하고 있었다. 이 컨퍼런스에서 내가 할 사역 중 하나는 소위 '돼지우리'라 부르는 사역이었다. 이때에는 심하게 귀신 들린 자들이 귀신을 쫓아내기 위해 온다. 한 사람이 컨퍼런스에 왔는데 심각했다. 그는 구해 달라고 소리쳤다.

나는 내 평생에 이와 같은 사람을 만나 본 적이 없다. 그는 이전에 한 번도 보지 못한 방식으로 음란 귀신에 사로잡혔다. 그는 언제나 아무하고나 성교를 하길 원했고 탐했다. 그는 많은 여자들뿐 아니라 많은 남자들과도 잤으며, 이제는 동물들을 통해 성적 만족을 얻으려 했다. 이 귀신에 들린 남자는 구해 달라고 애원했다. 그래서 나는 다른 한 사람과 이 모든 귀신들을 쫓아내는 사역을 시작했다. 귀신들이 그에게서 나가고 더러운 영들이 드러나자 그들이 그곳의 공기를 더럽히는 것 같았다. 나는 이 모든 더러움으로 인해 내 자신이 오염되는 것 같았다. 잠시 동안 실제로 나는 성도착이 어떤 것인지 느꼈고, 동성애가 어떤 것인지 느꼈다. 그 사람 속에는 이런 귀신이 수백 마리가 있었으며 그 더러움의 일부가 나를 덮쳤다.

사역은 몇 시간 동안 계속되었으며, 우리는 지쳐 갔다. 특별히 강한 귀신 하나가 매우 완강하여 움직이려 하지 않았다. 그래서 나는 다른 사람과 함께 무릎을 꿇고 말했다: "자, 이제 기도합시다." 나는 지금도 그때의 경험을 기억하며, 예수님께서 얼마나 부요하게 자신을 드러내셨는지 기억한다. 내가 무릎을 꿇었을 때 캐시미어 울처럼 부드럽고 놀라운 터치가 내 얼굴을 스치고 지나갔다. 나는 그것이 예수님의 옷자락인 것을 알았다. 나는 볼 수는 없었지만 주님이 팔로 우리 두 사람을 안으시는 것을 느낄 수 있었다. 주님은 우리를 안은 채 우리 두 사람 사이에 서 계셨다. 바로 그 순간 그 남자 안에 있던 귀신이 소리쳤다: "그분이 오셨다!" 나는 "누가 왔다고?"라고 말했다. 그 귀신이 말했다: "주님이셔! 넌 그분이 안 보이냐?" "그래, 하지만 난 그분을 느낄 수 있어"라고 내가 말했다. 그러자 이 귀신이 말했다: "좋습니다, 주님! 저희가 가죠!" 즉시 그들 모두는 떠났고 모든 것이 끝났다.

나는 너무나 더러운 무언가로 더럽혀진 것 같은 느낌을 가지고 그 자리를 빠져나왔다. 나는 샤워장으로 가서 이 더러운 감정을 씻어 내려고 물을 온몸에 쏟아 부었다. 나는 혼자 중얼거렸다: "한 사람 속에 있는 귀신들이 이렇게 더럽다니!" 결코 완전하지 않은 한 사람인 나에게 그 경험은 피상적인 것이었다. 하지만 그 경험은 정말 구역질이 났다.

이로 인해 나는 예수님이 아담 종족의 모든 죄를 실제로 다 당하시는 것이 어떤 느낌일지 생각해 보았다. 주님처럼 순결하고 거룩한 사람이 그렇게 더러워지는 것이 어떤 것일지 정말 이해가 가지 않았다. 성경은 예수님이 "친히 나무에 달려 그 몸으로 우리 죄를 담당하셨으니"라고 말한다(벧전 2:24).

죄를 알지도 못한 분이 죄가 되시다

나아가 단지 죄의 행위뿐만 아니라 아담 종족의 타락한 죄성 모두가 마지막 아담에게 집중되었다. 고린도후서 5장 21절은 "하나님이 죄를 알지도 못하신 자로 우리를 대신하여 죄를 삼으신 것은"이라고 말한다. 단지 모든 죄의 행위뿐만 아니라 죄 그 자체가 그분의 일부가 되었다. 이런 일이 일어났을 때 주님은 지금까지 살았던 그 어떤 인간보다도 백만 배 이상이나 더 악취가 났고 더럽게 되었다. 주님은 기꺼이 아담 종족의 모든 죄를 위해 쓰레기통이 되셨다.

이 시점에서 거룩하신 성부 하나님께서 아들 하나님과 교제하기란 불가능했다. 아들 하나님이 너무 더럽고 냄새가 났기 때문에 성부 하나님은 아들에게서 물러나셔야만 했다. 아버지와 아들 사이의 틈은 지옥만큼이나 컸다. 주님은 고통과 고뇌 가운데 "나의 하나님 나의 하나님 어찌하여 나를 버리셨나이까"라고 외치셨다(막 15:34를 보라). 주님에게 아버지 하나님이 가장 필요했을 때 그분은 죄로 인해 아버지와의 모든 접촉과 연결을 잃어버리셨다. 주님에게 있는 것이라고는 "우리가 그를 잡았어! 그를 잡았다니까!"라고 야유하는 귀신들과 "하! 하! 하! 저가 남은 구원하였으되 자기는 구원할 수 없도다 … 지금 십자가에서 내려와 우리로 보고 믿게 할찌어다"(막 15:31~32를 보라) 라고 조롱하는 악한 자들이었다. 거기에는 이처럼 영적, 심리적 고통뿐만 아니라 또한 상상할 수 없는 육체적 고통이 있었다.

가장 치열한 믿음의 싸움

그러나 예수님의 영 깊은 곳에 뭔가가 일어나기 시작했다. 주님은 이런 상황에 있어 본 적이 없으셨지만 성경이 말씀하는 바를 믿음으로 사셨다. 주변 상황에 아무런 증거도 없었지만 영 깊은 곳에서 주님은 처절한 믿음의 고백을 하기 시작하셨다. 믿음으로 주님은 "당신은 저를 떠나지 않으셨습니다"라고 선포하셨다. 그런 뒤에 그 어느 곳에도 기록되지 않은 가장 놀라운 믿음의 고백을 외치기 시작하셨다: "이스라엘의 찬송 중에 거하시는 주여 주는 거룩하시니이다 우리 열조가 주께 의뢰하였고 의뢰하였으므로 저희를 건지셨나이다 저희가 주께 부르짖어 구원을 얻고 주께 의뢰하여 수치를 당치 아니하였나이다"(시 22:3~5). 나는 시편 22편을 읽을 때마다 눈물을 짓곤 한다. 왜냐하면 이 강력한 전사와 그의 믿음의 싸움의 능력에 압도되기 때문이다. 십자가의 고통을 겪으며 완전히 홀로 계실 때조차도 주님은 여전히 놀라운 믿음을 가지고 계셨다.

십자가로 가시기 전에 주님은 이미 겟세마네 동산에서의 고통의 신음을 통해 믿음으로 부활을 얻으셨다(히 5:7~8을 보라). 그곳 십자가에서 주님은 다른 것들을 위해 싸우셨다. 주님은 열방을 위해 싸우셨고, 시편 2편 7~12절에서 하신 하나님의 약속에 따라 열방을 요구하셨다. 주님은 교회를 바라보셨고, 갈보리의 공로로 인해 춤을 추며 경배하는 수많은 자유의 신자들을 요구하셨다. 주님은 모든 마귀의 세력이 완전히 파괴되는 것을 보셨다(골 2:15를 보라). 주님은 시편 22편 27~31절에서 승리의 함성을 외치셨다.

다 이루었다!

예수님은 무덤이 아닌 십자가에서 아담 종족의 빚을 갚는 데 필요한 모든 것을 완불하셨다. 이사야 53장은 이 모든 형벌을 아들에게 허락하신 분은 아버지 하나님이셨다고 말한다. 모든 죄는 마지막 한 방울까지 공의를 따라 단지 용서를 위해서뿐 아니라 그에 대한 대가가 지불되어야 했다. 성부 하나님은 모든 죗값이 치러질 때까지 아들에게 그분의 진노를 쏟으셨다.

예수님은 아담 종족의 모든 죄에 대한 대가를 치르셨을 뿐만 아니라 또한 모든 피조물을 구속하여 마귀로 하여금 더 이상 이 땅에서 한 평이라도 법적 주장을 하지 못하도록 하기 위해 온전한 대가를 치르셔야만 했다. 하나님이 찾으신 것은 거룩한 땅 가나안뿐만 아니라 온 세상이었다. 주님은 외치셨다: "내가 불을 땅에 던지러 왔노니 이 불이 이미 붙었으면 내가 무엇을 원하리요 나는 받을 세례가 있으니 그 이루기까지 나의 답답함이 어떠하겠느냐"(눅 12:49~50).

그런 뒤에 십자가에서 주님은 "다 이루었다"고 크게 외치셨다. 우리는 마태복음을 통해 특별히 이것이 고통의 외침이 아니라 승리의 외침임을 알고 있다. 그것은 전투사가 싸움에서 상대방에게 치명타를 날렸을 때 지르는 외침이었다. "와! 내가 그를 죽였다! 이제 끝났다!" 그것은 예수님의 외침이기도 했다. "이제 끝났다. 내가 그를 죽였다!"

예수님이 사용하신 단어는 **텔레오스**(teleos)였다. 이 단어는 회계에서 사용된다. 만일 당신이 빚을 갚지 못하고 있는데 은혜롭게도 한 사람이 당신을 위해 와서 모든 빚을 다 갚아 주면 채권자는 채무증서에 텔레오스(완불되었음)라는 동일한 단어를 써 주곤 했다. 더 이상 갚을 것이 없다는 것이다.

예수님은 "다 갚았다! 더 이상 갚을 것이 없다!"라고 외치셨다. 요한복음은 그 순간에 예수님께서 영혼이 돌아가셨다고 말한다. 바로 그때, 성전에서 지성소로 가는 길을 막았던 휘장이 위에서 아래로 찢어졌다. 히브리서에서 우리는 지성소로 가는 길이 이제 열렸음을 의미한다는 말을 듣는다.

처형을 담당했던 로마 백부장은 전투에서 많은 사람을 죽였고, 많은 범죄자들을 십자가에서 처형했을 것이다. 그는 거칠고, 무정하였으며, 십자가 처형에 일반적으로 마음이 움직이지 않았다. 그러나 그는 이전에 한 번도 이와 같이 행동하는 사람을 본 적이 없었다. 그는 완전히 자기 자신의 처형을 스스로 통제하는 한 사람을 보았다. 예수님은 스스로 죽을 합당한 때를 선택하셨으며, 스스로 그분의 영혼을 포기하시고 돌아가셨다.

마태복음과 마가복음에서 백부장은 주님 앞에 서 있었으며, 예수님의 돌아가시는 모습을 보고 무릎을 꿇고는 "이는 진실로 하나님의 아들이었도다"고 말한다. 주님은 스스로 목숨을 버리셨고 스스로 죽을 시간을 선택하셨다(마 27:54).

산고가 시작되다

주님의 몸은 십자가에서 내려져 무덤으로 옮겨졌다. 나는 당신이 이 사실을 분명히 알길 원한다. 죄를 지신 몸이 십자가에서 내려오기 전에 그리고 죄의 공격을 받은 영혼이 무덤으로 내려가시기 전에 이미 죗값은 다 치러졌다. 이제 여기서 비밀을 다루겠다. 나는 너무 신학적이길 원치 않지만 다른 성경 말씀에 따르면 마지막 아담의 혼은 음부의 깊은 곳으로 내려가셨다(행 2:31을 보라). 그분의 영은 즉각 아버지 하나님과 함께하셨다. 어느 시점에선가 주님의 몸이 사라졌다. 그러고 나서 사흘이 지난 후에 새로운 둘째 사람이 무덤에서 당당히 걸어 나왔다.

내가 당신에게 알려 주고 싶은 것이 있는데 다음의 성경 세 군데를 살펴보자.

먼저 요한일서 5장 4~6절로 가 보라.

"대저 하나님께로서 난 자마다 세상을 이기느니라 세상을 이긴 이김은 이것이니 우리의 믿음이니라 예수께서 하나님의 아들이심을 믿는 자가 아니면 세상을 이기는 자가 누구뇨 이는 물과 피로 임하신 자니 곧 예수 그리스도시라 물로만 아니요 물과 피로 임하셨고"

주님께서 물과 피로 임하셨다는 사실에 주의하라.
둘째, 이제 요한복음 16장 20~22절을 함께 보자. 여기서 예수님은 제자들에게 다음과 같이 말씀하신다.

"내가 진실로 진실로 너희에게 이르노니 너희는 곡하고 애통하리니 세상이 기뻐하리라 너희는 근심하겠으나 너희 근심이 도리어 기쁨이 되리라 여자가 해산하게 되면 그 때가 이르렀으므로 근심하나 아이를 낳으면 세상에 사람(다 자란 성인) 난 기쁨을 인하여 그 고통을 다시 기억지 아니하느니라 지금은 너희가 근심하나 내가 다시 너희를 보리니 너희 마음이 기쁠 것이요 너희 기쁨을 빼앗을 자가 없느니라"

나는 괄호 안에 헬라어의 문자적 의미를 넣었다. 이는 다 자란 성인을 말하며, 그는 무덤 안에서 '태어났고' 부활의 아침에 나왔다.
셋째, 요한복음 19장 30절로 가 보자.

"머리를 숙이시고 영혼이 돌아가시니라"

당국자들은 십자가 처형을 받은 자들을 안식일까지 살려두고 싶지 않았다. 이는 종교적 위선의 극치였다. 그들은 악하게도 주님을 살해했지만 여전히 그들의 종교 규율을 철저히 지키기 위해 빌라도에게 그들의 다리를 부러뜨려 달라고 했다. 이는 예수님이 빨리 죽어서 안식일을 더럽히지 못하도록 하기 위함이었다.

> "군병들이 가서 예수와 함께 못 박힌 첫째 사람과 또 그 다른 사람의 다리를 꺾고 예수께 이르러는 이미 죽은 것을 보고 다리를 꺾지 아니하고 그 중 한 군병이 창으로 옆구리를 찌르니 곧 피와 물이 나오더라" (요 19:32~34).

주님은 어떻게 임하셨는가? **물과 피로 임하셨다!**

군병이 예수님의 옆구리를 창으로 찔렀을 때에 피와 물이 나왔다. 당신이 보길 원하는 장면이 바로 이것이다. 몇 가지 놀라운 일들이 연속적으로 일어나고 있다. 예수님께서는 세상 죄를 지고 가기 위해 하나님의 어린 양으로 오셨다. 이는 "다 이루었다"고 외치실 때에 이뤄졌다. 바로 그때 성소의 휘장이 찢어졌고 지성소로 가는 길이 열렸다.

그렇다면 사흘 동안 무슨 일이 있었는가? 예수님은 요한복음 16장 21절에서 제자들에게 주님이 무덤에 있는 동안 놀라운 일이 벌어질 것이라고 말씀하셨다. 주님은 본인이 마치 뭔가 새로운 것을 낳는 해산하는 여인과 같을 것이라고 말씀하셨다. 주님이 말씀하시는 바는 그분이 낳으실 것이 마지막 아담의 부활이 아니라는 것이었다. 죄로 인해 더럽혀진 상태에서 죽은 그 사람은 다시 부활하지 않을 것이다. 그러나 일단 죄의 값이 치러지자 주님은 즉각 해산하는 여인처럼 산고 가운데 고통스러워하실 것이었다. 왜냐하면 주님은 완전히 새로운 뭔가를 낳으실 예정이었기 때문이다. 사흘 동안 무덤 가운데 계실 때에 주님은 완전히 새롭게 창조된 인간을 낳으셨으며, 그는 결코 아담 종족에 속하지 않았고 장차도 그러할 것이다.

새로운 사람이 나오다

이 새로운 사람은 첫 사람과 다르게 창조되었다. 첫 사람은 땅의 티끌을 모아 그에게 생기를 불어넣어 만들어졌다. 이 사람은 동정녀에게서 초자연적으로 태어난 마지막 아담도 아니었다. 마지막 아담은 온 인류의 기업 무를 자가 되기 위해 정상적인 탄생 과정을 거쳤고 율법 아래 낳으며 팔일 만에 할례를 받았다. 그가 죽은 후에 이 사람은 사흘 동안 비밀스러운 영적 창조의 산고를 거쳤으며, 그 후에 다 자란 성인으로 무덤에서 나왔고, 영광스러운 새 부활의 몸을 입은 완전히 새로운 사람이었다. 그가 부활하였을 때 그는 자기 자신의 태에서 나온 첫 열매가 되었으며, 이것은 완전히 새로운 창조의 시작, 곧 아담 종족에 결코 속하지 않은 영광스러운 새로운 인간 계보의 시작이었다.

하와 창조의 비유

이제 잠시 하나님께서 여자를 창조하신 방식을 살펴보자. 당신은 그 이야기를 알고 있다. 하나님께서는 많은 놀라운 피조물들을 창조하셨다. 타락 이전에 그들 모두는 사랑스럽고 다정했으며, 심지어 사자도 그랬다. 사자도 재미있었을 것이고 동물들은 놀라운 친구가 될 수 있었다. 개를 사랑하는 사람들은 동물이 얼마나 사람의 마음을 사로잡을 수 있는지 알고 있다. 우리 가족들도 멋진 래브라도(Labrador) 두 마리를 키웠다. 나는 놀라운 관계를 가졌는데 특히 두 마리 중 한 마리와 그랬다. 우리는 서로를 완벽하게 이해했다. 나는 그 개를 무척 사랑했고 그가 죽은 날은 매우 슬펐다. 그러나 나는 결코 내 개와 결혼하고 싶지 않았다! 그들이 멋지긴 했지만 여자 같진 않았다.

아담은 창조된 동물 세계를 즐거워했지만 그들 중 어느 누구도 그에게 적합하지 않았으며 그를 보완해 주지 못했다. 하나님께서 여자를 만드셨을 때에 그분의 행위는 예언적인 것이었으며, 이것은 몇 천 년 후에 십자가에서 일어날 일의 강력한 비유였다. 하나님은 아담을 깊이 잠들게 하신 후에 그의 옆구리를 열어 갈비뼈 하나를 취하셨다. 히브리어로 보면 이런 식으로 단어가 나열되어 있다: "뼈로부터 주께서 여자를 지으셨다." 그런 뒤에 아담은 깊은 잠에서 깨어났는데, 히브리어 학자인 내 친구의 말에 따르면 이 히브리어가 너무 재미있다. 아담이 눈을 떴을 때 그는 이 환상적인 피조물을 처음으로 목격한다. 이전에 한 번도 경험하지 못한 뭔가가 그의 안에서 꿈틀거리기 시작한다. 아담이 말한 것을 히브리어 문자 그대로 표현하면 다

음과 같다: "이거야! 바로 이거라니까! 내 뼈 중의 뼈고 내 살 중의 살이야!"(창 2:21~23을 보라)

여자를 이렇게 창조한 이유는 무덤에서 일어난 사건을 우리가 이해할 수 있도록 비유적 그림을 제시하기 위함이었다. 예수님은 하나님의 어린 양으로서 세상 죄를 위해 죗값을 지불하셨을 뿐만 아니라 죽으신 후에 산고를 치르는 어머니가 되어 그의 옆구리에서 완전히 새로운 인류를 낳으셨다.

마지막 아담과 둘째 사람

고린도전서 15장 45~47절은 이에 대해 우리에게 분명한 가르침을 준다. 마지막 아담은 땅에 속했다. 그러나 새 사람은 하늘에서 나신 주님이시다. 그분은 둘째 사람이며, 아담에게서나 여자에게서 나지 않았다. 그분은 죄성으로 인해 결코 오염되지 않으셨다. 이는 완전히 다른 인간이었다. 십자가의 산고 속에서 죄를 완전히 다루신 후에 그리스도 안에 계신 하나님은 즉시 둘째 사람을 낳는 산고를 치르셨다. 로마 병사가 그분의 옆구리를 찔러 열었을 때 그는 하나님의 자궁을 제왕절개하는 의사와 같았다.

여자가 아기를 낳기 시작할 때 무슨 일이 생기는가? 제일 먼저 양수가 터진다. 그런 뒤에 물과 피가 함께 쏟아져 나온다. 예수님의 죽은 시체를 통해 하나님은 새로운 뭔가를 낳기 위해 진통하셨다. 예수님의 무덤은 분만실과 같았다. 이 새 사람을 낳기 위해 사흘 동안 진

제11장 하늘과 땅의 모든 권세

통했다. 그리고 부활의 아침에 십자가에서 죽은 사람과 전혀 상관이 없는 새로운 장성한 자가 나왔다.

베드로와 요한이 무덤에 달려갔을 때 그들은 몸을 쌌던 수의를 발견했으며, 주님의 머리를 터번처럼 감쌌던 헝겊도 그대로 함께 있었다(요 20:3~10을 보라). 이는 마치 그들이 무덤에 둔 주의 몸이 수의를 흩트리지 않고 그대로 관통하여 증발하여 사라진 것과 같았다.

무덤에서 걸어 나온 몸은 십자가에 못 박힌 그 사람이 부활한 것이 아니었다. 왜냐하면 그 몸은 완전히 사라졌기 때문이다. 대신에 주님은 완전히 다른 족보를 가진 완전히 새로운 사람(New Man)이었다. 그분은 결코 죄로 오염되지 않았으며, 결코 아담 종족의 일부가 아니었다. 아담 종족은 우리 주 예수 그리스도께서 죽으시고 장사되었을 때에 끝났다. 마지막 아담은 결코 죽은 자 가운데서 부활하지 않았다. 대신에 그와 그의 모든 친족들은 갈보리의 행위로 인해 영원히 끊어졌고, 죽었다. 무덤에서 걸어 나온 자는 새로운 사람이었다.

사탄은 결코 그분에 대해 어떤 권세나 권리를 갖지 못했다. 이 새로운 사람에게 완전히 새로운 권세가 주어졌다. 마지막 아담이신 예수님은 이 땅을 통치할 수 있는 첫째 아담의 권세를 회복하셨다. 이 땅에 사시는 동안 예수님은 다음과 같은 말씀을 자주 하셨다: "나는 이 땅에서 죄를 사할 권능을 가지고 있다. 나는 이 땅에서 귀신을 쫓아낼 권능을 가지고 있다. 나는 이 땅에서 병자를 고칠 권능을 가지고 있다." 그러나 하늘에서 나시고 주라 불리는 이 영광스러운 둘째 새 사람이 무덤에서 나와 한 첫 마디는 "하늘과 땅의 모든 권세를 내게 주셨으니"라는 것이었다(마 28:18).

고린도전서 15장 47~49절의 성경 말씀을 보라: "첫 사람은 땅에서 났으니 흙에 속한 자이거니와 둘째 사람은 하늘에서 나셨느니라 무릇 흙에 속한 자는 저 흙에 속한 자들과 같고 무릇 하늘에 속한 자는 저 하늘에 속한 자들과 같으니"(고전 15:47~48). 49절을 문자 그대로 번역하면 다음과 같다: "우리가 흙으로 된 사람의 형상을 입었던 것처럼 (지금 당장) 또한 하늘에서 오신 사람의 형상을 입읍시다." 많은 헬라어 사본들은 49절의 동사 '입다'를 현재 명령형으로 쓰고 있다. 대부분의 사본들은 '또한 입자'(let us also bear)란 말을 쓴다. 이는 이것이 명령이고 그 시점이 현재임을 의미한다. 그것은 미래시제가 아니다. 이는 우리가 지금 이렇게 해야만 한다는 것을 의미한다. 때로 영어 성경 번역자들은 성경이 문자적으로 말하고 있는 바를 희석시킨다. 왜냐하면 그들은 이를 경험한 적이 없어서 이를 이해하지 못하기 때문이다. 때로 그들은 하나님께서 지금 우리에게 허락하신 것을 미래형으로 바꾼다.

부활하신 그리스도께서 나타나 제자들에게 말씀하셨을 때 그분은 그들의 불신앙을 제일 먼저 다루셨다. 그런 뒤에 주님은 "하늘과 땅의 모든 권세를 내게 주셨으니 그러므로 너희는 가서 모든 족속으로 제자를 삼아 아버지와 아들과 성령의 이름으로 세례를 주고"라고 말씀하셨다(마 28:18~19를 보라).

이 땅에서 3년 반 동안 2단계의 하나님 나라 사역을 하시는 동안에 예수님은 성공과 승리를 목도하셨다. 그러나 공격도 많았다. 어쨌

제11장 하늘과 땅의 모든 권세

든 하나님 나라의 능력을 목도한 대부분의 그리스도인들과 교회들은 이 땅에서 2단계의 하나님 나라에 살고 있다. 그들은 놀라운 일들이 일어나는 것을 목도하지만 또한 많은 장애물을 만난다. 그것은 세례 요한의 수준에서 사는 것보다는 훨씬 낫지만 때로 그들은 자신들이 이기고 있는지 아니면 지고 있는지 의심이 간다.

예수님이 땅에서 사역하는 동안에는 명백한 승리가 없었다. 3년 반의 공생애가 끝났을 때에 예루살렘은 사회적, 종교적, 도덕적인 면에서 처음보다 더 악했다. 많은 무리들이 치유 모임에 참석했고, 그들의 몸이 만지심을 받자 흥분했다. 그러나 진정한 제자도의 문제에 있어서 오직 몇 사람만이 대가를 치르려 했다. 3년 반이 지났으나 모든 강력한 기적과 놀라운 가르침에도 불구하고 예수님에게는 단지 120명으로 구성된 헌신된 교회 하나밖에 없었다. 그것은 현재 우리 대부분이 있는 사역과 별반 다르지 않았다.

나사로가 살아난 것은 놀라운 기적이었다. 이 기적은 예루살렘 근처 베다니에서 일어났다. 부패한 시체가 무덤에서 살아 걸어 나왔다. 이로 인해 베다니와 예루살렘은 어떤 영향을 받았는가? 그것은 헬라인들이 주님을 찾기 시작하는 새로운 관심을 만들어 냈다. 하지만 그보다 먼저 이는 종교 지도자들 속에 더 많은 질투심을 유발했고, 주님을 죽이고자 하는 계획을 더 악하고 단호하게 만들었다. 예수님께서 이 땅에서 사역하시는 동안 주님은 하늘에 대한 권세를 받지 못했다. 주님은 하늘의 진에서 예루살렘을 다스리는 악한 영들을 아직 다루실 수 없었다.

오늘날 많은 교회들이 성령의 능력 가운데 움직이는 단계는 2단계이다. 그들은 많은 사람들이 병 고침을 받고 귀신들이 쫓겨나며, 구원의 역사가 간간이 일어나는 것을 목도하고 있다. 그러나 그들은 장애물과 패배도 경험한다. 그들은 어떤 사람들이 영광스럽게 변화되는 것도 목도하지만 도시는 정말 변화되지 않고 있다. 실제로 대부분의 도시들이 점점 더 악해지고 어두워져 가는 것처럼 보인다. 종교 체제도 움직임이 없고, 사회적·도덕적 조건들도 계속해서 악화되고 있으며, 정치 지도자들도 변하지 않는다. 하나님 나라를 목도하고 그 능력을 나타내는 그룹들도 여전히 이런 도시의 권능과 삶과는 아무런 상관이 없는 것처럼 보인다.

예수님께서 거의 마지막으로 예루살렘 도시를 떠나셨을 때 열매 없는 무화과나무를 저주하셨다. 그러자 그 나무는 즉시 말라 죽었다. 이는 강력한 예언적 표적이지만 이 책에서 다 다룰 수는 없다. 나는 이 주제를 앞서 출간된 「믿음의 선한 싸움」에서 논했으며, 하나님 나라에 관한 저서를 추가로 출간할 때에 하나님 나라와 연관 지어 이를 다루고자 한다.

성경의 기록에 따르면 예수님께서 다시 성부께로 승천하시기 전에 제자들에게 위로부터 능력을 입히울 때까지 '유하라' (sit down)고 명하셨다(눅 24:49). 순종적인 120명의 제자들은 열흘 동안 다락방에서 '한마음'이 되어 강력한 기도회를 가졌다. 성경에 기록되지는 않았지만 이 기간 동안에 많은 일들이 일어났다. 성령이 그들에게 임하신 후에 오순절 날 그들이 다락방에서 나왔을 때 그들은 많은 면에서 완

제11장 하늘과 땅의 모든 권세

전히 달랐다.

또한 그들이 갑자기 침입하게 된 도시는 급격한 변화를 겪었다. 불과 몇 주 전에 한데 모여 예수님을 십자가에 못 박으라던 그 군중들이, 베드로가 설교를 하자 두려움 가운데 회개하기 시작했다. 그 결과 3,000명의 사람들이 기쁨으로 그의 말을 받았으며, 세례를 받고 교회에 더해졌다(행 2:36~38, 41~43을 보라). 얼마 후에는 앉은뱅이가 고침을 받았다(행 3:1~8을 보라). 그는 뛰면서 하나님을 찬양하기 시작했다. 그것은 대단한 기적이었지만 나사로가 몇 달 전에 썩은 시체로 무덤에서 살아나온 것과는 비교가 안 되었다.

나사로가 다시 살아났을 때 그 도시에는 적대감과 예수님을 죽여야겠다는 결단만이 더해졌다. 그러나 베드로가 이 남자를 고쳤을 때 도시 전체가 이상해졌으며, 5,000명(몇 명인지 알 수 없는 여자와 아이들과 함께)이 추가로 주님께 돌아왔다. 당시 유대인 문화에서는 남자의 숫자만을 기록하는 것이 관습이었으며 여자와 아이들의 숫자를 말하지 않아도 문제가 없었다. 이런 예가 많은데, 여자와 아이들 외에도 5,000명을 먹인 예가 바로 그 경우이다(마 14:21을 보라). 아마 그날 떡을 먹은 자가 최소한 20,000명은 되었을 것이다.

무슨 일이 있었기에 이런 변화가 생겼을까?

그것은 예루살렘을 다스리면서 정치, 사법권과 죽은 종교 시스템을 조종하던 악한 영의 세력들이 쫓겨났기 때문이다. 그들은 두려움과 속임으로 사람들의 마음을 사로잡았기 때문에 사람들은 심지어 예수님의 설교와 역사에도 반응할 수 없었다.

이제 예수님은 부활하셨고 땅뿐만 아니라 하늘에 속한 모든 권능을 가지게 되셨기 때문에 주님은 제자들에게 악한 세력들과 싸워 그들을 쫓아낼 수 있는 능력을 주실 수 있게 되었으며, 따라서 이 땅의 다른 모든 도시들의 경우에도 따를 만한 모범을 우리에게 보여 주실 수 있으셨다. 바울도 에베소 교회에게 이 사실을 가르쳤다(엡 6:11~13을 보라). 후에 사도 요한이 포로에서 돌아왔을 때 그는 즉시 사람들에게 지배의 영인 다이애나(Diana)와 아데미(Artemis)를 다루는 법을 보여 주었으며, 그 도시는 곧바로 해방과 변화를 맛보았다.

뭄바이에서의 우리의 경험과, 웨일스에서 시작하여 미국 아주사 거리의 부흥에 이르기까지, 한국과 남아프리카, 아르헨티나, 브라질 등 여러 곳에서 일어난 최근의 많은 부흥의 이야기를 살펴보면 일단의 전투하는 중보자들이 비슷한 방식으로 악한 정사들과 권세들과 씨름하였음을 알 수 있다. 그리고 많은 경우에 갑자기 기적적인 돌파가 일어났다.

도시들을 다스리는 귀신들은 강력하다. 그들이 떨어질 때 그 도시는 급격히 변한다. 그러나 그런 뒤에도 보다 더 강력한 차원의 귀신들의 통치가 있다는 것을 발견한다. 지역, 나라, 심지어 온 대륙을 다스리는 권세를 가진 정사와 권세들이 있다(엡 6:12를 보라). 때문에 교회는 다음 단계의 악령의 권세를 다룰 방법을 배워야 했다.

이처럼 3단계의 하나님 나라에서 사는 것이 훨씬 더 좋다는 것에 당신도 동의하리라 믿는다. 그곳에서 우리는 부활의 권능으로 움직이며 땅에서만 권세를 제한적으로 사용하기보다는 하늘의 영역까지 침공할 수 있다. 당신이 부활하신 그리스도의 권능으로 움직이고 이런 정사들을 공격하며 그들을 쫓아낼 수 있는 방법을 배운다면 예루살렘에 있었던 일이 당신의 도시에서도 일어날 수 있다.

이 땅의 대부분의 교회는 이처럼 3단계의 하나님 나라에 있지 않다. 그래서 우리는 많은 도시들을 점령하는 것을 보지 못한다. 그러나 이것도 달라지고 있으며 계속해서 달라질 것이다!

새로운 족보가 번성하다

부활하신 예수님은 강하고 영광스러운 새 사람으로 다시 태어난 최초의 사람이었다. 골로새서 1장 15절과 18절에 헬라어 단어(프로토코스, prototokos) 하나가 나오는데 이는 '먼저 난 자' 라는 개념을 지닌다: "그는 보이지 아니하시는 하나님의 형상이요 **모든 창조물보다 먼저 나신 자니** … 그는 몸인 교회의 머리라 그가 근본이요 **죽은 자들 가운데서 먼저 나신 자니** 이는 친히 만물의 으뜸이 되려 하심이요" (골 1:15, 18). 그분은 이 영광스러운 새 족보에 속한, 하늘로부터 난 사람들 중에 첫 번째로 태어난 사람이었다. 부르심을 받은 우리도 일으킴을 받아 그분 안에서 동일한 새 생명의 삶을 산다.

로마서 8장은 말한다: "하나님이 미리 아신 자들로 또한 그 아들의 형상을 본받게 하기 위하여 미리 정하셨으니 이는 **그로 많은 형제 중에서 맏아들이 되게 하려 하심이니라**"(롬 8:29). 그러므로 주님이 부활하심으로 하늘로부터 오신 영광스러운 새 주가 되실 분은 예수님만이 아니었다. 주님은 우리 모두가 동일하게 새로운 인간이 되는 길을 개척하셨다.

대부분의 영어 성경을 보면 어떤 단어들은 이탤릭체로 되어 있음을 알 수 있다. 영어 성경에서 이탤릭체는 헬라어 원문 성경에는 그 단어들이 없다는 것을 의미한다. 이 단어들은 번역자들이 그 의미가 보다 더 나아질 것이라 생각하고서 집어넣은 것들이다. 그러나 통상적으로 그렇지 않다. 오히려 이들을 지우는 것이 낫다. 그런다고 해서 하나님의 말씀을 훼손하는 것이 아니다. 단지 번역자들의 오류를 교정할 뿐이다. 로마서 6장 5절의 헬라어를 문자적으로 보면 "우리가 그분의 죽음과 같은 모양으로 그분과 연합한다면 분명히 우리는 그분의 부활이다"이다. 대부분의 역본들은 부활의 실체(reality)를 미래시제로 만들었다. 그러나 그것은 미래가 아니라 현재이다. 영어 역본들은 보통 "우리가 그분의 부활의 모양처럼 될 것입니다"(we will be in the likeness of His resurrection)란 문구를 집어넣는데 이는 말하고자 하는 바의 의도를 박탈한다. 이들은 실체 대신에 '모양'에 관해 말하며 현재 우리의 것이 되도록 의도한 것을 미래로 연기한다.

인도 뭄바이에 시장이 하나 있는데 거기서는 무엇이든지 싸게 살 수 있다. 하지만 조심해야 한다. 왜냐하면 많은 물건들이 가짜이거나 장물이기 때문이다. 멋진 셰이퍼(Schaffer) 펜처럼 보이는 것도 단돈 5달러면 살 수 있는 곳이 있었다. 그래서 나는 펜 하나를 샀다. 펜의 안쪽에는 'Made in U.S.A.'라고 찍혀 있다. 그러나 그것은 U.S.A. 진품이 아니었다. 이는 울라스나가 신디 협회(Ulasnagar Sindhi Association)의

약자였다. 이는 이 가짜 펜을 만든 신드 지역의 마을들을 가리킨다. 모양은 셰이퍼 펜과 같지만 진짜는 아니다. 상표는 같지만 사용해 보면 펜은 금방 고장이 나거나 무용지물이 된다.

　이와 유사하게 많은 사람들이 부활이란 말을 사용하지만 진짜가 아니다. 성경 번역자 중에 어떤 이들은 부활을 현재 경험할 수 있는 실체가 없는 신학적 개념으로 취급한다. 그래서 그들은 우리 성경의 말이 바뀌어서 우리가 언젠가 미래에 그분의 부활의 모양처럼 될 것이라고 말하지만 지금은 아니라고 말한다. 그러나 성경은 실제로 "우리는 이미 주님의 부활이다"라고 말한다. 부활하신 사람, 우리 주 그리스도 예수는 완전히 새로운 족보의 인류를 시작하셨으며, 그들은 결코 죄를 범하지 않으며 사탄과 아무런 상관이 없다. 하나님의 은혜로 우리는 지금 그 족보에 들어 있다.

　이 진리는 바울 서신서에서도 여러 차례 나오기 때문에 특별히 한 곳을 선택하기가 어렵다. 이는 로마서 6~8장의 주제이며, 골로새서와 에베소서도 이를 강하게 가르친다. 로마서 6장 5절이 좋은 예이다. 이를 문자적으로 해석하면 "우리가 그분의 죽음과 같은 모양으로 그분과 연합한다면 분명히 우리도 그분의 부활이다(혹은 부활일 것이다)"가 된다. 어떤 신학자들은 이를 현재 조건문이나 미래 조건문으로 설명한다. 그렇다면 어느 것이 옳은가? 둘 다 맞다. 이는 일단 조건이 만족되면 곧바로 현재가 되는 미래시제이다. 하지만 조건을 만족시키기 전에는 영원한 미래로 남는다.

　이를 설명하기 위해 예를 하나 들겠다. 나는 텍사스 샌안토니오에 산다. 이 도시는 샌안토니오 스퍼스(Spurs, '박차'란 뜻-역주) 야구 팀으로 유명하다.

팀을 강화하기 위해 그들은 새로운 선수를 영입하고 그에게 5년 간 선수로 뛰는 계약서를 제시했다고 상상해 보라. 5년 동안의 계약 금액은 7,500만 달러라고 하자.

만일 그가 온전히 팀의 권위에 순종하고 팀이 말하는 곳으로 가서 그들이 말하는 대로 경기를 치르고 모든 훈련 과정에 성실하게 참석하기로 계약서에 서명을 하면 즉시 그 돈은 보장된 현재의 실체(reality)가 된다. 그러나 계약서에 서명하기 전에는 돈은 오직 미래의 가능성으로 남는다. 계약서에 서명한다는 조건을 만족하면 모든 것이 달라진다.

마찬가지로 우리는 그분의 죽음과 같은 모양으로 그분과 연합해야 한다. 이는 매 순간마다 우리 자신을 완전히 죽이고 완전한 순종의 삶을 살며, 십자가에 죽는 삶이다. 우리가 이 조건을 만족시키는 순간, 그 순간에 우리는 실제로 그분의 부활이 될 것이다.

미국 시민이 되다

몇 년 전, 주님은 아내와 내게 우리가 미국 시민이 되어야 한다는 마음을 주셨다. 우리는 그때까지 약 10년 동안 미국에 살았다. 주님은 "나는 너희가 미국 시민권을 취하길 원한다"고 말씀하시면서 우리에게 왜 그것이 필요한지를 분명히 보여 주셨다. 시민권을 취득할

제11장 하늘과 땅의 모든 권세

당시에는 이중 국적이 허용되지 않았다. 이는 우리가 미국 시민이 되기 위해서는 영국 시민권을 포기해야 하는 것을 의미했다.

우리가 모든 법적 절차를 마쳤을 때 법이 개정되었다. 지금은 영국 국민도 이중 국적을 가질 수 있다. 그러나 미국 귀화식을 거행하는 동안 사용되는 말은 아직 바뀌지 않았다. 그래서 2001년 10월에 나와 아내는 연방 법원 판사 앞에 섰다. 우리 각 사람은 이 판사 앞에서 엄숙한 선언을 했다. 무엇보다도 우리는 공식적으로 영국 시민권을 포기했다. 우리는 더 이상 영국 시민이 아니라 미국 시민이었다. 서약의 두 번째 부분은 충성스러운 미국 시민으로서 우리는 우리 국가를 공격하는 어떤 적을 향해서도 무기를 들고 싸워야 한다는 맹세였다. 어떤 평화주의도 허용되지 않았다. 서약의 세 번째 부분은 만일 미국을 공격하는 적이 우리의 이전 국적의 국가라 할지라도 충성스러운 미국 시민으로서 그들을 대항해 싸워야 한다는 맹세였다.

이 의식은 매우 감동적이며, 영적이었다. 나는 즉시 내가 하는 행동에서 강력한 영적 비유(allegory)를 보기 시작했다. 나는 육신을 따라서는 내 조상 아담을 통해 흑암의 나라의 시민으로 태어났다는 것을 알았다. 내가 거듭났을 때 나는 이 시민권을 포기하고 하나님 나라의 새로운 시민권을 받아야만 했다. 나의 충성심은 이제 온전히 주 예수 그리스도만을 향했다. 나는 평화주의자가 될 수 없었으며, 주님과 그분의 나라를 공격하는 그 어떤 적과도 싸울 준비를 해야만 했다.

미국인이 인도로 여행하다

얼마 후에 나는 새로이 미국 여권을 얻었다. 6, 70년대에 나는 영국 여권을 가지고 외국인으로서 13년을 인도에서 살았다. 1976년에 인도를 떠난 이래로 나는 계속해서 매년에 최소한 한두 차례씩 그곳에서 사역을 했다. 나는 영국 시민인 앨런 빈센트로서 100번 이상 인도의 이민국을 통과해야 했다. 나는 인도에서 상당히 잘 알려져 있었다. 이민국 직원은 내 여권을 들고 컴퓨터에 내 이름을 쳐 넣었다. 그러면 이전에 방문한 곳들과 내가 인도에서 무엇을 했는지에 대한 상세 정보가 몇 페이지에 걸쳐 떴다. 이민국 직원은 수년에 걸쳐 내가 행한 기독교 활동 모두를 읽으면서 점점 더 심각해지곤 했다. 나는 그가 '이 사람을 다시 들여보내야 한단 말인가?' 하면서 매우 골똘히 생각한다는 것을 알 수 있었다. 그래서 나는 간절하게 기도하곤 했다. 그는 때로는 더 높은 직원에게 가곤 했다. 그러면 나는 더 간절히 기도했다. 마침내 그가 돌아와서는 마지못해 내 여권에 도장을 찍고 나를 들여보냈다. 그때마다 나는 안도의 숨을 내쉬며 인도로 들어가곤 했다.

2002년 1월에 나는 미국 시민이 되어 처음으로 인도에 도착해서 나의 새 여권을 제시했다. 여권에는 '미국 시민, 앨런 빈센트'라고 적혀 있었다. 직원은 자판을 두드렸지만 컴퓨터에는 나를 안 좋게 설명하는 말이 한마디도 뜨지 않았다. 나는 나를 거스르는 말이 하나도 없는 완전히 새로운 피조물이 되었으며, 아무런 망설임 없이 환영을 받았다.

제11장 하늘과 땅의 모든 권세

영적으로 당신은 어떤 여권을 소지하고 있는가? 당신은 어느 나라의 시민이라고 고백하는가? 우리가 그분의 죽음과 같은 모양으로 그분과 연합한다면 분명히 우리는 이미 그분의 부활이다. 그분의 부활의 일부로서 당신은 새로운 피조물이다. 당신의 모든 과거의 죄악된 삶은 완전히 씻김을 받았다. 당신의 새 사람은 아담에 속하지 않으며 결코 사탄의 나라에 속하지도 않는다. 사탄은 이 새로운 당신에 대한 권세가 없다. 마귀는 당신에게 "너는 아직 내 거야! 아직도 내 시민 중 한 사람이지"라고 말할지 모른다. 또한 당신에게 일전에 당신이 행한 모든 죄악의 목록을 보여 줄지도 모른다. 그럴 때마다 당신은 다음과 같이 대답해야 한다: "그건 내가 아니야! 그 사람은 죽었어! 그는 그리스도와 함께 십자가에 못 박혔어. 그는 장사 되어 결코 일어나지 못할 거야. 너는 지금 그리스도와 함께 부활하여 그리스도와 함께 하늘과 땅의 모든 권세와 권능을 가진 완전히 새로운 사람을 다루고 있어. 봐라. 여기 새로운 하나님 나라의 여권이 있어. 실제로 주님과 함께 부활한 이래로 예수님과 나는 모든 것을 함께 공유하고 있어. 나는 그분의 권세를 위임받은 대사야. 그러니 이제 나를 가지고 장난치지 마라!"

우리는 그리스도의 대사들이다

오래전에 우리는 두 아이와 함께 나갈랜드(Nagaland)의 아삼(Assam) 위쪽 지방을 방문했다. 이곳은 인도 땅으로서 중국과 버마의 국경 지대이다. 당시 내전이 한창이어서 외국인은 입국이 허용되지 않았다. 하지만 나는 그곳에 초청을 받아 컨퍼런스에서 강의를 하기로 되어 있었다. 하나님은 나에게 이 전략적인 지역에서 설교할 수 있는 기회를 열어 주셨다.

우리는 캘커타 공항으로 가서 서류와 항공권을 제시했다. 직원은 "외국인이시네요. 당신은 거기에 가실 수 없습니다"라고 말했다. 그는 "인도인이라도 특별 허가가 없으면 이 지역을 여행할 수 없습니다"라고 말했다. 나는 "저는 그곳 집회에 초청을 받아서 오늘밤에 거기에 도착해야 합니다"라고 말했다. "당신은 가실 수 없습니다. 캘커타에 있는 아삼 하우스(Assam House)로 가서 거기서 서류를 신청할 수는 있습니다. 하지만 그들은 결코 당신에게 허가증을 주지 않을 겁니다"라고 그가 주장했다. 나는 근처 의자에 앉아서 기도했다: "주 예수님, 이 항공사의 주인은 주님과 접니다. 저들은 저를 거절할 수 없습니다. 제가 가려고 하는 그 지역도 당신 겁니다. 저를 대사로 그곳에 보내셨다면 그들은 저를 막을 수 없습니다. 그 지역에 갈 수 있는 저의 소유권과 시민권을 주장합니다." 나는 더 이상 할 말이 생각나지 않아서 계속해서 방언으로 기도했다.

출발 시간이 다 됐는데 비행기가 이륙하지 않았다. 대신 큰 소동이 일어났고 공항의 요원들이 로비를 들락거렸다. 그때 매우 멋진 신사 한 사람이 군중 가운데 나타나 체크인(check-in)으로 왔다. 나는 대화를 엿듣고는 이 신사가 아삼 주 행정장관(Chief Minister)의 개인 비서라는 것을 알았다. 행정장관은 우리가 가려는 곳으로 향하는 비행기를 타야 했다. 그들은 '행정장관이 오니까 비행기를 잡아 두라' 는 전 갈을 보냈다. 그들은 행정장관과 그의 수행원들을 위한 앞좌석 몇 줄을 확보하기 위해 비행기의 좌석을 재배열했다. 그들은 커다란 붉은 카펫을 들고 와 비행기까지 펼쳤다. 그런 뒤에 군악대가 와서 장관이 비행기까지 걸어갈 동안 장관을 위해 연주할 태세를 차렸다.

나는 아직도 왜 그런지 이유를 알지 못하지만 바로 그때 그 체크인 데스크 옆에서 방언으로 기도하고 있는데 그 행정장관의 개인비서가 내게 와서 말했다: "제가 도와드릴 일이 있나요?" 나는 말했다: "저희는 이 비행기를 타야 합니다. 저는 오늘 가우하띠(Gauhati)에서 열리는 대규모 기독교 집회에서 말씀을 전해야 합니다. 그런데 허가증이 없습니다." 그는 데스크에 있는 남자에게 "종이 좀 주세요"라고 말했다. 그러고는 우리에게 아삼 지역 어느 곳이든 마음대로 여행할 수 있도록 개인적인 허가증을 쓰기 시작했다. 그는 그 서류에 행정장관의 스탬프를 찍었으며, 급하게 서명하고는 그 서류를 나에게 주며 말했다: "이것만 있으면 어디든 가실 수 있을 겁니다." "감사합니다, 선생님!" 하며 내가 말했다. 그런 뒤에 우리는 비행기 좌석을 배정받았으며 왕의 대사들이 마땅히 받아야 할 대접을 받았다.

부활하신 사람 그리스도 예수는 하늘을 통과해, 이 세대와 오는 세대 그리고 하늘과 땅에서, 모든 권세와 주권자와 정사와 능력과 이름들 위에 있는 그분의 보좌에 앉으셨다(엡 1:20~21, 골 1:15~18을 보라). 우리는 이를 믿어야 한다! 부활하신 주 예수님은 죽으시고 부활하시기 전에 이 땅에서 움직이셨던 예수님과 다르다. 이 땅에 사신 예수님은 마지막 아담이었지만 부활하신 주 예수님은 하늘에서 나신 주이시다. 이 땅의 예수님은 아담이 잃어버린 모든 권세를 회복했지만 그분의 권세는 땅에 국한되었다. 부활하신 주 예수님은 하늘과 땅의 모든 권능과 권세를 지금부터 영원토록 가지고 계시다!

땅에 사실 때에 예수님은 '여자에게 나시고 율법 아래 나셨다'(갈 4:4). 이는 "율법 아래 있는 자들을 속량하시고 우리로 아들의 명분을 얻게 하려 하심"이었다(갈 4:5). 땅에 사실 때에 주님은 육체의 족보를 따라서는 유대인이셨다. 그래서 우리는 구원이 유대인에게서 난다는 말을 듣는다(요 4:22를 보라). 여기서 말하고자 하는 바가 무엇인지 알겠는가? 하나님은 이 유대인을 통하여 그분의 죽으심과 희생으로 말미암아 온 세상이 구원을 받도록 하기 위해 마지막 아담을 인종적으로 유대인이 되도록 택하셨다. 아담이 진 빚을 갚고 아담의 죄를 다루는 문제와 부활하시기 전에 이 땅에 사셨던 예수님의 문제를 다룰 때에 우리는 유대인이신 예수님을 다룬다.

이제 당신이 알아야 하는 것은 부활의 아침에 무덤에서 살아 나오신 그분은 유대인이 아니라 족보가 없는 하늘에서 나신 주님이라는 사실이다. 부활의 생명 가운데 그분은 어미도 아비도 없으시며, 시작도 끝도 없으시다(히 7:3을 보라). 그분은 더 이상 유대인이 아니라 하늘에서 나신 주님이시다(고전 15:47을 보라).

다수 원문(Majority Text)에 따르면 고린도전서 15장 49절에서 헬라어 포레오(phoreo)는 현재 명령형으로 되어 있으며, 좀 더 정확히 번역하면 "우리가 흙에 속한 자의 형상을 입은 것 같이 또한 지금 하늘에 속한 자의 형상을 입자"가 된다(고전 15:49). 바울은 그의 서신서에서 여러 차례 이를 조심스레 말한다. **육신으로 하면** 예수님은 유대인에게서 나셨다(롬 9:5를 보라). 바울은 예수님이 누구인지를 나타낼 때에 "육신으로 하면"이란 문구를 사용했다. 이제 주님은 더 이상 그 육신이 아니시다. 이제 그분은 하늘에서 나신 주님이시다. 바울은 "비록 우리가 그리스도도 육체대로 알았으나 이제부터는 이같이 알지 아니하노라"고 말했다(고후 5:16). 바울이 말한 바는 "나는 더 이상 예수님을 육체를 따라 알지 않는다. 대신에 이제 나는 영을 따라 구주이시며 왕이신 부활하신 그리스도로 그분을 안다!"라는 것이었다.

완전히 새로운 피조물인 바울

또한 바울은 이전에 사울이라 불리던 한 사람을 설명한다. 그는 귀신 들린 미치광이와 같은 바리새인이었으며 그리스도인을 미워했다. 그는 너무나 악하고 종교의 영으로 가득한 죄인의 괴수였다. 그럼에도 불구하고 하나님은 그를 구원하셨으며, 그를 악한 영에서 건져 주셨다. 이 무서운 사람, 바리새인이었던 사울은 그리스도와 함께 죽었다. 그는 자신의 육신의 족보를 똥으로 여겼다(빌 3:5~8을 보라). 이제 바울은 예수님처럼 하늘에 속한 자이다. 그는 지금 땅의 족보를 가진 자가 하나도 없는 하나님 나라에 있다. 대신에, 우리 모두는 지금 새로운 한 나라, 즉 하나님의 나라에 속해 있다. 거기에는 옛사람은 하나도 존재하지 않는다. 이 계시가 진정으로 교회에 임했을 때 교회는 하나님 나라의 보다 높은 차원으로 들어갈 수 있었다.

Chapter 12

사도행전에 나타난 하나님의 나라

주요 주제는 하나님 나라이다

주님이 죽은 자 가운데 부활하신 후에 예수님의 주 관심사는 제자들에게 하나님의 나라에 대해 가르치는 것이었다(행 1:3~5를 보라). 주님이 부활하시고 승천하시기까지 40일 동안 이는 주님의 주요 주제였다. 사도행전 1장은 말한다: "해 받으신 후에 또한 저희에게 확실한 많은 증거로 친히 사심을 나타내사 사십 일 동안 저희에게 보이시며 하나님 나라의 일을 말씀하시니라"(행 1:3). 예수님은 부활하신 그리스도의 능력을 보이기 위해 대중 앞에 나타나지 않으셨다. 주님은 그분의 마음에 가장 중요한 열정이었던 하나님의 나라에 대해 제자들의 마음을 열어 주셨다. 그 나라를 강력하게 진군시키는 것은 그들의 몫이 될 것이었다. 3년 반의 공생애 동안 주님은 그들에게 모범을 보이셨고 그들은 그 모범을 정확히 따라야 했다.

주님이 유대에서 3년 반 동안 행하신 것을 이제는 그들이 나가서 온 세상에서 행해야만 했다. 그런 뒤에 그들은 동일하게 다른 이들을 훈련시켜 같은 종류의 하나님 나라 제자들을 만들어야 했다. 주님은 제자들에게 다음과 같이 말씀하지 않으셨다: "나는 너희보다 먼저 천국에 간다. 내가 너희를 집으로 데려가기 위해 다시 올 때까지 시간을 때워라. 너희의 모든 죄가 용서되었고 언젠가 천국에서 나와 함께 할 것을 아니까 너무 멋지지 않느냐? 내가 올 때까지 재미있게 지내며 교제하라!" 예수님의 마음에 불타는 이슈들은 이런 것들이 아니었다. 가장 중요한 이슈는 그 나라였다.

위로부터 능력으로 옷 입음

사도행전 1장 4절은 "사도와 같이 모이사 저희에게 분부하여 가라사대 예루살렘을 떠나지 말고 내게 들은바 아버지의 약속하신 것을 기다리라"고 말한다. 성령 세례를 받지 않고서 하나님 나라를 진군시키기란 불가능하다. 그들은 성령의 권능이 그들에게 임할 때까지 나갈 수도 없었고, 아무것도 할 수 없었다.

이스라엘만을 위한 하나님의 나라?

예수님이 부활하신 후에 12제자는 아직도 자연스럽게 이스라엘 나라의 회복에만 관심이 있었다. 사도행전 1장 4~7절에서 그들은 "아버지의 약속하신 것"을 받을 때까지 예루살렘에서 기다리라는 명령에 대해 "주께서 이스라엘 나라를 회복하심이 이 때니이까"라고 묻는다. 그러자 주님은 그들에게 "때와 기한은 아버지께서 자기의 권한에 두셨으니 너희의 알바 아니요"라고 말씀하셨다(행 1:4~7). 그들은 여전히 오직 인종적 이스라엘인 그들의 국가의 관점에서만 '그 나라'를 보았다. 그들의 선지자들이 이미 그 나라는 열방을 위한 것임을 분명히 말했지만 그들은 여전히 매우 제한적으로 성경의 예언을 보았다. 그들에게 예수님은 문자적으로 예언을 성취할 메시야로서 오신 분이셨다. 그들은 다윗의 아들이 와서 다윗의 물리적 보좌를 다시 세우고 그의 이전에 가졌던 물리적 왕국을 회복할 것이라 믿었다. 그들은 그들의 메시야로서 예수님께서 로마 제국의 멍에를 꺾고 문자 그대로 군사적, 정치적으로 이스라엘을 회복시키되 다윗과 솔로몬 초기 시절처럼 그렇게 회복시킬 것을 기대했다.

예수님은 바리새인들과 서기관들에게 그리스도(혹은 메시야)가 정말 누구인지 질문하심으로써 이 개념에 이미 도전하셨다. 그때에 주님은 시편 110편 1절을 인용하시면서 "그러면 다윗이 성령에 감동하여 어찌 그리스도를 주라 칭하여 말" 하였느냐고 질문하셨다(마 22:43). 환언하면, 만일 그리스도가 문자 그대로 다윗의 자손이라면 어떻게 다윗이 그를 주라고 불렀단 말인가?(마 22:44, 막 12:36, 눅 20:42를 보라) 또한 주님은 그들이 주님이 그들의 왕이 되는 것을 거절했기 때문에 그 나라를 유대인에게서 빼앗아 열매를 맺는 다른 '나라'에게 주시겠다고 하셨다(마 21:43을 보라).

예수님은 이미 그분의 나라가 이 세상 시스템이나 자연적인 이스라엘에 속하지 않음을 분명히 하셨다(요 18:35~37을 보라). 죽은 자 가운데 부활하신 후에 주님은 제자들이 유대인을 위한 증인이 될 뿐만 아니라 온 세상, 심지어 세상 끝까지 나아가야 함을 분명히 말씀하셨다(마 28:18~20, 행 1:8을 보라). 그럼에도 불구하고 제자들은 많은 세대 동안 존재했던 유대인의 사고방식을 벗어나지 못한 듯했다. 그것은 그 나라가 오직 인종적 이스라엘에만 국한되었으며, 다른 나라들은 단지 자연적 이스라엘의 문을 통해 들어올 수 있으며, 또한 먼저 율법을 지키는 유대인이 되어야 한다는 것이었다.

땅 끝까지 증인이 되라

인종적 이스라엘을 유일한 하나님의 나라로 되돌리는 것은 하나님의 의도가 결코 아니었다. 수백 년 전, 이스라엘은 이집트를 떠난 뒤에 보다 큰 어떤 것, 즉 하나님의 나라의 구성원이 되라는 초청을 이미 받았다. 그 나라는 온 땅을 가득 채우고 열방을 만질 것이었지만 그들은 순종하기를 거절하였다(출 19:1~6을 보라).

이 영광스러운 나라가 단지 8,000제곱마일의 거룩한 땅(the Holy Land)에 제한될 수는 없었다. 그 나라는 온 땅을 덮을 운명이었다. 온 땅을 덮은 이 나라는 그분의 유업이 될 것이었다. 예수님은 다음과 같이 말씀하셨다: "너희는 온 천하에 다니며 만민에게 복음을 전파하라 … 예루살렘과 온 유대와 사마리아와 땅 끝까지 이르러 내 증인이 되리라 … 모든 족속으로 제자를 삼아"(마 28:18~20, 막 16:15, 행 1:8을 보라).

사도행전 1장 8절에서 주님은 "오직 성령이 너희에게 임하시면 너희가 권능을 받고 예루살렘과 온 유대와 사마리아와 땅 끝까지 이르러 내 증인이 되리라"고 말씀하셨다. 이 말씀을 하신 후에 예수님은 승천하셨다.

하나님의 나라는 벽을 넘는다

성령은 오순절 날에 임하셨으며 그 나라의 권능은 그날 이후 풀어졌다. 처음 몇 년 동안 하나님이 사용하시는 주 도구는 베드로였다. 그러나 얼마 후에 복음의 메시지는 더 이상 유대에 사는 유대인들에게만 한정될 수 없었다. 초대 교회 초기에 하나님은 핍박을 허락하심으로 유대인을 둥지에서 흔들어 나오게 하셨다. 첫 번째 전도자인 빌립은 상황적으로 어쩔 수 없이 사마리아에서 하나님 나라를 전파해야만 했으며, 그 결과는 놀라웠다(행 8:4~13을 보라).

베드로는 초자연적인 사건을 통해 어쩔 수 없이 고넬료의 집으로 가서 이방인에게 처음으로 하나님의 나라를 전파해야만 했다. 베드로와 그와 함께했던 모든 유대인들은 오순절 날 성령이 제자들에게 임했던 것처럼 이들 이방인에게 임하셨을 때에 놀랐다(행 10:1~48, 행

11:12~18을 보라).

동시에 우리는 사울이라 불리는 열성 바리새인에 대하여 읽는다. 그는 마치 귀신 들린 자처럼 종교적으로 광신자와도 같았다. 이 사람은 '내가 마지막으로 해야 할 일이 있다면 그리스도인들이 벌이고 있는 이 운동을 없애 버리는 거야' 라고 생각했다. 그러나 그의 회심은 강렬했고, 그는 완전히 돌아서서 위대한 사도 바울이 되었다. 하나님 나라의 복음은 더 이상 유대인의 경계 안에서만 머무를 수 없었다. 하나님 나라는 강력한 강물처럼 벽을 넘어 이방 세계를 침공했다.

바울은 그의 사역 초기부터 예수님과 그 나라를 온 세상에 전파하는 것이 그의 소명과 미션이었음을 분명히 했다. 처음부터 바울은 하나님의 나라가 모든 종족과 모든 계층과 성별을 포용함으로써 다양한 열국의 영광 가운데 분명히 드러나는 것을 보았다. 바울은 예수님을 단지 죄에서 우리를 구원하는 구세주로만 전파하지 않았다. 그는 하나님 나라를 전파했으며 또한 그 나라의 빛 가운데서 예수님에 관한 것들을 전파했다(행 14:22, 19:8, 20:25, 28:23, 31을 보라).

하나님 나라에서 살려면 군사적 순종이 필요하다

사도행전 1장 2절은 "그의 택하신 사도들에게 성령으로 명하시고 승천하신 날까지의 일을 기록하였노라" 고 말한다. 주님은 그들에게 제안하지 않으셨다. 주님은 그들에게 명하셨다. 헬라어로 **명령**이란 단어는 군대 용어이다. 나는 신약성경에 나오는 이 단어를 세어 보았는데 예수님께서 제자들에게 수백 번 명령하셨다는 걸 알았다. 또한 성경은 동일하게 군대 용어를 사용하여 예수님께서 아버지 하나님의 명령에 순종하셨다고 자주 말한다.

만일 당신이 군대에 가서 상관에게 명령을 받아 본 경험이 있다면 거기에는 오직 한 가지밖에 반응할 수 없다는 것을 알 것이다. 당신은 단지 "예, 알겠습니다!"라고 말하고 그대로 행한다. 당신이 그 명령에 동의하든지, 아니면 그것을 좋아하든지 좋아하지 않든지 당신은 들은 대로 행해야 하며, 그것도 즉시 행해야 한다! 당신은 "중대장님, 나중에 시간이 있을 때 하겠습니다"라든가 아니면 "중대장님, 저는 지금 무척 재미있는 축구 경기를 보고 있습니다. 경기를 다 본 후에 하겠습니다"라고 말할 수 없다. 군대에서는 상관에게 이런 말을 하지 않을 것이다. 또한 "중대장님, 지금 말씀하시는 것이 확실합니까? 제가 보기에는 그리 좋은 생각 같지 않은데요. 저는 이에 정말 동의하지 않습니다. 그러므로 이에 대해 다시 생각해 보고 싶습니다"라고 말하지 않는다.

하나님의 나라에서 우리가 이해하고 가꿔 나가야 할 태도는 군대처럼 "예, 알겠습니다"와 같은 태도이다. 예수님은 수백 가지의 명령을 제자들에게 명했으며, 특히 사도들에게 더욱 그랬다. 내 생각에 주님께서 12사도를 뽑은 이유는 그들이 주님께서 말씀하신 모든 것에 대해 "예, 알겠습니다"라고 즉시 대답하는 법을 배우도록 하기 위함이었던 것 같다. 그들의 사도의 자격은 그들의 능력이 아니라 그들의 순종이었다. 주님은 그들에게 성령을 따라 명하셨으며, 그들은 주님이 그들에게 주신 모든 명령에 순종하는 법을 배웠다.

권위를 소유하려면 권위 아래 있어야만 한다

오래전 영국 조지 4세 왕이 집권하던 시절에 나는 군에 입대했고 훈련소를 거쳤다. 기초 군사 훈련 기간 동안에 특히 복종적이고 훌륭한 리더십의 자질을 보여 주었던 사람들은 장교 훈련소로 옮겨 갔다. 장교 훈련을 받는 자들은 그 훈련이 쉽지 않고 더 엄격하다는 것을 알았다. 팀원 중 한 사람이 독립적으로 움직이거나 압박을 이기지 못하고 항명하면 그는 훈련 과정에서 제외되었다. 그는 장교감으로 적합하지 못하다고 여겨졌다. 장교 훈련에 참가한 많은 사람들이 압력에 녹초가 되었다. 그러나 팀과 함께 끝까지 견디고 위임받은 권위를 통해 자신들에게 주어진 명령에 철저히 복종한 자들은 훌륭한 장교감으로 여겨졌다.

이 모든 훈련 중에 우리는 단지 한 가지 기초적인 것만을 배웠다. 그것은 명령에 복종하는 것이었다. 영국 왕의 권위를 가진 상관에게 복종하는 것이었다. 이 장교들이 훈련을 받는 동안 그들은 한 번도 명령을 내리지 않았다. 그들은 그저 복종할 뿐이었다.

당신이 복종한다는 사실이 입증되고 당신이 권세 아래 있는 사람임을 사람들이 보았을 때, 그때 당신은 장교로서 졸업한다. 오직 이럴 때에만 당신은 명령을 내리도록 허용된다. 그날 이후로 당신은 신병을 맡게 되고, 그들에게 기본 훈련을 시키면서 그들을 인도하고 명령한다. 당신이 말하는 목소리의 크기 때문이 아니라 당신이 가지고 있는 권세 때문에 그들 모두는 즉각 당신에게 순종할 것이다.

이것이 바로 원리이다. 당신 자신이 왕의 권세 아래 있지 않으면 당신이 하는 말에는 권세가 없다. 당신이 그분의 권세 아래 있기 때문에 당신이 무엇을 말하든지 그 말에는 그분의 권세가 담겨 있다.

백부장의 예

누가는 누가복음 7장 1~9절에서 이 원리를 가르치고 있다. 예수님 안에 있는 하나님 나라의 능력과 권세를 최초로 이해한 사람은 종교적인 유대인이 아니라 군사 훈련을 받은 로마 백부장이었다.

백부장에게는 병든 하인이 있었다. 그는 예수님에게 전갈을 보냈다: "주님, 저의 집까지 오실 필요는 없습니다. 그저 말씀만 해 주십시오. 그러면 제 하인이 나을 것입니다"(눅 7:6~7). 누가는 우리에게 백부장이 어떻게 이를 알았는지 말해 준다. 그는 다음과 같이 말했다.

> "저도 남의 수하에 든 사람이요 제 아래에도 군병이 있으니 이더러 가라 하면 가고 저더러 오라 하면 오고 제 종더러 이 것을 하라 하면 하나이다 예수께서 들으시고 저를 기이히 여겨 돌이키사 좇는 무리에게 이르시되 내가 너희에게 이르노니 이스라엘 중에서도 이만한 믿음은 만나보지 못하였노라 하시더라"(눅 7:8~9).

백부장은 자신이 가이사의 군대의 권위 아래에 있는 사람이라는 것을 알았으며, 예수님도 하나님의 거룩한 권세 아래 있는 분이라는 사실을 알았다. 백부장이 말한 것은 다음과 같다: "저는 권세 아래 있는 것의 능력을 배웠습니다. 제가 가이사의 권세 아래 있기 때문에 종들과 군사들이 저에게 순종합니다. 저의 권세의 범위는 군대입니다. 저는 군인과 종들에게 명령할 수 있지만 당신은 전능하신 하나님의 권세 아래 있는 분이십니다. 당신이 순복하는 권세 때문에 당신은 말씀하실 수 있고, 당신이 하시는 모든 말씀은 이뤄집니다. 당신은 전능하신 하나님을 섬깁니다. 그분은 모든 귀신들과 질병과 바람과 파도를 다스리는 권세를 지니셨습니다. 당신은 이 상황에 대해서도 권세를 가지고 말씀하실 수 있으며, 상황은 당신이 순복하는 권세 때문에 당신에게 순복해야만 합니다."

예수님은 이 사람을 보고 놀라셨다. 이 사람은 예수님을 놀라게 한 유일한 자이다. 그는 유대인이 아니었고 종교적이지도 않았다. 그는 로마의 군인이었다. 그러나 예수님께서는 그에 대해 "이스라엘 중에서도 이만한 믿음은 만나보지 못하였노라"고 말씀하셨다. 종교적인 사람들이 자신들이 불순종할 수 있으며, 그래도 아무런 문제가 안 된다고 생각하는 것은 정말 놀랍다. 나는 왜 그런지 이유를 모르겠다. 만일 사람들이 교회 지도자를 대하듯이 자신들의 회사 고용주를 대한다면 그들은 곧바로 해고될 것이다. 만일 우리가 교회 내에서 행동하듯이 군대에서 행동했다면 우리는 총살을 당하거나, 투옥되거나 아니면 최소한 퇴출되어야 했을 것이다. 우리는 권세 아래 있는 법을 배워야 한다.

예수님은 유대인에게서 이런 종류의 믿음을 발견하실 수 없었지만 로마 병사 속에서 이를 발견하셨다. 예수님은 하나님 나라를 최초로 드러내신 분이셨으며, 그 나라의 권능은 주님을 통해 풀어졌다. 왜냐하면 주님은 하나님 아버지의 권세 아래 사셨기 때문이다.

독립과 무능은 함께 간다

백부장이 군대에 있는 것을 싫어했다고 상상해 보자. 그는 매일 아침 5시 30분에 기상해 면도를 하고 제복을 입고 아침 6시 30분에 행군하는 것을 싫어한다. 그는 현재 유대에 살고 있으며, 로마에 살았다면 더 좋은 상점과 더불어 자녀들이 더 좋은 학교에 다닐 수 있었을 것이다. 그는 왜 유대에 있는가? 가이사가 그를 그곳에 배치했기 때문이다. 그는 권세 아래 있는 자였다. 그는 어떤 것도 선택할 수 없었으며, 심지어 그가 사는 곳도 선택할 수 없었다.

이제 그가 "이런 군대 생활도 할 만큼 했어. 이제 사임해야지"라고 말한다고 상상해 보라. 그는 사직서를 쓴다: "친애하는 황제 폐하께. 그동안 당신의 군대에 있어서 좋았습니다. 하지만 이제 그만둘 때가 되었습니다. 다음 달까지 저의 사직서를 선처해 주십시오." 그의 사직서가 처리되고 마침내 멋진 제대일이 왔다. 드디어 그는 자유이다!: "와! 이제 내가 원하는 대로 마음껏 할 수 있네. 내일은 아침 9시까지 자야지. 이제 면도도 안 하고 더럽고 낡은 청바지를 입어야지. 이리저리 다니면서 자유인처럼 하고 싶은 것을 해야지. 아무도 내게 무언가를 하라고 말하는 사람은 없어."

다음 날 첫 '자유'의 아침에 그의 모든 종들이 가 버리고 없다는 것을 알았다. 왜냐하면 그들은 황제의 종들이었기 때문이다. 병거도 모두 황제의 것이었기에 사라졌다. 그래서 그는 자기 병거를 탔다. 그의 아침을 준비해 줄 사람도 거기에 없었다. 그래서 그는 '이런 생활이 좋은 것인지 확신이 서질 않네' 하고 생각하기 시작했다.

그는 상점에 가서 자기가 먹을 식료품을 직접 사야 했다. 그가 식료품 봉투를 들고 집으로 걸어오는데 과거 그의 부대 소속이었던 병사 중 한 명을 보았다. 그는 '저 친구는 오랫동안 내게 복종했지. 그는 항상 내가 그에게 명한 대로 했지'라고 생각했다. 그래서 전직 백부장은 "여보게, 병사, 여기 와서 이 짐 좀 들어 주게"라고 외쳤다.

그 병사가 그에게 뭐라 말할 것이라 생각하는가? 그는 "꺼져! 내가 왜 당신에게 복종해야 하지?"라고 말할 것이다. 백부장이 권세 아래 있을 때 그는 병사들에게 명령할 수 있었고 그들은 그에게 복종해야만 했다. 그러나 그가 그 권세에서 나와 독립했을 때 그는 곧바로 그 모든 권세를 잃어버렸다.

많은 그리스도인들은 그들 스스로가 권세 아래 있지 않기 때문에 권세가 없다. 유대인들은 귀신을 쫓아낼 수 없었다. 왜냐하면 진짜 문제는 성경 지식이나 방법 습득, 전통 의식 혹은 종교적 활동이 아니라 그리스도에게 복종하느냐 안 하느냐였기 때문이다.

하나님 나라의 창시자이시며 하나님 나라를 최초로 드러내신 예수님을 백부장은 권세 아래 있는 자로 인식했다. 예수님을 따랐던 모든 제자들 가운데, 그리고 주님의 신유 집회에 참석한 수많은 사람들과 기적적으로 배를 채운 수천의 사람들 가운데 주님을 진정으로 따를 준비가 된 자들은 너무 적었다. 결국 그런 자들은 단지 120명밖에 되지 않았다. 그 120명은 사도가 12명, 주님이 보내신 70명, 그리고 다수의 여인들이었다. 그들이 지닌 주요 특징은 그들이 주님의 명령에 순종하는 법을 알았으며, 그 결과 세상을 흔들었다는 것이다. 우리도 기꺼이 이런 종류의 사람이 되려 한다면 하나님께서는 그들을 통해 하셨던 일을 우리를 통해 하실 수 있다. 예수님은 성령을 통해 군대 명령처럼 그들에게 명령하셨고 그들은 "예, 알겠습니다"라는 군인의 태도를 가지고 복종하는 법을 배웠다.

하나님의 나라는 언제나 갈등을 일으킨다

사도행전 14장 21~22절은 다음과 같이 말한다: "복음을 그 성에서 전하여 많은 사람을 제자로 삼고 루스드라와 이고니온과 안디옥으로 돌아가서 제자들의 마음을 굳게 하여 이 믿음에 거하라 권하고 또 우리가 하나님 나라에 들어가려면 많은 환난을 겪어야 할 것이라 하고"(행 14:21~22).

하나님의 나라가 전파될 때마다 영적 전쟁이 일어나고 갈등이 생긴다. 언제나 그렇다! 이로 인해 무력 충돌이 일어날 때가 많고 하나님 나라는 언제나 핍박을 가져오며, 특히 종교적인 사람들을 통해 온다. 당신은 포기하지 말고 대항하여 싸워야 한다. 혈과 육의 육신으로 싸우는 것이 아니라 당신을 공격하는 데 사용된 것보다 영적으로 더 강력한 무력과 진실한 영적 무기로 싸워야 한다. 사도행전을 보면 제자들은 이런 식으로 하나님 나라를 강력하게 진군시켰다.

사도행전 19장에서 바울은 에베소에 와서 단지 '요한의 세례' 밖에 모르는 사람들을 만난다. 6절부터 읽어 보자.

> "바울이 그들에게 안수하매 성령이 그들에게 임하시므로 방언도 하고 예언도 하니 모두 열 두 사람쯤 되니라 바울이 회당에 들어가 석 달 동안을 담대히 하나님 나라에 대하여 강론하며 권면하되"(행 19:6~8).

그렇다면 예수님은 부활하신 후에 얼마 동안 하나님 나라에 관해 가르치셨는가? 40일이다! 사도 바울은 하나님 나라에 대해 얼마나 가르쳤는가? 3개월이다! 우리도 이 책 한 권으로 이 주제 전체를 다 다룰 수는 없다.

사도행전 20장 25절에서 바울은 계속해서 말한다: "보라 내가 너희 중에 왕래하며 **하나님 나라를 전파**하였으나 지금은 너희가 다 내 얼굴을 다시 보지 못할줄 아노라." 여기서 바울은 에베소의 장로들에게 말하고 있다. 바울은 이 도시에 얼마나 있었는가? 3년이다. 바울이 그들 가운데 있는 동안 내내 그는 하나님 나라에 관해 가르치고 설교했다. 그는 계속해서 말한다: "이는 내가 꺼리지 않고 하나님의 뜻을 다 너희에게 전하였음이라"(행 20:27). 3년 동안 바울은 과업을 완수했으며 이제 "내가 너희에게 유익한 모든 것을 다 가르쳤으며 필요한 것은 모두 다 가르쳤다"라고 말할 수 있었다. 불행하게도 나는 3년 동안 가르칠 것이 없다. 그러나 나는 하나님 나라를 당신에게 충분히 주입하여 당신으로 하여금 그 나라를 갈망하고 그 나라에 대해 열정적이 되길 바라며, 또한 당신이 충분히 무장을 갖춰서 하나님이 인도하시는 곳마다 그 나라를 강력하게 진군시키길 간절히 소망한다.

하나님의 나라가 로마에 오다

바울은 자신의 사역의 종말에도, 처형되기 몇 년 전인 로마에 갇힌 동안에도 오직 한 가지 주제와 한 가지 불타는 열정을 가졌다.

> "저희가 일자를 정하고 그의 우거하는 집에 많이 오니 바울이 아침부터 저녁까지 강론하여 하나님 나라를 증거하고 모세의 율법과 선지자의 말을 가지고 예수의 일로 권하더라 … 바울이 온 이태를 자기 셋집에 유하며 자기에게 오는 사람을 다 영접하고 담대히 하나님 나라를 전파하며 주 예수 그리스도께 관한 것을 가르치되 금하는 사람이 없었더라"(행 28:23, 30~31).

빌립보서에서 바울은 로마에서의 감금 생활을 말한다. 빌립보서

1장 12~13절에서 그는 하나님께서 복음의 진보를 위해 자기의 상황을 사용하시는 것을 보고 놀란다. 로마에 있는 몇 년 동안 바울은 하나님 나라를 전파하고 시위대 전체에게 예수님에 관해 가르칠 수 있었다. 그리고 로마 제국의 심장부에 있는 많은 관료들과 정치인들이 예수님에게로 돌아왔다. 빌립보서 4장 22절에서 그는 가이사의 집에 있는 성도들의 문안을 전한다.

바울이 투옥된 것은 로마 제국 전체를 정복하기 위한 하나님의 계획의 일부였다. 이 신실한 증인을 통해 하나님은 그 나라가 온전히 임할 길을 준비하셨다. 30~50년 후에 바울이 뿌려 놓은 그 나라의 씨를 통해 강력한 추수가 이뤄졌으며, 이는 세상을 변화시킬 운명이었다. 하나님은 온 유럽을 통해 로마 제국을 하나님의 나라로 바꾸실 예정이었다.

하나님께서 이 시대에도 열방의 정부와 수도들 가운데 이와 비슷한 기회의 문들을 열어 주시길 기도한다. 바울처럼 우리도 기회가 있을 때마다 그 나라의 씨를 뿌리고 추수 때를 인내로 기도하며 기다리게 하시길 기도한다. 왜냐하면 우리도 낙심하지 않으면 수확할 것이기 때문이다.

Chapter 13

하나님의 나라와 천국

이제 나는 '하나님의 나라'(the Kingdom of God)와 '천국'(the Kingdom of Heaven)의 차이점을 설명하고 싶다.

하나님의 나라

우리는 이미 '하나님의 나라'라는 말이 하나님과의 관계를 강조하는 용어라는 것을 살펴보았다. 그 안에서 우리는 그분의 자비롭고 유일한 통치하에 즐겁게 산다.

하나님의 나라는 근본적으로 한 개인과 하나님 아버지 사이에 존재하는 사랑의 관계이다. 이 관계에서 우리는 그분께 온전히 순종한다. 우리는 죄를 범하기 전의 아담에 대해 잠시 동안 살펴보았다. 우리는 예수 그리스도 안에서 이것이 다시 이 땅에서 회복되는 것을 보았다. 주님의 삶과 그분이 하실 수 있었던 모든 것은 이처럼 하나님 나라 관계를 통해 가능했다. 병자를 고치시고 귀신을 쫓아내시면서 주님은 그들 가운데 임한 것은 하나님의 나라였다고 말씀하셨다. 하나님의 나라에는 흑암의 나라가 이 땅에 세운 모든 것을 되돌리는 능력이 있다. 성경은 여러 차례 세상의 종말과 만물의 회복에 대해 말한다. 하나님의 나라는 이 회복을 가능케 하는 도구이다. 그러므로 예수님께서 진정으로 하시는 말씀은 "나처럼 살아라. 그러면 너희도 하나님 나라가 될 것이다. 그러면 내가 한 일을 너희도 할 것이며 이보다 더 큰일도 너희가 할 것이다. 왜냐하면 내가 아버지께로 가기 때문이다. 그러면 나를 통해 역사하셨던 성령께서 너희에게 오셔서 너희를 통해 동일하게 역사하실 것이다" 인 것이다(요 14:12를 보라). 우리는 미지근한 신앙생활을 해서는 안 되고 예수님처럼 사는 것을 목표로 삼아야 한다.

성경은 이를 분명히 가르치고 있지만 많은 교회들은 이런 가르침에 너무 익숙지 않아서 그들에게는 마치 이단처럼 들린다. 그들은 "예수님처럼 살라고 말씀하시는 겁니까? 그건 신성모독입니다!"라고 말한다.

우리는 다음과 같이 대답해야 한다: "아닙니다. 저는 단지 예수님이 그러셨던 것처럼 저의 인성을 성령께 드릴 겁니다. 저는 예수님이 그러셨던 것처럼 아버지 하나님과 관계를 맺을 겁니다. 예수님의 피가 내 안에서 놀라운 역사를 일으키고 나면 하나님은 예수님의 인성을 통해 역사하신 것과 동일한 방법으로 저의 인성을 통해 역사하실 수 있습니다. 내 안에 계신 성령께 불가능한 일이란 없습니다. 그래서 저는 이와 같이 살기를 기대합니다. 하나님의 나라는 순종과 관계입니다."

성경은 하나님이 완전한 사랑이고, 완전한 선이고, 완전한 지혜이며, 절대적인 능력이고, 완전한 의이며, 완전한 지식이고, 완전한 빛이며, 완전한 진리이고, 파괴할 수 없는 생명이라고 말한다.

나는 당신에게 성경에서 하나님이 어떤 분이신지 그리고 우리 주 예수 그리스도께서 "나는 …이다"라고 하신 말씀의 모든 목록을 만들어 볼 것을 권한다. 당신은 이 목록의 항목들이 서로 얼마나 많이 겹치고 그 목록이 얼마나 광대하고 완벽한지에 대해 놀랄 것이다. 성경은 이를 다음과 같은 말로 요약한다: "하나님의 도는 완전하고 여호와의 말씀은 정미하니" (시 18:30). '완전하다'는 히브리어는 타미인(tamiyn)인데 이는 '흠이 없는, 완전한, 온전한, 충만한, 건전한, 건강한'이란 뜻이다. 하나님의 뜻을 완전하게 혹은 온전히 행하는 것은 우리에게 충만 그 자체이다. 우리가 그분의 완전한 뜻을 다 행하지 못할 때 이는 완전에서 불완전으로 가는 것이며, 그 결과 손실이 생긴다. 우리가 그분의 뜻을 우리가 아는 대로 완전하게 행하지 않으면 우리는 그분의 나라에서 제대로 살고 있는 것이 아니다. 우리가 순종의 삶을 살 때에 그 동일한 완전함이 점차 우리를 통해 흘러나오는 것을 발견하게 될 것이다. 하나님이 절대적으로 완전하신 것 같이 우리가 그분께 완전하게 순종하면 그 동일한 완전함이 우리의 삶과 우리의 권세와 영향력이 미치는 모든 환경에 드러날 것이다.

일단 그 나라가 우리 안에서 제대로 역사하기 시작하면 우리는 우리 사회에 그 나라를 시행하기 시작하며, 영광스러운 변화를 일으킨다. 모든 사람이 그 나라의 유익을 즐기겠지만 이를 이루기 위해 모든 사람이 필요한 것은 아니다. 단지 호전적인(militant) 소수의 사람만 있으면 된다.

우리의 통치의 영역

우리 모두에게는 어느 정도 통치의 영역이 있다. 만일 당신이 독신이면 당신은 자신과 당신이 사는 세상을 통치한다. 만일 당신이 아버지이면 당신이 다스리는 가족이 있다. 만일 당신이 나처럼 멋진 아내와 결혼했다면 당신은 두 사람이 대표하는 통치의 우두머리가 될 것이다. 올바른 관계 속에 있다면 아내와 나는 우리 가족 전체에 그 나라를 확장할 권세를 지닌다. 우리 자녀들 모두는 우리 두 사람이 함께 예수님께 순종함으로써 만들어 낸 그 나라 안에서 안전하게 성장했다. 우리의 순종은 우리에게만 영향을 미칠 뿐만 아니라 우리 자녀에게도 영향을 미치고 그들을 보호했다.

아담이 범죄했을 때 이로 인해 모든 피조물이 영향을 받았다. 왜냐하면 만물은 그의 권세의 영역 안에 있었기 때문이다. 그러므로 당신이 불순종하면 그 영향력은 당신에게만 제한되지 않는다. 그로 인해 당신의 권세 아래 있는 모든 사람들이 영향을 받는다. 아내와 나는 구원받고 난 뒤에 언제나 하나님의 나라 안에 살았기 때문에 우리는 언제나 권세가 있었고 마귀는 결코 우리 자녀들을 건드릴 수 없었다. 이제 우리에게는 멋진 손자들이 있으며, 그들은 하나님 나라에 있다. 나이가 들어 갈수록 예수님에 대한 그들의 열정에 불이 붙고 있으며, 하나님께서는 그들을 통해 놀라운 일들을 행하시기 시작했다. 그들이 하나님 나라 안에 있기 때문에 마귀는 그들을 건드릴 수 없다.

하나님의 나라가 우리 도시에 오기만 한다면

우리 가족은 출발점이다. 일단 하나님 나라의 능력을 보기 시작하면 한 도시의 모든 교회들이 함께 하나님 나라 안에서 바른 통치를 받을 때 당신은 어떤 일이 벌어질 수 있는지 보기 시작한다. 이렇게 되면 하나님께서 도시를 점령하시는 것은 쉽다. 독립은 어느 누구도 감당할 수 없는 사치품이다. 그것은 너무나 파괴적이다. 만일 교회의 목회자나 장로들이 그들의 관계 가운데 진정으로 하나님 나라를 허용하면 그들의 권세의 영역 아래 있는 모든 자들은 하나님 나라의 보호를 받을 것이며, 그들은 그 나라를 세울 수 있을 것이다. 하나님 나라의 통치와 그 나라가 제대로 세워지면 교회 안에는 재앙, 비극, 분열, 분당 등이 있을 수 없다.

하나님 나라에는 그 나라만의 경제가 있다

우리가 뭄바이에 사는 동안 내내 그 도시의 실업률은 40퍼센트나 되었다. 그러나 우리는 하나님 나라에 있었기 때문에 우리 교회의 경제는 달랐다. 우리 교인들 중에서 어느 누구도 영구적인 실업자는 없었다. 왜냐하면 우리는 우리의 영역 안에서 모든 사람을 실제적으로 고용하도록 하는 권세가 있었기 때문이다. 우리는 성도들에게 하나님 나라의 탁월한 노동 윤리 가운데 살고 일하도록 가르쳤다. 그래서 모든 사람들이 우리 교인들을 채용하고 싶어 했다. 사업주들이 우리 교인 중 한두 사람을 고용한 후에 우리에게 와서 말했다: "만일 당신 교인 중에서 일자리가 필요한 사람이 있다면 알려 주십시오. 그들이 할 일이 기다리고 있습니다."

하나님의 나라는 우리의 일상생활에서도 강력하고 실제적이다. 만일 우리가 하나님 나라에 들어갔다면 우리의 권세가 미치는 모든 것은 그 나라의 보호를 받는다. 만일 우리가 독립적으로 산다면 우리와 우리의 권세가 미치는 모든 것은 마귀의 공격을 받을 것이다. 이는 지불하기에 너무나 큰 대가이다. 마귀가 그렇게 큰 손해를 그리스도인에게 끼칠 수 있는 이유는 바로 이 때문이다.

천국

'천국'이란 문구는 하나님의 뜻이 온전히 행해질 때—천사가 하든, 사람이 하든 상관없다—만들어지는 환경을 강조한다. 천국의 환

제13장 하나님의 나라와 천국

경을 만드는 것은 하나님께 대한 순종이다. 이것은 우리가 천국을 볼 수 있는 첫 번째 감각(sense)이다. 순종하면 천국이고 불순종하면 지옥이다. 이는 정말 이처럼 단순하다. 만일 당신이 지옥 같은 삶을 산다면 이는 당신이 불순종한 결과이다. 미안하지만 사실이 그렇다. 그래서 우리는 현실을 직시해야 한다. 순종하는 사람들은 지옥과 같은 삶을 살지 않는다. 그들은 천국의 삶을 누린다. 엄청난 평강이 오는데 이는 그것이 그 나라의 본질이기 때문이다.

평강은 천국의 환경이다

성경에는 하나님 나라에 대한 엄청난 구절이 있다. 예를 들면, "하나님의 나라는 먹는 것과 마시는 것이 아니요 오직 성령 안에서 의와 평강과 희락이라"가 그것이다(롬 14:17). 우리 가정은 평강의 집이다. 그 집은 하나님이 통치하시는 곳이다. 우리는 집에서 하나님을 경배하고, 사랑하고 순종한다. 어떤 귀신도 감히 그곳에 가까이 오지 못한다. 하나님의 임재가 언제나 그곳에 있다. 그러한 분위기가 너무 좋다. 우리 집에 들어오는 사람들마다 이를 느낀다. 나는 하나님을 모르는 일반인을 말하는 것이다. 그들이 집에 들어오면 "와, 이 집은 정말 놀랍습니다. 여기에는 평화가 있네요"라고 말한다. 에어컨 기사, 페인트공, 상인들이 우리 집에 들어오면 그 분위기를 느끼고 감동을 받는다.

한번은 페인트공이 대형 카세트 플레이어를 들고 우리 집에 와서는 페인트를 칠하는 동안 시끄러운 팝송을 틀려 했다. 다행히도 그가 들어왔을 땐 이미 멋진 찬양이 CD 플레이어를 통해 연주되고 있었다. 그는 "음악이 아름다운데요. 이 집의 느낌이 너무 좋네요. 참으로 평화가 가득합니다. 놀랍습니다. 이곳에서 일하는 것이 즐거운데요. 어떻게 하면 그 CD를 얻을 수 있나요?"라고 말했다. 이것이 바로 천국이다. 우리 집과 이 집에 사는 모든 자들이 하나님의 권세에 순복했기 때문에 우리 집의 분위기가 이랬다. 어떤 집에 가면 아이들이 평화롭고, 행복하며, 만족스러워하고, 조용하다. 왜냐하면 그 환경이 바로 천국이기 때문이다. 다른 집에 가면 완전히 반대 분위기다.

실제로 모든 기독교 가정들이 이와 같이 산다면 사람들이 우리들의 집에 오기만 해도 계속해서 추수할 수 있을 것이다. 대부분의 사람들은 하나님을 반대하지 않는다. 그들은 단지 잃어버린 자들일 뿐이다. 그들은 뭔가를 찾고 있지만 그것이 뭔지 그리고 어디서 그것을 찾아야 할지 모른다. 이것이 천국에 대한 첫 번째 이해이다. 당신의 삶과 당신의 집이 이렇게 될 수 있다. 교회 안과 우리의 권세가 미치는 모든 것에서 이것이 이뤄져야 한다.

천국은 하나님의 왕위와 권세의 궁극적 보좌이다

천국에 관해 두 번째 강조하고 싶은 것은 그것이 하나님 통치의 궁극적인 보좌 역할을 한다는 것이다. 성경은 반복해서 하나님이 영광스러운 보좌에 앉아 계시며, 빛으로 둘러싸여 계시고, 수많은 천사

제13장 하나님의 나라와 천국

들의 경배를 받으시는 것으로 묘사한다. 우리는 여러 번에 걸쳐 하나님의 보좌가 '참 하늘' (Heaven itself, 이는 KJV에 나온 표현이다. 우리말 성경에는 '참 하늘' 이라 되어 있다-역주) 혹은 '셋째 하늘' 에 있다는 말을 듣는다. 이는 마치 천국에 여러 개의 층이 있는 것처럼 보인다. 예수님께서는 죽은 자 가운데서 부활하신 후에 '승천' (하늘은 복수형으로 되어 있다)하시고 참 하늘에 들어가사 그곳에서 하나님 보좌 우편에 앉으셨다고 말한다. 성경의 언어는 하늘을 복수형으로 자주 표현한다.

사탄은 낮은 수준의 하늘을 침공해서 더럽혔다

악한 영들의 세력이 낮은 수준의 하늘을 침공해서 더럽힌 것이 분명하다. 히브리서는 땅과 낮은 수준의 하늘을 정결케 하시는 하나님에 관해 말한다. 이 둘은 정결함이 필요하다. 자신들이 '하늘' 의 진에서 활동을 하면 땅에 대한 그들의 전쟁과 영향력이 더 효과적이 된다는 사실을 발견한 악한 정사와 권세들이 있는 것 같다. 부활하신 후에 영광스러운 새 사람이 되신 예수님은 하늘과 땅의 모든 권세가 자기에게 주어졌다고 말씀하셨다. 바울도 여러 차례 성경에서 하늘에 속한 악한 정사와 권세들과 씨름한다고 말한다(엡 3:10, 6:12를 보라).

또한 오염된 하늘 너머에 한 영역이 있음이 분명하다. 이곳에서 하나님은 오염되지 않은 영광과 논쟁의 여지가 없는 권세를 가지고 거하시며 통치하신다. 천국이란 용어는 또한 땅으로부터 멀리 떨어져 있는 어느 곳의 통치와 다스림의 영역을 설명할 때에 사용된다.

하나님은 이곳에 영광스러운 능력과 위엄 가운데 앉아 계신다.

에베소서 6장 12절에서 우리는 악한 정사와 권세와 씨름해야 한다는 말을 듣는다. 우리는 어디서 그들과 싸운단 말인가? 하늘에서다. 하나님의 하늘의 영광이 강력한 힘으로 이 희뿌연 베일(veil)을 뚫고 이 땅의 분위기를 바꿀 수 있도록 우리는 흑암의 통치와 영향력이 강하게 땅을 짓누르고 있는 낮은 수준의 하늘들을 다뤄야만 한다. 그러면 우리는 점차 열린 하늘 아래에서 살고 사역한다.

어떤 도시들의 경우에 가끔씩 우리는 이것을 매우 강력하게 느낄 수 있다. 그것은 마치 악한 흑암이 도시 전체를 덮고 있는 것처럼 보인다. 당신이 이 흑암의 덮개를 다루기 시작하면 하늘의 영역을 어둠에서 빛으로, 사탄의 권능에서 하나님의 권능으로 바꿀 수 있다. 에베소서 1장은 예수님의 보좌가 하늘에 속한 모든 정사와 권세보다 더 높은 곳에 있다고 말한다(엡 1:20~21을 보라). 성경은 하나님이 거하시는 이 궁극의 하늘을 '참 하늘'(히 9:24) 혹은 '셋째 하늘'(고후 12:2)이라 부른다. 그러나 성경은 실제로 첫째 하늘과 둘째 하늘을 직접적으로 설명하거나 정의하지 않는다.

첫째 하늘과 둘째 하늘에 대해 돌아다니는 몇 가지 가르침들이 있다. 그러나 그 어느 것도 성경이 실제로 말하고 있는 바에 근거하고 있지 않다. 이는 성경적 진리라기보다는 단지 추측으로 간주해야만 한다. 성경에서 우리가 알고 있는 것은 단지 셋째 하늘이 있으며, 그곳이 오염되지 않은 영광의 장소이며, 하나님의 통치와 권세의 보좌가 있는 곳이라는 것뿐이다. 어떤 악한 어둠의 세력도 그곳을 뚫고서 더럽히지 못했으며, 앞으로도 결코 그러지 못할 것이다.

우리는 하늘을 정결케 하는 법을 배워야 한다

하나님의 나라를 우리 사회에 가져오려면 우리는 오염된 하늘 영역을 다루는 법을 배워야 한다. 우리가 이 하늘 영역에 들어갈 수 있는 유일한 방법은 영의 활동을 통해서이다. 비록 내 몸은 이 땅에 있다 할지라도 영으로 나는 하늘에서 그리스도와 함께 앉을 수 있다. 나는 오랫동안 이를 숙고해 왔으며 이것이 의미하는 바에 대해 기도해 왔다. 우리는 지금 우리의 이해를 초월하는 것들을 다루고 있다. 아마도 언젠가 하나님께서 우리에게 더 많은 빛을 주실 것이다. 하지만 우리는 하나님께 순종하기 위해 완전히 다 이해할 필요는 없다.

지금 이 물질세계에 대한 우리의 이해만으로도 우리는 같은 공간에 두 개의 물질세계가 서로 부딪히고 있다는 사실을 인식하지 못하면서도 동시에 존재할 수 있다는 사실을 알고 있다. 그것은 분자를 구성하고 있는 입자들의 진동 주파수의 문제이다. 이론적으로 이들은 서로의 존재를 인식하지 못한 상태에서 서로를 관통할 수 있다. 그럼에도 불구하고 이 두 세계 안에 살고 있는 모든 이들에게 서로의 세계는 확실하고(solid) 실제처럼 보인다. 하늘과 땅의 영역에는 물리적인 법칙뿐만 아니라 영적인 법칙들이 작동한다. 우리는 하나님 나라의 진군과 흑암의 나라의 파괴를 위해 이들을 보다 효과적으로 사용하는 법을 배워야 한다. 우리는 하나님 나라를 이 땅에 가져오기 위해 이 영역들에서 행동하는 법을 하나님께서 우리에게 어린아이처럼 가르쳐 주시도록 기꺼이 허락해야만 한다.

열린 하늘을 획득하라

도시를 다룰 때 우리는 땅의 차원뿐만 아니라 그 도시를 장악하고 있는 하늘의 차원을 인식해야 한다. 땅 위에서 어떤 현상들이 나타날 수 있도록 하기 위해선 먼저 하늘에서 어떤 것들을 성취해야만 한다. 하늘의 영역을 다루면 우리가 영적으로 기능할 수 있는 환경에 변화가 온다.

몇 년 전에 나와 아내는 조용기 목사를 만났다. 그는 한국 사람으로서 잘 알려진 목회자이다. 우리는 1970년대 후반에 처음으로 그의 교회를 방문했다. 이 교회의 성도 수는 엄청나다. 에일린은 6개월 후에 다시 이 교회로 돌아왔고 교회는 계속해서 급속하게 성장했다. 우리는 다른 사람들과 달리 당시에 이 교회를 살펴보는 특권을 누렸.

이 교회의 능력은 오산리 금식 기도원(Prayer Mountain)을 중심으로 이뤄지는 기도 생활에 있다. 오산리 금식 기도원은 도시 외곽에 위치해 있으며 온전히 기도에만 전념한다. 이 기도원은 초기부터 교회의 일부분으로 존재해 왔으며 한 교회만을 위해 존재하지 않는다. 오산리 금식 기도원은 도시 전체와 한국, 그리고 열방을 위해 존재한다.

제13장 하나님의 나라와 천국

오산리 금식 기도원

　1958년에 조 목사는 다섯 명으로 교회를 시작했다. 본인, 아내, 장모 그리고 두 명의 성도였다. 도시에 위치한 이 교회는 작은 교회였고, 경제적으로 힘들었으며, 50명의 회중은 꿈처럼 보였다. 그럼에도 불구하고 그들은 하나님이 그들에게 보여 주시는 대로 인내했다. 초기부터 이 교회는 기도 위에 세워졌다. 초기에 그들은 도시에서 자동차로 한 시간 떨어진 산에 기도원을 세웠는데 이것이 '오산리 금식 기도원'이 되었다. 기도원에서는 음식을 주지 않고 물만 준다. 오는 사람 모두가 금식하며 기도할 것이라 생각하기 때문이다. 에일린이 방문했을 때 그들은 천막에서 모였고 나중에 건물로 이사했다. 1980년 중반에는 10,000명 정도의 사람들이 기도원에 항상 있었다.

　이 기도의 발전소로 인해 그 도시는 변했다. 그들은 그곳에서 계속해서 악한 영의 진들에 폭격을 가했고 하늘 영역을 청소했다. 오산리 금식 기도원의 오랜 사역으로 인해 현재 서울시에는 3,000개 이상의 교회가 있으며 그들 중 많은 교회들은 대형 교회이다.

　나는 조용기 목사가 설교한 것을 들은 적이 있다. 그는 훌륭한 설교자이며 놀라운 하나님의 사람이지만 이렇게 대규모로 부흥이 일어난 것은 하늘을 청소하는 기도의 능력 때문이다. 나는 조 목사가 다음과 같이 말하는 것을 여러 번 들었다: "저희 교회에서 설교할 때 저는 열린 하늘에서 설교합니다. 그러나 다른 곳에 가면 집회 전에 몇 시간씩 기도하지만 저희 교회에서와 같은 자유함을 결코 경험하지 못합니다. 왜냐하면 하늘이 동일하게 열려 있지 않기 때문입니다."

내가 이 교회 집회에 참석했을 당시 본당은 25,000명 정도를 수용했다. 주일에 이 건물은 7번이나 가득 찼다. 매주 30분 동안 한 무리가 나가고 다음 무리가 들어오는 것을 7번 반복한다는 것은 기적이었다. 모든 것이 시간에 따라 정확하게 움직였다. 예배도 좋았고 설교도 좋았고, 모든 것이 좋았다. 하지만 가장 환상적인 것은 그가 사람들에게 앞으로 나와 예수님을 영접하라고 초청했을 때였다. 수천 명의 사람들이 초청에 응답했으며 매주일 이런 일이 일어났다.

기도가 하늘을 연다

우리가 이 교회에 있었던 1980년대에 성도 수는 약 200,000명이었고 매주 구원받는 평균 숫자는 약 10,000명 정도였다. 나는 교회 사무실에 가서 물었다: "이 사람들은 모두 어떻게 되나요?" 그들은 당시에 상세한 기록물을 보관하고 있었다. 기록에 따르면 7,000~8,000명 사이의 사람들이 매달 교회 안의 구역 모임에 참석했다. 그래서 나는 "나머지 사람들은 어떻게 되었나요?"라고 물었다. 세심하게 기재한 기록을 보면서 그들은 나에게 그중 많은 사람들이 다른 교회에 참석한다는 것을 보여 주었다. 그들은 사람들이 다른 교회에 다닌다는 사실에 자기 교회에 다니는 것처럼 기뻐하는 것 같았다. 그들은 "지난 달 기록에 따르면 350명이 교회에 나오지 않았습니다. 하지만 나머지 사람들은 다른 교회에 잘 출석하고 있습니다." 그들은 나에게 각 사람의 기록과 그들이 어떻게 성장해 가고 있는지를 보여 주었다.

제13장 하나님의 나라와 천국

나는 내가 본 사실에 놀랐다.

나는 평생에 그와 같은 것을 한 번도 본 적이 없었다. 하지만 이와 비슷하게 기도원들을 세우면 우리나라에서도 이와 유사한 폭발적인 성장을 볼 수 있을 것이다. 이처럼 우리는 기도회를 통해서 하늘을 청소할 수 있다. 누가복음 3장 21절은 예수님이 기도하실 때 하늘이 열렸다고 말한다. 그것은 마치 오염된 하늘의 어두운 층들이 잠시 동안 열려서 땅과 오염되지 않은 셋째 하늘 사이에 복도가 형성된 것과 같았다. 내 상상력으로는 그렇게 보인다. 우리가 이처럼 기도하는 법을 배우면 지금 하늘에서 이 흑암을 다스리고 있는 정사와 권세들은 더 이상 그들의 보좌에 앉아 있을 수가 없다. 그들은 하늘에서 쫓겨나고 하늘로 들어가는 길은 열린다.

우리는 천국을 이 세상사를 다스리는 통치의 장소로 봐야 한다. 우리는 이 땅에서 뭔가가 이뤄지는 것을 보길 원하면 하늘에서 먼저 이뤄져야 한다는 사실을 배웠다. 예수님께서는 우리가 땅에서 맨 것은 이미 하늘에서 매인바 되었기 때문에 이뤄질 것이라 말씀하셨다. 우리가 땅에서 무엇이든지 풀면 그것이 이미 하늘에서 풀린바 되었기 때문에 그대로 이뤄질 것이다(마 16:19, 18:18).

우리의 기도 생활에서 중요한 것은 하나님의 통치를 이 오염된 하늘로 가져와 그곳이 청소되어 마침내 천국이 되게 하는 것이다. 이것이 성취되어 영구적인 천국의 분위기가 한 도시 위에 유지되면 그 도시에 사는 사람들은 완전히 다른 반응을 보인다. 왜냐하면 그들은 이제 흑암의 나라 대신에 천국의 덮개 아래 살고 있기 때문이다. 우리는 오래전에 뭄바이에서 이런 일이 일어나는 것을 보았고 이는 오늘날까지 계속되고 있다.

어떤 도시에 가면 어둠의 덮개가 느껴진다. 그리고 우리가 할 수 있는 것이라곤 단지 영적으로 숨 쉬는 것뿐이다. 때로 이곳에서 기도하면 그 덮개에 금이 가고 틈이 생겨 지옥 같던 환경이 천국 같은 환경으로 바뀌기 시작하는 순간을 느낄 수 있다. 이와 같은 덮개 아래 사는 사람들은 그 하늘 영역의 왕국에 변화가 생겼기 때문에 다르게 반응하기 시작한다.

이는 기도를 통해 우리가 배워야 하는 것이다. 이를 효과적으로 잘 배우면 우리는 열린 하늘 아래에서 사역할 수 있을 것이다. 그럴 경우에 단지 특정 지역 교회만 영향을 받는 것이 아니라 그 도시 전체 교회가 영향을 받을 것이다. 이렇게 기도하기 위해서는 먼저 도시에 대한 열정을 가져야 한다. 우리도 우리가 살고 있는 샌안토니오에 이와 같은 기도센터를 세웠다. 기도센터의 이름은 '사도 기도센터'(Apostolic Prayer Center)이다. 이는 도시 전체를 위한 기도원이다. 이곳은 누구든지 와서 기도할 수 있는 곳이다. 우리의 열정은, 하늘이 열리고 천국이 우리 도시 위에 세워질 때 도시의 모든 교회들이 성장하는 것을 목도하는 것이다.

Chapter 14

구약성경에 예언된 하나님의 나라

　구약성경(창세기에서 시작해서 모세오경, 시문학서, 시편, 선지서 등)에는 다가올 하나님의 나라에 대해 직접적으로 강력하게 언급한 곳이 많다. 어떤 말씀들은 예수님의 탄생과 직접 관련이 있지만 마지막 종말에 일어날 주님의 재림에 대해서는 언급하지 않는다. 가장 명백하고 영광스러운 내용은 다니엘서와 이사야서에 나온다(나는 이 책에서 이미 이들 중 몇 구절을 인용했다). 성령께서 오셔서 첫 사도들의 이해력을 열어 주시자 갑자기 모든 구약성경에 빛이 흘러들어왔다. 부활하신 후에 예수님은 가장 중요한 것으로서 모든 성경 가운데 자신에 관한 것들을 자세히 설명하시기 시작했다. 구약성경은 주님께서 이해하지 못하는 제자들의 무능력을 다루시는 중요한 무기였다. 그런 다음에 주님은 그들에게서 고질적인 불신앙을 쫓아내실 수 있었다.

구약성경의 모든 페이지에 나오시는 예수님

이제 고린도전서 10장으로 돌아가 보자.

"형제들아 너희가 알지 못하기를 내가 원치 아니하노니 우리 조상들이 다 구름 아래 있고 바다 가운데로 지나며 모세에게 속하여 다 구름과 바다에서 세례를 받고 다 같은 신령한 식물을 먹으며 다 같은 신령한 음료를 마셨으니 이는 저희를 따르는 신령한 반석으로부터 마셨으매 그 반석은 곧 그리스도시라 그러나 저희의 다수를 하나님이 기뻐하지 아니하신고로 저희가 광야에서 멸망을 받았느니라 그런 일은 우리의 거울이 되어 우리로 하여금 저희가 악을 즐겨한 것 같이 즐겨하는 자가 되지 않게 하려 함이니 저희 중에 어떤 이들과 같이 너희는 우상 숭배하는 자가 되지 말라 기록된바 백성이 앉아서 먹고 마시며 일어나서 뛰논다 함과 같으니라 저희 중에 어떤 이들이 간음하다가 하루에 이만 삼천 명이 죽었나니 우리는 저희와 같이 간음하지 말자 저희 중에 어떤이들이 주를 시험하다가 뱀에게 멸망하였나니 우리는 저희와 같이 시험하지 말자 저희 중에 어떤이들이 원망하다가 멸망시키는 자에게 멸망하였나니 너희는 저희와 같이 원망하지 말라 저희에게 당한

제14장 구약성경에 예언된 하나님의 나라

> 이런 일이 거울이 되고 또한 말세를 만난 우리의 경계로 기록하였느니라 그런즉 선 줄로 생각하는 자는 넘어질까 조심하라"
> (고전 10:1~12).

바울이 예언한 대로 구약성경은 말세를 당한 우리와 특별히 상관이 있다. 우리는 하나님께서 이스라엘을 다루시는 역사를 읽으면서 두 가지를 듣게 된다. 첫째, 구약성경은 우리를 위한 거울이며 경계이다. 여기서 우리는 "이는 저희를 따르는 신령한 반석으로부터 마셨으매 그 반석은 곧 그리스도시라"는 말을 듣는다. 그들이 영적으로 마신 바위는 그리스도이셨다.

그리스도는 당시에 이미 그들 가운데 계시면서 활동하셨다. 주님이 마리아를 통해 이 땅에 태어나셨을 때 주님께서 사람으로서 물리적인 생활을 시작하긴 하셨지만 그분의 존재가 시작된 것은 아니었다. 주님은 이미 아브라함에게 나타나셨으며 아브라함과 다윗 모두에게 멜기세덱, 즉 새 언약의 위대한 영원한 대제사장으로 알려지셨다(창 14:18~19, 시 110:4를 보라). 주님이 성육신하시기 전에 그들에게 하신 사역으로 인해 그들은 주님 안에서 새 언약의 신자들로 살았으며, 주님이 이 땅에 육체를 입은 사람이 되시기 오래전에 그들은 믿음으로 주님의 완전한 희생을 믿었다.

바울은 우리도 그들을 거울로 삼아 배워야 한다고 말한다. 만일 우리가 그들처럼 행동한다면 우리도 동일한 하나님에게서 동일한 심판을 받게 될 것이다. 하나님은 그들을 기뻐하지 않으셨으며, 만일 우리도 같은 짓을 한다면 우리도 기뻐하지 않으실 것이다. 그들이 출애굽기 19장 7~9절에서 "여호와의 명하신대로 우리가 다 행하리이다"라고 고백하고, 여호수아 1장 16~18절에서 또 다시 그렇게 말했어도 그들은 뻔뻔하게도 불순종했다.

고린도전서 10장 11절에서 우리가 듣는 두 번째는 이 사건들이 표상들[types, 헬라어로 투포스(tupos), 우리말 성경에는 '거울'로 번역되어 있다-역주], 즉 이들이 대표하는 비유적 그림자나 영적 실체의 그림들이라는 사실이다. 구약성경의 모든 것은 우리에게 조심하라고 주신 거울이며 경계이다. 그러나 이들은 또한 표상이며 비유들이다. 이들은 위대한 영적 진리를 담은 강력한 영적 그림들이다.

예수님께서 그들의 이해력을 열어 주시다

예수님께서 죽은 자 가운데 부활하신 후 엠마오로 가던 두 제자를 만나셨을 때 "저희의 눈이 가리워져서" 그들은 주님을 알아보지 못했다. 그들은 깊은 우울함에 빠졌으며 완전히 낙담했다. 그들은 말했다.

> "나사렛 예수의 일이니 그는 하나님과 모든 백성 앞에서 말과 일에 능하신 선지자여늘 우리 대제사장들과 관원들이 사형 판결에 넘겨주어 십자가에 못 박았느니라 우리는 이 사람이 이스라엘을 구속할 자라고 **바랐노라**"(눅 24:19~21).

그들의 말이 과거시제인 것을 주목하라. 그들은 완전히 낙담하였고 환멸을 느꼈다. 그들은 다음과 같이 생각했다: '우리는 다가올 것이라 생각했던 이 강력한 하나님 나라를 보지 못할 거야. 예수님은 돌아가셨고 모든 것이 끝났어. 우리 지도자께서 없어졌으니 이제 우리는 완전히 끝났어. 집에 가는 길이 완전히 힘이 빠지네.'

예수님은 그들을 책망하시면서 다음과 같이 말씀하셨다: "미련하고 선지자들의 말한 모든 것을 마음에 더디 믿는 자들이여"(눅 24:25). 예수님은 어느 선지자들을 말씀하시는 건가? 그것은 분명 구약성경의 선지자들이었다. 왜냐하면 아직 신약성경이 쓰이지 않았기 때문이다. 그런 뒤에 예수님은 율법과 시편, 선지서를 들어 이 책에서 그분에 대한 모든 것을 제자들에게 설명해 주셨다. 주님은 그들에게 구약성경의 모든 페이지에 나오는 그리스도를 보여 주셨다. 주님이 그들에게 성경을 열어 주시자 그들의 마음이 그 속에서 뜨겁게 불타올랐다. 우리가 구약성경과 그 안에 있는 이야기들과 역사, 그리고 오래된 예언들을 읽을 때 이것들은 그리스도의 영을 통해 현재의 영적 계시가 된다. 그럴 때 이 성경 말씀들은 능력과 생명력으로 용솟음치며 우리가 살고 있는 시대와 상관이 있게 된다.

새 언약 안에서의 구약성경

나는 성경을 신약과 구약이라 불리는 두 개의 방으로 분리하는 것은 완전히 잘못되었다고 생각한다. 우리가 구약성경이라 부르는 것 중에서 너무나 많은 부분이 계시를 통해 새 언약을 강력하게 말해 준다. 오늘날 어떤 교사들은 신자들에게 감히 성경을 따르지 말라고 권한다. 왜냐하면 그것이 소위 '구약'이기 때문이다. 그들은 "아, 그건 구약인데요. 우리는 더 이상 그 이야기를 들을 필요가 없습니다. 구약은 우리 시대에 적용되지 않습니다"라고 말한다.

그러나 예수님은 마태복음 5장에서 다음과 같이 말씀하셨다.

> "내가 율법이나 선지자나 폐하러 온 줄로 생각지 말라 폐하러 온 것이 아니요 완전케 하려 함이로라 진실로 너희에게 이르노니 천지가 없어지기 전에는 율법의 일점 일획이라도 반드시 없어지지 아니하고 다 이루리라 그러므로 누구든지 이 계명 중에 지극히 작은 것 하나라도 버리고 또 그같이 사람을 가르치는 자는 천국에서 지극히 작다 일컬음을 받을 것이요 누구든지 이를 행하며 가르치는 자는 천국에서 크다 일컬음을 받으리라 내가 너희에게 이르노니 너희 의가 서기관과 바리새인보다 더 낫지 못하면 결단코 천국에 들어가지 못하리라" (마 5:17~20).

예를 들어, 누군가가 "신약성경 어디에 손을 들고, 소리를 지르며, 아주 극단적인 예배를 하라는 말이 있나요?"라고 말할 것이다. 어디서 그렇게 말하는가? 그 답은 '시편'이다. 그러면 누군가가 "그런데 그건 구약인데요"라고 말할 것이다. 아니다. 시편은 신약이다.

다윗은 다윗의 장막에서 시편 대부분을 썼으며, 시편은 그 믿음과 실제에 있어서 완전히 신약성경이었다.

시편의 대부분의 신학은 실제로 신약 신학이다. 다윗의 장막이 세워진 뒤에 다윗은 신약의 신자로서 살았다. 하나님의 아들은 마리아에게서 태어날 때 존재하신 분이 아니시다. 그분은 언제나 존재하셨으며 구약성경에서도 사람들에게 많이 나타나셨다. 십자가는 역사적 사건인 동시에 시간을 초월하며 영원 전체를 채우는 영적인 사건이다. 성경은 예수님이 창세전에 미리 정해지셨으며(foreordained) 십자가에 못 박히셨다고 말한다.

시간과 영원에 대한 이해

영적 진리를 온전히 수확하기 위해서 우리는 시간과 영원을 이해해야 하며, 이들이 서로 어떻게 다르고 어떤 관계가 있는지를 알아야 한다. 이런 이유 때문에 나의 가르침과 나의 또 다른 저서인 「믿음의 선한 싸움」에서 이 개념을 자주 발견할 수 있다.

성경은 하나님께서 만물을 창조하셨을 때에 시간이 시작되었다고 말한다. 또한 우리는 천사가 시간의 종말을 선포하고 더 이상 시간이 존재하지 않는 종말의 순간이 올 것이란 말을 듣는다.

우리가 살고 있는 이 시간과 공간의 물리적 세상에서 시간의 흐름을 하나의 긴 선으로 생각해 보라. 한쪽 끝은 시간의 시작이고 다른 한쪽 끝은 시간의 종말이다. 시간의 시작과 종말 사이에 인간의 전(全) 역사가 있다. 이 선상 어디에선가 예수님이 여자에게서 태어나셨다. 그리스도인들은 시간을 주전(B.C.)과 주후(A.D.) 둘로 나눴다. 이 시간상에서 아브라함은 그리스도께서 십자가에 못 박히시기 약 2,000년 전에 태어났으며, 앨런 빈센트는 십자가 사건 약 2,000년 후에 태어났다. 시간의 관점에서 아브라함과 앨런 사이에는 약 4,000년의 차이가 있다.

그러면 당신의 이성이 아니라 당신의 영의 사람을 사용하여 영원을 생각해 보라. 영원은 단지 수천 년의 수천 년이 계속되는 긴 시간이 아니다. 현재 우리가 아는 바대로 영원에는 시간이 없다. 영원은 언제나 현재형인 '지금'이며 이는 영원히 계속된다. 영원을 원처럼 생각해 보라. 거기에는 시작도 끝도 없다. 그것은 직선이 아니라 원이다. 원둘레를 따라 당신은 영원히 계속해서 여행할 수 있다. 일단 영원 안으로 들어가면 동시에 영원 전체를 경험한다. 영원은 하나이고, 크며, 영원한 지금이어서 당신은 영원의 일부 혹은 전체를 동시에 만질 수 있다.

우리가 성령으로 거듭나서 우리의 영의 사람이 살아나면 우리는 시간에서 영원으로 들어갈 수 있다. 우리는 성경이 '믿음'이라 부르는 새로운 능력을 부여받는다. 그것은 우리의 자연적 오감으로 그 어떤 것도 인식할 필요 없이 하나님이 말씀하신 것을 믿고 붙들 수 있는 능력이다. 그것은 거듭난 자가 누리는 큰 유익 중 하나이다. 우리가 비록 계속해서 시간 속에서 자연인을 따라 산다 할지라도 영으로 우리는 또한 영원으로 들어갈 수 있다. 우리는 시간에서 시간이 없는

제14장 구약성경에 예언된 하나님의 나라

영원으로 들어갈 수 있다. 거기에는 과거도, 현재도, 미래도 없다. 거기에는 단지 영원하고 위대한 영원한 지금만이 있을 뿐이다.

영원은 하나님과 천사들이 자연스럽게 거하는 장소이다. 하지만 하나님은 그분이 원하시는 때와 장소에서 시간 안으로 들어오실 수 있다. 아브라함은 시간 속에서 그리스도보다 2,000년 먼저 살았지만 그가 믿음으로 의롭다 하심을 받자 그는 신약성경의 신자가 되었으며 영 안에서 영원 안으로 들어올 수 있었다. 그는 멜기세덱을 통해 예수님을 만날 수 있었고 십자가를 품을 수 있었다. 왜냐하면 영원의 세계에서 십자가는 이미 '지금'이기 때문이었다. 영원에서 주님은 예수 그리스도의 보혈을 아브라함을 위해 이미 영원히 그리고 새롭게 흘리셨다. 그러므로 시간상 십자가의 사건이 일어나기 2,000년 전에 신약성경의 신자로서 그는 완전한 어린 양의 보혈로 구원을 받을 수 있었다.

앨런 빈센트도 이 역사적 사건이 시간상 2,000년이 지났어도 동일하게 행할 수 있다. 왜냐하면 영원 안에서 그것은 여전히 영원한 지금이기 때문이다. 하나님의 어린 양의 보혈은 과거에 아브라함에게 그랬던 것처럼 오늘 지금 나에게 똑같이 새롭다. 그러므로 아브라함과 앨런 모두는 영원의 영역에서 예수님을 만나고, 주님의 십자가의 능력과 은혜를 동일하게 '지금' 경험할 수 있다.

다윗 왕은 그리스도가 오시기 약 1,000년 전에 살았다. 그럼에도 불구하고 영 안에서 그도 또한 영원으로 들어가 십자가의 능력을 포용할 수 있었다. 시편 22편을 읽어 보면 다윗이 예수님이 십자가에 못 박히시는 환상을 보았으며, 환상 속에서 마치 그가 그 사건의 목격자인 것처럼 모든 세부사항을 다 보았다는 결론을 내릴 수밖에 없다. 그는 이 사건이 시간 속에서 일어나기 약 1,000년 전에 시편 22편을 통해 이 모든 것을 기록했다.

이 계시 때문에 다윗은 자신의 장막(tabernacle)에서 모세의 율법에 나오는 모든 의식과 제사를 버리고, 예수님이 십자가에 못 박히시기 1,000년 전에 신약성경의 신자가 되었다. 그가 한 행위는 모세의 율법에 따르면 완전히 불법이었다. 육체적으로 유다의 자손이었던 그는 하나님의 제사장이 될 수 없었다. 그럼에도 불구하고 영으로 그는 영원한 멜기세덱 제사장의 일부로서 제사장이 되어 하나님의 나라와 하늘 성막에 들어갔다. 그는 하나님과 일대일 대면하는 교제를 즐겼으며, 유대교의 자격이나 제사 혹은 제한과 상관없이 하나님께 제사장이 되었다.

다윗은 이미 희생으로 드려진 완전하신 하나님의 어린 양의 능력을 보았고, 포용했고, 받았기 때문에 가능했다. 하나님의 어린 양은 이미 들은 대로 이 세상이 창조되기 전에 십자가에 못 박혔다. 다윗은 어떤 다른 희생도 필요치 않았다! 그 결과 그는 하나님과 일대일의 교제 가운데 살았으며, 죽지 않고 살았다! 그는 하나님께서 모세를 통해 세우신 율법의 언약을 따라 나오지 않았으며, 하나님이 아브라함과 그의 모든 영적 자손들과 맺은 믿음으로 말미암은 약속의 언약을 따라 나왔다. 이 언약은 우리 주 예수 그리스도를 통해 비준을 받았으며, 그분은 영원의 영역에서 이미 십자가에 '못 박히셨으며'

제14장 구약성경에 예언된 하나님의 나라

'지금도 유효하다'.

하나님의 영감으로 쓰인 하나의 말씀

우리는 전통적으로 성경을 '구약'과 '신약'으로 나누는 개념이 적당치 않다는 것을 인식하고 이를 하나의 하나님의 말씀으로 봐야 한다. 성경은 참으로 역사를 가지고 있지만 '이 시대'와 '저 시대'에 매이면 안 된다. 우리는 하나님이 인간을 다루실 때 시간을 초월하는 영원의 차원이 있다는 사실을 인식해야 한다. 오래전 이스라엘 자녀들이 광야를 걸었을 때 예수님께서 그리스도로 그곳에 계셔서 "얘들아! 나에게 와서 마셔라"고 말씀하셨다. 주님은 수천 년 후, 초막절 마지막 날에 무리에게 외치셨을 때 거의 동일한 말씀을 하셨다(요 7:37을 보라). 인간 역사에서 누구든지 영원의 영역으로 들어와 십자가를 통해 신약성경의 신자로 살 수 있었다.

요한복음 8장 56절에서 예수님은 "너희 조상 아브라함은 나의 때 볼 것을 즐거워하다가 보고 기뻐하였느니라"고 말씀하셨다. 사람들은 말했다: "네가 아직 오십도 못되었는데 아브라함을 보았느냐"(요 8:57을 보라). 예수님은 "아브라함이 나기 전부터 내가 있느니라"고 말씀하셨다. 예수님이 하신 말씀은 "그렇다! 아브라함은 내 때를 보고 즐거워했다. 아브라함은 그것을 보았고 포용하면서 말했다. '할렐루야! 저는 믿습니다!' 그는 십자가의 능력을 통해 하나님과 일대일의 우정의 관계 가운데 살았다"는 것이었다.

예수님이 이렇게 말씀하신 것일 수도 있다: "나는 위대한 멜기세덱으로 그곳에 있었고 아브라함과 나는 오래전에 함께 교제를 나눴다. 나는 그에게 새 언약의 떡과 포도주를 주었고 그는 나에게 믿음으로 십일조를 드렸다."

말하자면 영적으로 아브라함은 제자들이 다락방에서 떡을 떼기 2,000년 전에 주님과 함께 애찬을 나누고 떡을 뗀 것이다.

당신이 이를 알면 이 모든 것들이 우리의 교훈을 위해 기록되었다는 것과 특히 말세를 당한 자들과 상관이 있다는 것이 이해가 되기 시작할 것이다. 우리는 구약성경의 모든 비유와 진리들을 이해해야 한다. 우리도 와서 엠마오로 가는 길에 그리스도의 영을 만나야 한다. 우리는 예수님께서 친히 구약성경 모두를 열어 주시는 엠마오 길 성경학교(the Emmaus Road Bible School)를 다녀야 한다. 이는 그 말씀이 첫 제자들 속에서 불타올랐던 것처럼 동일하게 우리 안에서도 불타오르도록 하기 위함이다.

그럴 때 우리는 그리스도와 하나님 나라의 메시지가 구약성경 모든 페이지마다 배어 있는 것을 볼 수 있다. 그것은 단지 역사가 아니라 우리의 교훈을 위해 기록되었으며, 특히 말세를 만난 자들을 위해 기록되었다.

Chapter 15

위조된 하나님의 나라

가짜가 먼저 올 때가 많다

우리에게 교훈을 가르치시기 위해 우리의 잘못된 기도가 응답될 때가 가끔씩 있다. 하나님의 백성들은 참으로 진실한 것을 갈망하기에 앞서 먼저 거짓된 것을 맛보고 이로 인해 가끔은 혼이 나 봐야 한다. 하나님 나라를 말씀하시면서 예수님도 묵은 포도주를 마시고 그것이 좋기 때문에 새 술을 금방 원하는 자가 없다고 말씀하셨다(눅 5:36~39를 보라).

모세는 이스라엘이 언젠가 왕을 갖게 될 것이라 예언했으며 잘못된 왕을 갖게 될 위험성에 대해 경고했다(신 17:14~20). 그러나 사무엘 때까지 하나님의 백성은 왕을 결코 갖지 않았다. 이스라엘의 첫 번째 왕은 사울이었다. 그는 하나님이 택하신 자가 아니라 백성들이 택한 자였다. 하나님은 그들에게 몇 가지 교훈을 가르치시기 위해 그들의 방식대로 왕을 허락하셨다.

당신이 하나님의 뜻이 아닌 어떤 것을 위해 간절히 기도하면서 하나님께 당신의 기도에 응답하시도록 주장한다면 조심하라! 하나님은 마침내 당신에게 이를 허락하실지 모른다. 하지만 그것은 당신에게 해가 될 것이다. 만일 당신이 계속해서 고집스럽게 잘못된 기도를 드린다면 하나님은 당신에게 허락하시지만 고생을 통해 배우게 될 것이다.

예수님은 기도하실 때에 훨씬 더 지혜로우셨다. 아담 종족의 모든 죄로 더러워진다는 생각에 너무나도 몸서리가 쳐졌기에 주님은 그 무게를 거의 감당할 수 없었다. 주님이 힘드셨던 것은 십자가의 고통이 아니라 그분에게 임할 죄의 더러움이었다. 주님은 외치셨다: "아! 가능하다면 이 잔이 내게서 지나가게 하소서. 저는 정말 이를 원치 않습니다. 이는 정말 너무 더럽고 냄새가 납니다." 그런 뒤에 주님은 곧바로 "그럼에도 불구하고 나의 원대로 마옵시고 아버지의 원대로 하옵소서"라고 말씀하셨다(마 26:39를 보라). 주님은 어리석은 기도를 하지 않으셨으며 아버지의 뜻을 거스르지 않으셨다.

때로 우리는 어리석은 기도를 드린다. 우리가 하나님께 어떤 것을 너무 간절히 구하니까 결국 하나님께서는 그것이 우리에게 고통스러울 것이라는 것을 아시면서도 구한 것을 주신다. 그분은 우리에게 교훈을 가르치시기 위해 이를 허락하신다. 성경에는 이런 예가 많이 있으며 내가 개인적으로 아는 예도 많다.

나는 다른 사람들에게 이런 일이 일어나는 것을 여러 번 보아 왔기 때문에 나는 이제 나의 방법대로 되는 것을 두려워한다. 나는 정말 하나님의 뜻만을 원한다. 그건 너무 두려운 일이기에 나는 이제 "주님, 저는 제 자신의 뜻을 원치 않습니다. 모든 일에 오직 당신의 뜻만이 이뤄지길 원합니다!"라고 말한다. 때로 어떤 사람이 본향으로 돌아가야 할 하나님의 시간이 되어 평화롭게 빨리 죽어야 하는데 계속해서 살아남도록 잘못 기도할 수 있다. 사람들이 인생의 종국에 다다랐을 때 그들을 위해 바른 기도를 드리는 법을 배워야 한다. 남은 시간들이 그들이 주님과 함께해야 할 하나님의 시간인지도 모른다. 당신의 기도로 인해 때로 그들이 하나님의 최선책과 반대로 살수도 있다. 이러한 잘못된 기도로 죽음의 전체 과정이 마땅히 겪어야 할 존엄함과 기쁨의 떠남 대신에 길고 맥 빠지는 아픔과 괴롬의 시간이 될 수 있다.

히스기야는 기도 응답을 받았다. 그는 죽고 싶지 않아 했다(왕하 20:1~6을 보라). 그는 왕으로서 영광스러운 통치를 경험했다. 그는 영적으로도 절정에 있었다. 하지만 그는 교만의 죄에 빠졌다. 이제 더 타락하기 전에 떠나야 할 시간이 되었다. 그러나 그는 죽지 않으려고 필사적으로 구했고 하나님은 그의 기도에 응답하셨다. 그는 결국 자기 수명보다 15년을 더 살았다. 그 결과 그는 자기의 성공에 대해 교만과 자랑하는 마음을 품었고, 갈대아인들과 무서운 타협을 했다. 유다의 역사상 가장 악한 왕 중 하나인 므낫세가 이 시기에 히스기아에게 태어났다. 므낫세는 하나님의 목적과 백성에게 너무나 파괴적인 행동을 했다. 히스기야가 제때에 죽은 것이 훨씬 더 나을 뻔했다. 그랬다면 이런 일들이 벌어지지 않았을 것이고 므낫세도 결코 태어나지 않았을 것이다.

때로 하나님은 사역을 위해 당신을 사용하신다. 그런 다음에 그 사역에 대한 당신의 시간이 끝난다. 하나님의 시간이 되면 반드시 사역에서 나오도록 하라! 만일 당신이 떠나기로 되어 있는데 계속해서 그곳에 머물러 하나님께서 당신에게 복 주실 수 없다면 당신은 하나님의 다음 계획에 커다란 장애가 될 수 있다.

하나님의 역사가 다 이뤄졌을 때 그만두라!

오래전에 나는 위대한 하나님의 사람 하나를 알고 있었다. 그는 잃어버린 진리를 교회에 회복시키는 데 강력한 쓰임을 받았다. 한번은 그가 대중 앞에서 다음과 같이 말하는 것을 들었다: "마지막 단계에 하나님께 쓰임을 받은 사람들은 하나님이 다음 단계로 옮기시는 데 커다란 장애가 됩니다. 왜냐하면 그들은 자신들을 통해 일하시는 하나님의 역사가 마지막이고 최종적이라고 생각하기 때문입니다. 그러나 일반적으로 그것은 마지막 단계가 아니고 충만한 그분의 나라를 가져오기 위한 하나님의 완전한 계획을 향한 또 다른 단계에 불과합니다." 이 사람은 하나님이 그를 통해 교회에 회복시키고자 하셨던 진리를 위해 많은 고난을 받았다. 그는 하나님의 이전 역사의 단계에 속한 자들로부터 많은 핍박을 받았다. 나를 비롯한 다른 많은 이들이 그에게서 너무나 많은 것을 받았다. 그의 계시가 최종적 계시는 아니었지만 참 커다란 도약이 아닐 수 없었다.

1965년에 내가 성령 세례를 받고 방언을 하기 시작하자 이 사람은 나와의 교제를 즉각 끊었다. 그는 '이 말도 안 되는 방언'을 거부했기 때문에 나와 더 이상 관계를 맺고자 하질 않았다. 불행하게도 그는 자신의 말을 성취하고 하나님의 다음 역사에 대해 완고한 반대자가 되었다. 그래서 나는 당시뿐만 아니라 지금도 여전히 다음과 같이 기도한다: "주님, 저는 결코 그 위대한 영적 아버지가 행한 대로 하고 싶지 않습니다. 제가 그만둬야 할 때가 오면 저는 주님께서 말씀하시는 음성을 들을 수 있는 귀가 있길 원하며, 곧바로 그만둘 수 있는 은혜를 원합니다. 저는 결코 주님이 하시는 어떤 새로운 것에도 반대하고 싶지 않습니다. 왜냐하면 저는 그것을 알지 못하고 또한 즉각적으로 좋아할 수도 없기 때문입니다."

거짓 왕국을 세운 사울

성경에서 우리는 사울 왕의 예를 본다. 하나님은 백성들에게 그들이 구한 것을 주셨다. 사울은 다른 이보다 어깨 위만큼 컸다. 자연적인 입장에서 사울은 자연적인 능력과 자연적인 재능 그리고 자연적인 지성의 최고봉을 나타낸다. 그는 사람들이 택한 자였다. 처음에 사람들이 그에게 왕이 되어 달라고 초청했을 때 그는 숨었다(삼상

10:22). 심지어 그는 그 일을 원하지 않았다. 나는 '얼마나 겸손한 사람인가! 그 일조차도 원하지 않다니!' 라고 생각하곤 했다.

나는 하나님께 "이 겸손한 사람이 그렇게 교만하게 되다니, 무슨 일이 일어났나요?"라고 여쭈었다. 어느 날 하나님께서 나에게 말씀하셨다: "그건 결코 진정한 겸손이 아니었다. 사울로 숨게 만든 것은 겸손이 아니라 실패에 대한 두려움이었다. 그는 그 일을 성공적으로 수행할 수 있을지 확신하지 못했기 때문에 그 일을 원치 않았다. 그건 진정한 겸손이 아니라 교만이 섞인 두려움과 불안감이었다. 그는 너무나 두려워서 사람들 앞에서 좋게 보이려 하지 않았고 처음에는 시도조차 무서워했다."

왕의 일을 얻고 자신이 이 일을 할 수 있으며 모든 사람들이 '위대한 사울 왕'으로 존중하자 그는 마음을 바꿔 다음과 같이 말하기 시작했다: "와! 이거 정말 마음에 드는데. 내가 걸어가면 사람들이 내 앞에서 머리를 숙이고 나를 존경하네. 이거 너무 즐거운데!" 탁월함과 인기를 맛보자 그것이 마약처럼 되어 이제 그것 없이는 살 수 없게 되었다.

나는 이런 사람들을 만났고 그런 움직임을 보았다. 나는 이에 대해 자세히 다루지 않겠다. 하지만 우리는 이러한 '사울' 경향들이 어떤 것인지 알아서 우리 안에 이런 것들이 존재하지 못하도록 해야 한다. 지난 세기에 행하신 하나님의 운동들(movements)이 엘리트 의식과 배타주의와 교만함으로 변질되었다. 이런 운동들은 그들 자신의 율법과 전통에 묶여 화석화되어 하나님의 다음 역사를 반대하는 '사울'의 집이 되었다.

몇몇 나라의 오순절 운동이 이러한 전형적인 예이다. 교회사에 있어서 하나님께서 새로운 역사를 이루신 후에 얼마 안 가 거의 모든 운동이 역사가 되고 존경할 만했지만 그 불꽃은 사라졌다. 이런 운동들은 사울의 집처럼 되어 '다윗의 집'이 와서 다음 정권을 인수하길 원치 않았다.

사울은 개인일 뿐만 아니라 소위 '사울의 집'이라는 집을 만들어 냈다. 강력한 리더가 운동 전체를 만들어 내며, 그 운동은 그의 유전자와 그의 성품을 지니게 된다. 사울의 성향을 지닌 이런 자들은 '사울의 집'을 만들어 내며 이는 강력한 운동력을 지니고 있다. 왜냐하면 종교의 영들이 결국 사울의 집을 침공하여 장악하기 때문이다. 최초의 개척자들이 죽은 후에 이 집은 그 자신의 운동력으로 계속 생존할 때가 많으며, 때로는 사망 후에도 오랫동안 지속된다.

사울의 집의 특징

결코 진정으로 하나님의 얼굴을 구하지 않은 사울

사울은 결코 하나님과 진정한 개인적 관계를 맺은 적이 없었다. 그는 필요할 때면 확신을 주는 종교적 행위를 할 줄은 알았지만 진짜는 아니었다. 이는 오늘날 성직자의 옷을 입고 종교적 쇼를 하는 일부 전문 사역자들과 전혀 다르지 않았다. 당신은 그들이 단지 대중 앞에서 종교적 행위를 하고 있다는 것을 보고 알 수 있다. 그들의 개인 생활에는 하나님에 대한 열정이 없고 그분의 임재를 진정으로 찾지 않으며 그분을 알거나 그분과 동행하고자 하는 갈망도 없다.

사역자 중에 누군가가 뭔가 하고자 하면 그는 "모두 기도하여 하나님의 지혜를 구합시다"라고 말하지만 실제로 그것은 종교적 위선일 뿐이다. 그는 이미 마음에 결정을 했다. 하나님께서 하실 수 있는 유일한 역할은 그가 계획을 성취할 수 있도록 돕는 일이다. 그는 진정으로 하나님의 음성을 듣거나 그분의 뜻을 행하려 하지 않는다. 그의 '기도'는 단지 공허한 종교적 형식일 뿐이다. 당신도 이런 사람을 좇거나 당신 안에 사울의 성향이 없도록 주의하라.

누군가 따르고자 하는 지도자를 찾는다면 먼저 그 사람이 살아 계신 하나님과 진정한 관계가 있는지 살펴보라. 사울은 하나님이 필요치 않았으며, 개인적으로 하나님을 원치 않았다. 분명히 그는 하나님의 도움을 원했지만 단지 그것이 자신의 계획을 성취하는 데 도움이 될 때만 그랬다: "오, 하나님, 저를 축복해 주시고 도와주십시오. 그러나 제 일을 방해하지는 마세요. 저는 제가 어디로 가고 있는지 알며 무엇을 원하는지 압니다. 그냥 그곳에 갈 수 있게만 도와주십시오. 만일 그렇게 하지 않으신다 할지라도 저는 어떻게 해서든 제 방식대로 그곳에 갈 겁니다."

하나님을 찾은 다윗

다윗은 하나님이 택하신 진정한 왕이었다. 다윗의 열정은 하나님과 개인적인 관계를 갖는 것이었다. 그는 그 관계 없이 살 수 없었다.

제15장 위조된 하나님의 나라

그는 자기 방식대로 어떤 것도 하길 원치 않았다. 그는 하나님의 방식대로 하길 원했다.

사울은 40년의 통치 기간 내내 블레셋과 싸웠지만 결코 결정적인 승리를 한 번도 거두지 못했다. 다윗이 왕위에 올랐을 때 그는 제일 먼저 하나님께 가서 여쭤보았다: "제가 블레셋을 치길 원하십니까?" (삼하 5:19를 보라) 그는 하나님께서 응답하실 때까지 움직이지 않으려 했다. 하나님께서 치라고 말씀하시자 다윗은 물었다: "계획이 어떻게 됩니까? 우리가 어떻게 해야 하나요?" 하나님께서 그에게 가라고 하실 때마다 하나님은 그에게 다른 전략을 주셨다. 그 결과 다윗의 세 번의 공격으로 블레셋의 전력은 완전히 와해되었다. 다윗은 그들의 모든 도시들을 점령했고 각 도시마다 수비대를 두었다. 다윗의 잔여 통치 기간 동안 블레셋은 결코 다시는 공격하지 못했다. 다윗은 그들을 다스리고 계속해서 그의 모든 원수들을 굴복시켰다. 이것은 왕과 그의 하나님 사이에 완전히 다른 관계가 성립되었기 때문이다.

사람들을 자신에게 불러 모은 사울

두 번째 특징은 사울과 같은 왕들이 다른 사람들을 다루는 방식이었다. 성경은 사울이 장래가 촉망되는 사람을 보면 그를 '자신에게' 불러 모았다고 말한다(삼상 14:52를 보라). 그는 잠재의식적으로 '이 사람들이 나와 내 사역을 발전시키는 데 도움을 줄 수 있어'라고 생각한 것이다. 그것이 사울의 한계였다. 그는 다른 사람들을 단지 그의 프로그램을 성공시키고 그의 명성을 높이는 데 유용한 존재로 보왔다. 그들에 대한 인간적인 부분에는 관심이 없었고 오직 그들이 자기 목적에 어떻게 부합되는지에만 관심이 있었다. 그는 사람을 이용만 했고 결코 그들과 개인적으로 관계를 맺지 못했다.

그러므로 이와 같은 사울의 성향을 조심하라. 만일 당신 안에 이런 성향이 조금이라도 발견된다면 하나님께서 이를 미워하시듯이 미워하라. 만일 이런 성향이 당신의 교회나 단체 안에 존재하거나 당신이 사울을 섬긴다는 것을 알게 되었다면 그곳에 머물러야 할지 말아야 할지를 고려하라.

무명한 자들을 취하여 그들을 변화시킨 다윗

하나님의 나라는 부성에 의해 움직이기 때문에 만일 당신이 책임 있는 지도자의 위치에 서고 유능한 사람들이 와서 당신을 돕는다면 사역은 쌍방향이어야 한다. 그들은 와서 당신을 섬기고 또한 당신은 그들을 섬기고 그들로 하여금 그들의 은사와 사역에서 장성한 분량에까지 자라도록 해야 한다.

진정한 아비는 자신의 성공보다 아들의 성공을 더 기뻐한다. 당신이 만일 누군가를 따르거나 섬길 때 당신은 다음과 같은 질문을 해야 한다: "이 사람은 아비인가 아니면 요구사항이 많은 지도자인가? 이 지도자는 어떤 종류의 마음을 가지고 있는가?"

더 중요한 것은, 당신이 당신을 따르는 사람들이 있는 사역의 지도자라면 당신은 어떤 종류의 마음을 가지고 있는가이다. 당신이 다윗과 같은 지도자라면 당신을 따르는 사람들 안에 있는 능력과 은사와 사역을 계속해서 개발할 것이다. 그들은 당신을 따르는 동안 은사와 사역에서 영적으로 점점 더 강해질 것이다. 다윗은 빚에 시달리고 낙담하고 환멸을 느낀 사람들을 데리고 시작했다. 그들은 정말 무가치한 존재들이었지만 다윗은 그들을 놀랄 만한 개인 공적을 쌓은 용감한 전사로 바꾸었다. 그 전사들은 다윗의 아비의 마음을 잘 입증해 준다.

사울의 불안 – 더 큰 은사에 위협을 받다

사울의 또 다른 특징은 불안이다. 그는 자기보다 더 큰 은사를 지닌 자를 보았을 때 그로 인해 불안해했다. 그래서 그는 다윗과 문제가 생겼다. 다윗은 너무나 성공적이어서 사울이 감당할 수 없었고 그의 능력은 사울의 안정감을 위협했다. 사울을 닮은 지도자들도 이와 같다. 그들은 사람들로 자기를 섬기게 하길 좋아하지만 그들로 섬기게 하기 위해 그들의 권력을 모두 동원할 것이다. 나는 이와 같은 사람들을 알고 있다. 그들은 대형 교회를 인도하고 수많은 사람들이 참여하는 대규모 운동들을 주도하지만, 어떤 영역에서 더 큰 은사로 빛나는 스태프를 지도자로 세우길 두려워한다. 그들은 이들이 자기들보다 더 뛰어나 지도자의 자리에서 자기를 쫓아낼까 봐 두려워 보통 그들을 제거한다.

어느 날 나는 한 대형 컨퍼런스에서 유명한 강사들과 함께 앉았다. 그들은 스태프 중에 탁월한 설교의 은사를 가진 자를 정기적으로 설교시키는 것이 얼마나 위험한지 토론했다. 왜냐하면 그 사람이 사람들의 마음을 훔쳐 갈 수 있기 때문이라는 것이다. 그들은 자신들이 외지로 나갈 때에는 많은 돈을 주고 초청 강사를 데려오는 것이 낫다고 말했다.

이게 바로 사울이다. 다윗은 사울에 대해 절대적으로 충성된 마음을 가졌지만 그는 사울의 위협이 되었다. 왜냐하면 다윗이 자기보다 나은 지도자였고, 능력도 많았으며, 백성의 사랑도 더 많이 받았기 때문이다. 백성은 "사울의 죽인 자는 천천이요 다윗은 만만이로다"고 말했다. 사울은 이를 견딜 수가 없었다. 그래서 다윗은 도망쳐야만 했다(삼상 18:7~8).

사울의 주된 관심 – 사람들 앞에서 좋게 보이는 것

사울이 정말로 관심을 가졌던 마지막 것은 사람들 앞에 좋게 보이는 것이었다. 사무엘이 마침내 와서 사울이 절대적으로 순종하지 않았기 때문에 하나님께서 나라를 사울에게서 도로 찾을 것이라고 말씀하셨을 때 사울은 말했다: "내가 범죄하였을찌라도 청하옵나니 내 백성의 장로들의 앞과 이스라엘의 앞에서 나를 높이사"(삼상 15:30). 사울은 여전히 백성들 앞에서 좋게 보이고 싶었다. 그것이 그에게 가장 중요한 것이었다. 이런 종류의 지도자는 하나님이 생각하시는 것보다 사람들이 생각하는 것에 더 관심이 많다.

다윗의 유일한 관심 – 하나님을 기쁘시게 해 드리는 것

다윗은 달랐다. 그가 온 힘을 다해 주님 앞에서 춤췄을 때 사울의 딸, 그의 아내 미갈은 마음으로 그를 멸시했다. 그녀는 "고귀하신 내 주께서 백성들 앞에서 그렇게 행동하시다니"라고 말했다. 그녀는 냉소적이어서 "당신은 백성들 앞에서 바보처럼 보였습니다"라고 말했다. 그녀는 사울의 딸이었기 때문에 아버지처럼 사람들의 생각에 관심이 가장 많았다. 다윗은 사람들이 어떻게 생각하는지 개의치 않았고, 오직 하나님이 어떻게 생각하시는지에 관심이 있었다. 다윗은 미갈에게 다음과 같이 대답했다.

> "이는 여호와 앞에서 한 것이니라 저가 네 아비와 그 온 집을 버리시고 나를 택하사 나로 여호와의 백성 이스라엘의 주권자를 삼으셨으니 내가 여호와 앞에서 뛰놀리라 내가 이보다 더 낮아져서 스스로 천하게 보일찌라도"(삼하 6:21~22).

다윗의 마음은 하나님이 어떻게 생각하시는지에만 관심이 있었다. 사울의 마음은 사람들이 어떻게 생각하는지에 관심이 있었다.

왕을 원한 잘못된 이유들

이스라엘은 네 가지 잘못된 이유로 왕을 구했다.

1. 사무엘의 아들들은 하나님과 동행하지 않았다.

사무엘의 아들들은 사무엘처럼 하나님의 길을 걷지 않았다. 이는 나를 놀라게 했으며 당신을 놀라게 했을 것이다. 엘리는 하나님의 능한 사람이요, 위대한 선지자였지만 그의 아들들에게는 어떤 일이 일어났는가? 그들은 타락하였다. 하나님의 언약궤를 거의 70년이나 지켰던 아비나답은 놀라운 하나님의 사람이었으며 말과 행실에 있어서 훌륭한 선지자였지만 그의 아들에게 어떤 일이 일어났는가? 모세는 위대한 하나님의 사람이었다. 그에게 두 아들이 있었다는 것을 아는가? 대부분의 그리스도인들은 그들의 이름을 대지 못한다. 우리가 아는 한 그에게는 두 아들이 있었지만 영적으로는 아무런 영향력이 없었다.

성경에서 이것을 읽은 후에 나는 "하나님, 저는 제 아들들에게 이런 일이 일어나길 원치 않습니다"라고 말씀드렸다. 성경에 보면 유산(inheritance)은 생물학적 아들들이 아닌 영적 아들들에게 전해진다. 이에 대해 나는 두 가지 이유가 있다고 생각한다.

첫 번째 이유는 아버지가 너무 사역에 바빠서 자기 아들들을 소홀히 했기 때문이다. 자녀들은 하나님과 사역에 대해 분노를 느낀다. 왜냐하면 사역이 그들의 아버지를 훔쳐 갔다는 것이 보이기 때문이다. 그는 자녀들을 위해 시간을 낸 적이 없으며, 따라서 그들은 하나님을 사랑하는 대신에 그분에 대해 분개한다.

두 번째 이유는 하나님과 사람과의 잘못된 친숙함(familiarity)이다. 친숙함으로 인해 생물학적 아들들은 그들의 아버지가 가지고 있는 기름부음과 은사를 제대로 평가하지 못한다. 다른 젊은이들은 이를 보고 이 놀라운 하나님의 사람과 한두 시간이라도 함께하려고 애를 쓴다. 왜냐하면 그들은 그가 그들에게 줄 수 있는 것을 간절히 원하기 때문이다.

그러나 생물학적 아들들의 대부분이 자기 아버지가 가지고 있는 것을 무시하기 때문에 다른 젊은이들처럼 아버지를 좇지 않는다. 그러므로 하나님께서는 굶주림으로 가득한 영적 아들들에게 유업을 물려주신다. 왜냐하면 생물학적 아들들은 이를 받을 만한 가치가 없기 때문이다. 모세의 유업은 모세의 생물학적 아들들이 아닌 여호수아에게 물려졌다. 엘리의 유업은 그의 아들들이 아닌 사무엘에게 물려졌다.

우리가 이런 사실을 아는 것이 중요하다. 만일 당신이 아버지이면, 특별히 청소년기 자녀들의 아버지이면 그들로 그들이 받아야 할 유산을 태만으로 놓치지 않도록 조심해야 한다. 만일 당신이 하나님이 사용하시는 사람의 자녀이면 당신의 유산을 놓치지 않도록 주의하라. 왜냐하면 당신은 당신 아버지나 어머니의 기름부음을 다른 사람들만큼 존경하지 않기 때문이다.

사람들이 왕을 구한 첫 번째 이유는 사무엘의 아들들이 실패했기 때문이다. 백성들은 사무엘의 아들들을 신뢰할 준비가 되어 있지 않았기 때문에 다른 지도자를 찾았다.

2. 그들은 다른 국가들처럼 되고 싶었다.

교회는 세상의 모범이 되기보다는 세상을 모방하려는 경향이 있다. 우리가 하나님 나라에서 하는 모든 것들은 세상이 하는 것보다 더 탁월해야 한다. 그러나 불행하게도 거꾸로이다. 하지만 하나님께서 지금 이를 바꾸고 계시다. 솔로몬이 나라를 다스렸을 때 온 세상이 그를 보러 왔으며 그 탁월함에 놀랐다.

하나님 나라에는 가장 훌륭한 건축가, 가장 훌륭한 음악가, 가장 훌륭한 예술가가 있어야 한다. 하나님의 창조적인 마음에서 나온 모든 것들은 그 나라에서 최고여야만 한다. 우리는 이러한 것들을 세속적인 것으로 배척하는 경향이 있다. 하지만 우리는 교회 안에서 이런 것들을 절실하게 필요로 한다. 모든 예술(드라마, 미디어, 음악 등)은 하나님께로부터 온 은사이며 세상 것보다 그 나라의 영광과 순전함 가운데 열 배나 더 탁월해야만 한다.

우리가 예수님을 영화롭게 하기 위해 프레젠테이션을 할 때 그것은 사람들을 압도해야 한다. 그 놀라운 영광으로 그들을 녹아웃(knock out)시켜야 한다. 모든 은사들이 함께 어우러질 때 우리가 경험할 수 있는 환상적인 예수님의 축제를 생각해 보라. 예수님에 대한 축하 행사가 세상이 할 수 있는 그 어느 것보다 열 배나 더 탁월하다면 그 얼마나 환상적이겠는가! 그러나 교회는 이와 같이 생각하지 않는다. 대신에 그들은 세상이 교회보다 열 배 낫다고 생각하고 세상을 모방하고 싶어 한다. 당신의 마음이 그렇다면 당신은 잘못된 왕을 고른 것이다.

3. 그들은 그들의 전투를 대신해 줄 왕을 원했다.

교회는 평신도들이 해야 할 일을 돈을 주고 전문 직업인을 고용하는 경향이 있다. 복음 전도자에 대한 그들의 관점은 전도자를 고용해 우리 대신 가서 복음을 전하게 하는 것이다. 그러나 진정한 하나님 나라의 복음 전도자는 교회 전체로 하여금 복음을 전파하도록 동기부여하는 자이다. 우리가 앉아서 구경만 하는 동안 이를 대신해서 사역해 줄 전문가를 고용해야 한다는 개념은 하나님 나라와 완전히 맞지 않는다.

우리는 우리의 전투를 싸워 줄 왕을 원치 않는다. 우리는 스스로 전투에 나갈 것이다. 하나님 나라에서 지극히 작은 자도 세례 요한보다 크다. 스가랴 12장 8절은 하나님 나라에서 가장 약한 자가 다윗과 같을 것이고 우리가 연합하면 하나님과 같을 것이라고 말한다. 가장 약한 자가 다윗과 같고 가장 작은 자가 세례 요한보다 크며 또한 이런 우리가 진정으로 연합된 교회를 상상해 보라. 이와 같은 교회를 가지고 당신은 무엇을 할 수 있는가? 이런 교회의 능력을 생각해 보라. 우리를 인도할 지도자들이 필요한 것은 분명하지만 우리의 전투를 대신해 싸워 줄 왕들이 필요하진 않다. 사도적 능력을 지닌 지도자들의 지도하에서 믿음과 연합과 조직을 갖추면 우리 스스로는 강력한 전사들과 주의 무서운 군대가 될 것이다.

4. 그들은 그들을 위해 하나님의 음성을 들을 왕을 원했다.

그들은 하나님의 음성을 대신 들어 줄 왕을 원했다. 왜냐하면 그들은 하나님과 친밀함으로 그들 스스로 하나님의 음성을 들을 때 치러야 할 대가를 지불하길 원치 않기 때문이었다. 히브리서 8장 10~12

절에서 하나님은 새 언약에 대해 말씀하신다: "그날 후에 내가 이스라엘 집으로 세울 언약이 이것이니 내 법을 저희 생각에 두고 저희 마음에 이것을 기록하리라 나는 저희에게 하나님이 되고 저희는 내게 백성이 되리라 또 각각 자기 나라 사람과 각각 자기 형제를 가르쳐 이르기를 주를 알라 하지 아니할 것은 저희가 작은 자로부터 큰 자까지 다 나를 앎이니라 내가 저희 불의를 긍휼히 여기고 저희 죄를 다시 기억하지 아니하리라"(히 8:10~12를 보라).

인간의 몸에서 모든 지체는 근육과 힘줄로 다른 지체와 연결되어 있다. 내 손가락은 내 팔목과, 내 팔목은 내 팔과, 내 팔은 내 몸과 연결되어 있다. 이 모든 것은 우리에게 영적 원리들을 가르쳐 주기 위해 창조되었다. 이처럼 제대로 연결되어 있지 않다면 나는 제대로 기능을 할 수 없을 것이다.

게다가 내 몸의 모든 지체는 머리와 연결되어 있다. 머리의 메시지는 신경을 통해 하달되어 나로 하여금 내 손으로 복잡하고 놀라운 일들을 하도록 만든다. 그리스도의 몸의 많은 지체들도 다른 지체와 바르게 연결되어 있지 않으면 절뚝거린다. 어떤 지체들은 머리와 연결되어 있지 않기 때문에 전신마비에 걸린다. 우리 도시에서 다른 그리스도의 몸의 지체들과 친밀한 관계를 만드는 것이 중요하다. 그러나 어떤 운동들이 너무 강조하는 것처럼 서로 자연적인 관계만을 갖는 것으로는 충분치 않다. 또한 우리는 개인적으로 우리의 머리이신 주 예수님과 연결되어 있어야 한다. 만일 우리 각자가 그 머리에 적절히 연결되어 있지 않으면 하나님의 뜻을 행하려 할 때 우리는 마비

제15장 위조된 하나님의 나라

상태가 된다.

하나님 나라의 비유 중에는 군대에 대한 비유가 많다. 하지만 이 비유를 너무 과도하게 취하지 않도록 조심해야 한다. 장군이 모든 사병들과 직접 즉각적인 소통을 할 수 있는 군대를 상상해 보라. 그러면 다루기 힘든 군대의 명령 체계를 통하는 것보다 훨씬 더 효과적일 것이다. 우리가 자연적인 명령 체계를 통과할 때 실수가 발생하는 일이 많다. 적절한 관계와 적절한 권위 위임은 절대적으로 필요하다. 하지만 장군이 장교들뿐만 아니라 모든 사병에게 직접 그리고 동시에 말할 수 있다면 이는 보다 더 강력하다.

중요한 전투에 앞서 이 장군이 모든 병사들과 동시에 친밀한 소통을 할 수 있어서 각 사람에게 개인적으로 "장병들이여, 이제 우리는 적군을 격퇴하기 위하여 함께 나갈 것이다. 이제 바로 진군하라. 돌격 앞으로!"라고 말할 수 있다고 상상해 보라. 이들이 이런 힘으로 적을 향해 나아간다면 무적함대가 될 것이다. 따라서 두 가지 종류의 연결이 필요하다. 이 둘이 제대로 작동하지 않으면 장애가 생겨 몸이 정상적으로 작동하지 못하게 된다. 만일 내 손가락 신경이 죽었다면 제대로 작동할 수 없다. 마비가 온다. 손가락이 팔목에 제대로 연결되어 있다 할지라도 손가락은 마땅히 움직여야 할 상태로 움직일 수 없다.

반대로 어떤 이들은 "나는 인간관계는 신경 쓰지 않아. 나는 오로지 예수님과 연결되어 있어"라고 말한다. 그 사람은 단지 한 가닥의 신경으로 몸에 연결된 채 몸에서 잘려져 버린 팔목과 같다. 신경이 끊어지진 않았지만 모든 근육과 힘줄은 끊어져 있다. 그런 손이 무슨 쓸모가 있는가? 그 손은 아무것도 할 수 없다. 이는 참으로 위험한 관계가 아닐 수 없다. 신경이 완전히 끊어져 지체에서 떨어져 나가기 쉽다. 나는 사람들이 예수님과 동행하고 어느 누구도 그들에게 무엇을 하라고 말하지 않을 때 얼마 못 가서 그들이 속임을 당하고 그리스도의 몸에서 완전히 떨어져 나가 마귀에 의해 파괴되는 것을 자주 보았다.

사울에게서 나라를 빼앗다

사무엘상 15장에서 마침내 하나님은 사울에게서 나라를 빼앗으신다. 17절에서 사무엘은 사울에게 "왕이 스스로 작게 여길 그 때에 이스라엘 지파의 머리가 되지 아니하셨나이까 여호와께서 왕에게 기름을 부어 이스라엘 왕을 삼으시고"라고 말한다. 그런 뒤에 그는 19절에서 "어찌하여 왕이 여호와의 목소리를 청종치 아니하"였냐고 묻는다. 사울은 20절에서 "나는 실로 여호와의 목소리를 청종"하였다고 대답한다(삼상 15:17~20).

사람들이 자신이 순종하지 않고서도 순종했다고 생각하는 경우가 얼마나 많은지 놀라지 않을 수 없다. 우리는 우리가 원하는 것을 너무나도 자연스럽게 하기 때문에 그 과정에서 우리가 하나님께 불순종한다는 사실을 인식조차도 하지 못할 때가 많다. 사울의 행위는 대부분의 사람들에게 매우 타당하게 보일지 모른다. 그는 사무엘을 통해 하나님의 말씀을 들었지만 스스로 '이건 너무 심한데. 약간 바꿔야겠어. 우리는 소와 양 중에서 가장 좋은 것을 남겨 두었다가 이를 주님께 희생 제물로 드릴 거야. 그러면 주님도 이를 기뻐하시겠지? 우리는 아각 왕도 살려 둘 거야. 약간 수정을 했더니 훨씬 더 나아 보이는군. 나머지 부분은 명하신 대로 해야지'라고 생각한다.

그것은 95퍼센트 순종이지만 하나님은 이를 불순종이라 부르셨으며, 이것은 사울이 나라를 잃어버리기에 충분한 불순종이었다. 사울은 하나님의 뜻을 자신의 이성으로 가공했으며 다른 결정을 내렸다는 사실을 인식하지 못했다. 그가 진정 말하는 바는 "이 상황을 다루는 데 있어서는 내가 하나님보다 더 잘 알고 있지"라는 것이었다. 그러나 사무엘이 대답했다: "여호와께서 번제와 다른 제사를 그 목소리 순종하는 것을 좋아하심 같이 좋아하시겠나이까"(삼상 15:22). 그래서 사울은 이스라엘 왕으로서 버림을 받았다. 흥미로운 사실은 사울은 하나님께서 자신을 버리셨지만 여전히 온 힘을 다해 다윗을 대항해 싸웠으며 그 이후로도 오랫동안 왕국을 붙들려 했다. 그는 여러 차례 다윗을 죽이려 했으며, "보라 나는 네가 반드시 왕이 될것을 알고 이스라엘 나라가 네 손에 견고히 설 것을 아노니"(삼상 24:20)라고 고백한 후에도 최소한 한 번 다윗을 죽이려 했다.

이와 대조적으로 예수님은 아버지 하나님을 가장 기쁘시게 하는 것이 무엇인지 아셨다. 주님은 사람이 되시기에 앞서 그리스도의 영을 통해 이미 자신의 몸으로 무엇을 하실지 선포하셨다. 그 내용이 시편 40편 68절에 나오며, 히브리서 10장에서 인용되었다.

"그러므로 세상에 임하실 때에 가라사대 하나님이 제사와 예물을 원치 아니하시고 오직 나를 위하여 한 몸을 예비하셨도다 전체로 번제함과 속죄제는 기뻐하지 아니하시나니 이에 내가 말하기를 하나님이여 보시옵소서 두루마리 책에 나를 가리켜 기록한 것과 같이 하나님의 뜻을 행하러 왔나이다 하시니라 위에 말씀하시기를 제사와 예물과 전체로 번제함과 속죄제는 원치도 아니하고 기뻐하지도 아니하신다 하셨고 (이는 다 율법을 따라 드리는 것이라) 그 후에 말씀하시기를 보시옵소서 내가 하나님의 뜻을 행하러 왔나이다 하셨으니"
(히 10:5~9).

먼저 예수님은, 비록 율법이 번제와 속죄제를 요구하지만 하나님께서 이것들을 기뻐하지 않으셨다는 사실을 인정하셨다. 그래서 주님은 "보시옵소서. 제가 하나님의 뜻을 행하러 왔나이다"라고 말씀하셨다. 하나님께서 왜 이 사람을 왕으로 삼으셨는지 그 이유를 알겠는가? 하나님은 예수님에게 하나님 나라를 주실 수 있었다. 왜냐하면 순종이 주님의 삶의 열정이었기 때문이다.

또한 히브리서 기자는 "그가 아들이시라도 받으신 고난으로 순종함을 배워서 온전하게 되었은즉 자기를 순종하는 모든 자에게 영원한 구원의 근원이 되시고"라고 쓰고 있다(히 5:8~9).

이 말씀에서 순종의 중심적 역할을 알겠는가? 진정한 의미에서 하나님은 자기에게 순종하는 사람들만 구원하실 수 있다. 이는 진리이다. 하나님 나라에 있어서 하나님은 자기에게 순종하는 자들에게 권세를 주신다. 성경은 예수님께서 십자가에서 죽기까지 순종하셨기 때문에 다음과 같은 일이 벌어졌다고 말한다.

> "이러므로 하나님이 그를 지극히 높여 모든 이름 위에 뛰어난 이름을 주사 하늘에 있는 자들과 땅에 있는 자들과 땅 아래 있는 자들로 모든 무릎을 예수의 이름에 꿇게 하시고 모든 입으로 예수 그리스도를 주라 시인하여 하나님 아버지께 영광을 돌리게 하셨느니라"(빌 2:9~11).

예수님은 온전히 순종하셨기 때문에 하나님 나라의 왕이 되셨다. 사울은 95퍼센트 순종했지만 하나님은 이를 불순종이라 부르셨다. 하나님은 사울에게 그의 불순종 때문에 나라를 잃게 되었다고 말씀하셨다.

사무엘상 15장 22절은 "여호와께서 번제와 다른 제사를 그 목소리 순종하는 것을 좋아하심 같이 좋아하시겠나이까"라고 말한다. 하나님은 어느 것을 더 기뻐하시는가? 순종이다. 이 구절은 다음과 같이 계속된다: "순종이 제사보다 낫고 듣는것이 수양의 기름보다 나으니." 여기서 '듣다'라는 단어는 특별한 단어이다. 그것은 특별한 방식으로 듣는 것을 말한다. 이는 신실한 종이 완전하게 순종하기 위해 몸을 앞으로 굽혀 한마디도 놓치지 않고 매우 세심하게 듣는 모습을 말한다. 이는 무슨 말을 하기 전에 순종하려고 작정하고서 듣는다는 개념을 지닌다.

이는 자기 이름을 부르는 어머니에게 "뭘 원해요?"라고 대답하는 자녀와 같지 않다. 환언하면 "어머니가 나에게 원하는 것이 무엇인지 알기 전에는 내가 순종할지 확신하지 못한다"고 말하는 것이다. 진정한 천국의 청종자는 주님의 지시사항을 듣기 전에 그의 마음에 "예, 주님"이라고 미리 말한다. 결정은 이미 내려졌기 때문에 청종의 목적은 순종할지 말지를 결정하는 것이 아니다. 지시사항을 잘못 이해하지 않도록 하기 위해 집중해서 듣는 것이 바로 목적이다. 왜냐하면 나는 나의 주인의 말씀에 온전하게 순종하길 원하기 때문이다. 그러므로 나는 하나님의 음성을 매우 세심하게 듣는다. "순종이 제사보다 낫고 듣는것이 수양의 기름보다 나으니 이는 거역하는 것은 사술(邪術)의 죄와 같고 완고한 것은 사신 우상에게 절하는 죄와 같음이라"(삼하 15:22~23). 이 말씀에서 하나님이 말씀하시는 바를 귀 기울여 들어라. 그분을 거역하는 것은 사술의 죄와 같다.

작은 부처상을 당신의 침실에 놓고 거기에 절하는 것이 용납된다고 생각하는가? 물론 아니다! 그러나 하나님 보시기에 교만은 우상숭배와 같다. 거기에는 차이가 없다. 두 경우 모두 결국 귀신에 사로잡히기 때문에 둘 사이에 차이가 없다. 우상 숭배자는 결국 그들이 섬기는 우상의 배후에 역사하는 귀신들에게 사로잡힌다. 반역하고 교만히 행하는 자들은 결국 반역과 교만의 영에 사로잡히게 된다. 이 일에 대해 성경이 말하는 바를 받아들이고 성경에서 주 예수님에 대해 말하는 모든 것들을 자세히 살펴보면 주님의 위대한 성품 중 하나가 아버지 하나님께 대한 순종임을 알게 된다.

　예수님께서 "나를 따르라"고, 좀 더 정확히 말해 "나를 본받아라!", "나를 흉내 내라!"고 말씀하실 때에 우리가 본받아야 할 것은 주님의 순종이다. 왜냐하면 그것이야말로 하나님 나라의 능력이기 때문이다. 불순종으로 인해 아담은 타락했고 사울은 왕국을 잃었다. 하나님은 예수 그리스도를 높이시고 그분에게 모든 이름 위에 뛰어난 이름을 주시기로 작정하셨다. 왜냐하면 주님은 죽기까지 십자가에서 순종하셨기 때문이다.

Heaven on Earth

Chapter 16

참되신 왕을 찾다

　이제 다윗의 왕국을 자세히 살펴보자. 이는 단순한 역사적 이유 때문이 아니라 다윗 왕국이 하나님 나라가 어떤 모습이어야 하는지를 성경적으로 가장 잘 보여 주기 때문이다.

　다윗 왕국의 많은 것들은 다가올 하나님 나라의 영적 실체를 보여 준다. 우리는 구약성경에서 다윗의 자손 예수님이 오시면 그분께서 다윗의 위에 앉아서 다윗이 비유와 그림자로 대표했던 것의 실상을 온전히 보여 주실 것이라는 말을 자주 들었다. 이것의 진정한 성취는 솔로몬을 통해서가 아니라 예수님을 통해 올 예정이었다. 하나님께서 사무엘하 7장 1~17절에서 나단 선지자를 통해 말씀하신 것은 솔로몬이 아니라 예수님이었다.

특별히 솔로몬의 초기 시대에 그는 하나님 나라의 비유를 완성했지만 이 모든 것은 앞으로 나타나실 다윗의 더 위대한 아들을 가리켰다. 다윗 왕국이 형성되자 그 원리들은 하나님의 백성을 통치한 모든 다른 왕들을 위한 확실한 기초가 되었다. 다른 모든 왕은 그가 얼마나 다윗처럼 행했는지에 따라 평가되었다. 만일 그가 다윗과 똑같이 행하면 선한 왕이었다(왕상 3:3을 보라). 만일 그가 다윗처럼 행하지 않으면 그는 악한 왕이었다. 다윗 왕국의 원리들은 다른 왕들이 하나님의 뜻에 순종하는 정도를 측정하는 잣대였다. 예수님께서 오셔서 그분의 나라를 세우셨을 때에 동일한 원리들이 신약성경에 적용되었다(마 21:9, 22:41~46을 보라). 그러므로 진정한 의미에서 이 모든 것들은 우리의 교훈을 위해 기록되었다.

만일 우리가 그 나라가 임하는 것을 보길 원한다면 성경이 상세히 설명한바 그대로 임할 것임에 틀림없다. 성경은 다윗 왕국에 대해 77장의 방대한 양을 할애하고 있다. 어떤 주제도 이렇게 많은 시간과 이렇게 많은 단어를 할애한 경우가 성경 전체에 없다. 하나님에게 있어서 그것은 가장 중요한 것이었다. 다윗 왕국이 사라진 뒤에 선지자들은 계속해서 그의 나라를 언급했고, 그의 나라가 다윗의 아들이 보좌에 앉아 영원한 능력과 권세로 통치함으로 새 언약의 영광 가운데 다시 세워질 날이 도래할 것이라고 말했다.

제16장 참되신 왕을 찾다

다윗이 바로 그 왕이다

사울을 버리신 뒤 얼마 후에 하나님은 그분이 왕으로 택한 자를 찾기 위해 사무엘을 보내셨다. 그는 사람들이 택한 사람과 매우 달랐다. 사울의 리더십을 경험하거나 그와 같은 일을 교회에서 본 사람들은 종종 다음과 같이 말한다: "나는 이런 식으로 더 이상 살고 싶지 않아. 다시는 그리로 돌아가지 않을 거야. 나는 다시는 어떤 사람에게도 순복하지 않을 거야." 그리스도의 몸 안에서 많은 생채기를 낸 사람들은 사울과 같은 지도자들이었다.

사울과 같은 지도자들은 사람들을 학대하고 사람들로 하여금 하나님의 관심사가 아니라 자기들의 관심사를 행하도록 만든다. 경건한 아버지들은 사람들에게 상처를 주지 않지만 사울과 같은 자들은 상처를 준다. 경건한 아버지들은 사람들을 누르지 않지만 사울과 같은 자들은 누른다. 경건한 아버지들은 사람들에게 자유를 주어 그들 스스로 계발할 때보다 사역에 있어 더 크고 강하고 능한 자들이 되게 한다. 그러나 사울과 같은 자들은 그렇지 않다. 그들은 반대로 그들을 무기력하게 만든다.

최근 교회에서 많은 사람들이 사울의 집의 영을 지닌 여러 다양한 운동들에 의해 거의 피폐하게 되었다. 이들은 예수님과 그분의 나라에 대한 열심과 열정으로 시작했지만 결국 상처와 낙망, 환멸과 다툼으로 끝났다. 이들은 실망했고, 빚쟁이가 되었으며, 낙담했다. 이들은 사울의 통치가 끝나갈 무렵에 다윗에게로 온 그런 부류의 사람들이다. 오늘날 우리 교회들을 찾아오는 그리스도인들이 바로 이런 부류의 사람들이다.

또 한 부류의 사람들이 세상에서 교회로 흘러들어오고 있다. 이들은 교회 생활이나 사울과 같은 활동으로 손상을 입은 적이 한 번도 없지만 세상에서 마약, 섹스, 이기심, 죄를 통해 마귀에게 심하게 눌려 부서졌다. 이들은 결손가정에서 자랐거나 진정한 아버지의 사랑을 전혀 받지 못했기 때문에 그 고통이 더 심화되었다. 일단 이들이 참된 하늘 아버지를 만나면 다윗과 같은 지도자의 돌봄과 아비의 마음 가운데 비상하여 성장한다.

다윗은 기름부음을 받은 왕이다

하나님은 사울 대신에 다윗을 왕으로서 기름 붓기로 작정하시고 사무엘에게 "너는 기름을 뿔에 채워가지고 가라 내가 너를 베들레헴 사람 이새에게로 보내리니 이는 내가 그 아들 중에서 한 왕을 예선하였음이니라" 고 말씀하셨다 (삼상 16:1~2).

> "사무엘이 기름 뿔을 취하여 그 형제 중에서 그(다윗)에게 부었더니 이 날 이후로 다윗이 여호와의 신에게 크게 감동되니라 사무엘이 떠나서 라마로 가니라 여호와의 신이 사울에게서 떠나고 여호와의 부리신 악신이 그를 번뇌케 한지라" (삼상 16:13~14).

하나님께서 다윗에게 기름을 부으셨을 때 사울에게서 기름부음이 떠났지만 사울은 자기 위치를 지키려고 자신의 모든 힘을 다해 싸우길 멈추지 않았다. 하나님의 영이 더 이상 사울과 함께하지 않자 그는 자신의 목적을 이루기 위해 대신 악한 영들과 협조하기 시작했다. 사울처럼 하나님의 뜻과 다투는 것이 사술처럼 악하고 마귀적이라는 것을 알겠는가? 사울에게 무슨 일이 일어났는가? 그는 하나님께서 주신 기름부음을 잃었을 뿐만 아니라 귀신에 사로잡혔다. 강력한 귀신들은 그를 통해 하나님의 목적에 대항할 수 있었다. 이는 참으로 무서운 일이다. 나는 내가 이 일에 놀랐던 것처럼 당신도 놀라길 소망한다. 이는 당신이 결코 꿈에서조차 이런 일을 원치 않길 바라기 때문이다.

요나단의 비극

이제 사무엘상 18장 1~5절을 보라. 왜냐하면 나는 당신이 사울의 아들 요나단에 대해 뭔가를 발견하길 원하기 때문이다. 내 생각에 요나단의 이야기는 사울의 이야기보다 더 비극적이다. 요나단은 다윗을 사랑했고 두 사람은 영혼이 하나로 묶이게 되었다. 그들은 한 번이 아닌 세 번에 걸쳐 언약을 맺었다. 그리고 매번 요나단이 이 언약을 갱신했다. 그럼에도 불구하고 요나단은 곧 난관에 봉착했다. 그는 자기 아버지와 아버지의 집에 대해 자연적인 충성심을 가졌다. 하지만 그는 아버지와 원수가 된 자와 언약을 맺었다. 태생적으로 그는 사울과 연합되었지만 언약을 따라서는 다윗과 연합되었다. 요나단은 성품상 관계에 있어서 절대적으로 충성스러웠다.

나는 이와 유사한 일이 일어나는 것을 수도 없이 보아 왔다. 그래서 나는 요나단처럼 되는 것에 대해 경고하고 싶다. 우리는 요나단의 상황을 특별한 교단의 배경을 가지고 자라난 사람들과 비교할 수 있다. 이들은 이 관계를 통해 커다란 빛과 교훈을 받았을지 모른다. 이들은 특별한 영적 아비나 아니면 자기의 육신의 아버지 아래에서 성장했을지도 모른다. 그럼에도 불구하고 이들이 성장하고 오랫동안 함께했던 것이 사울의 집의 일부로 판명되고 있다. 지금 하나님의 영의 새로운 역사가 도시, 지역 혹은 국가에 들어오고 있으며, 하나님은 무명한 새로운 자들에게 다윗과 같은 새로운 기름을 붓고 계시다.

저들에게는 지금 건물도 없고 돈도 없지만 하나님께서 저들과 함께하심은 분명하다. 기존 교회는 저들을 불법자로 취급하여, 저들은 어쩔 수 없이 영적 동굴 안에서 살고 있다. 이는 다윗이 처했던 상황과 같으며, 현재 많은 사람들이 직면하고 있는 상황이기도 하다.

사울의 집은 많은 종들을 거느린 화려한 궁전이며 장비도 잘 갖춰져 있다. 다윗은 동굴 안에서 살았으며 거기에는 현대적 편의시설이 하나도 없었다.

요나단은 자기 영으로 미래가 어떻게 될지 알았다. 미래는 자기 아버지의 집이나 아버지와 함께하지 않을 것이다. 이로 인해 요나단의 마음에는 강한 줄다리기가 있었다: '나의 육신의 충성심을 따라 내 아버지와 함께할 것인가 아니면 성령께서 나를 강권하시는 대로

'가서 다윗과 함께할 것인가?'

사무엘상 20장 13절을 보라. 요나단과 다윗이 언약을 맺은 것이 이번이 두 번째이다. 끝 절에서 요나단은 다윗에게 "여호와께서 내 부친과 함께 하신것 같이 너와 함께 하시기를 원하노니"라고 말한다 (삼상 20:13). 매튜 헨리(Matthew Henry) 주석은 이 구절을 다음과 같이 의역한다: "주께서 지금은 떠나셨지만 이전에 나의 아버지와 함께하셨던 것처럼 이제 너와 함께하셔서 너를 보호하시고 형통케 하시길 기도한다."[1] 여기서 과거시제가 사용된 걸 알았는가?

계속해서 요나단이 말한다.

"너는 나의 사는 날 동안에 여호와의 인자를 내게 베풀어서 나로 죽지 않게 할뿐 아니라 여호와께서 너 다윗의 대적들을 지면에서 다 끊어버리신 때에도 너는 네 인자를 내 집에서 영영히 끊어 버리지 말라 하고 이에 요나단이 다윗의 집과 언약하기를 여호와께서는 다윗의 대적들을 치실찌어다 하니라" (삼상 20:14~16).

이제 사무엘상 23장으로 가 보라.

"사울의 아들 요나단이 일어나 수풀에 들어가서 다윗에게 이르러 그로 하나님을 힘있게 의지하게 하였는데 곧 요나단이 그에게 이르기를 두려워 말라 내 부친 사울의 손이 네게 미치지 못할 것이요 너는 이스라엘 왕이 되고 나는 네 다음이 될 것을 내 부친 사울도 안다 하니라 두 사람이 여호와 앞에서 언약하고 다윗은 수풀에 거하고 요나단은 자기 집으로 돌아가니라"(삼상 23:16~18).

절교를 못한 요나단

  요나단은 장차 일이 어떻게 될지 그리고 자신의 역할이 무엇인지 정확히 알고 있었다. 그의 아버지는 이전에 하나님의 기름부음을 받았지만 더 이상 기름부음이 없었다. 하나님은 이스라엘 왕국의 왕인 자기 아버지를 바꾸셨으며 이제 모든 것이 끝났다. 요나단의 미래는 자기 아버지의 집을 버리고 동굴에 있는 다윗에게 와서 그와 연합하는 데 있었다. 만일 그가 그렇게 했더라면 그는 왕국에서 2인자가 되었을 것이다. 그러나 가족에 대한 충성심에서 요나단은 결코 그렇게 하지 않았다. 그는 대신 자기 아버지 사울과 함께 죽는 비극적 결과를 낳았으며, 그는 그의 목적(destiny)을 잃어버렸다(삼상 31:1~2를 보라).

  만일 다윗과 요나단이 왕국에서 파트너가 되었다면 무슨 일이 일어났을지 상상해 보라. 나는 사울이 죽은 후에 사울의 집이 다윗과 요나단의 연합군과 싸울 마음이 있을 것이라 생각지 않는다. 그들은 함께 즉각적으로 한마음이 되어 충성했을 것이다. 다윗이 왕이 되고 요나단이 그 곁에 있었다면 두 집은 함께 하나님을 위해 영광스럽고 위대한 승리를 거두었을 것이다.

제16장 참되신 왕을 찾다

지금 이 순간에도 '사울의 집'에는 동일한 과정을 겪고 있는 사람들이 많다. 그들은 역사적 교단에서 성장했다. 그들 중 어떤 이들의 아버지는 뛰어난 지도자이다. 그 시대에 하나님은 그 교단을 사용하셨다. 하지만 최근의 불순종으로 인해 하나님께서는 그 집에서 떠나셨으며 또 다른 집을 일으키고 계시다. 하나님께서 일으키고 계신 집은 아직 매우 인상적으로 보이지 않을 수 있다. 돈도 많이 없을 수 있다. 멋진 건물 대신에 이상하고 만족스럽지 못한 곳에서 만날지 모른다. 그럼에도 불구하고 거기에는 놀라운 하나님의 임재가 있다. 살아 있는 사람이라면 누구나 그 임재를 느낄 수 있다. "하나님이 여기에 계시는군요. 성령께서도 이곳에 계십니다." 아직도 사울의 집에 있는 자 가운데 마음이 깨끗한 자들은 다윗의 무리와 함께하고 싶어 한다. 하지만 그들은 둘로 나뉜 충성심 때문에 그들 안에서 전쟁을 치르고 있다.

미국이나 서유럽에서 새로운 그룹의 교회들이 여러 다양한 역사적인 교단들 가운데 생겨나고 있다. 보통 이들을 이끌고 있는 자들은 젊고 성령 충만한 젊은 지도자들이며, 그들은 하나님에 대해 불과 같다. 그들이 이끄는 교회들은 왕성하게 성장하고 있다. 역사적 교단 내에서 이런 그룹에 속한 교회에는 요나단과 같은 지도자들이 있다. 그들은 교단 내에서 성장했지만 그들의 사랑하는 교회가 사울의 집이 되었다는 것을 알아차린다. 그들은 타협과 잘못된 윤리와 그들의 교단이 결정한 교리 때문에 자신들이 그곳에 계속해서 있을 수 없다는 것을 안다.

예를 들어, 어떤 주요 교단들은 동성애를 묵과해야 할지에 대해, 심지어 동성애자를 교회에서 사제나 목사로 허용해야 할지를 토론하고 있다. 그들은 동성애 결혼을 축복해야 할지, 이혼과 재혼을 자유화해야 할지를 토론하고 있다. 어떤 교단들은 이미 이런 일들을 허용하는 법을 통과시켰다.

이처럼 역사적 교단 내에서 안수를 받은 사역자인 요나단 계열의 지도자들은 이런 일들에 대해 고뇌한다. 그리고 그들은 자신들이 이런 종류의 타협을 계속할 수 없다는 것을 안다. 그들은 멋진 건물에 모여 예배드리며, 그들 모두는 그 교단에 속해 있다. 월급이 좋고, 훌륭한 의료보험과 퇴직 연금이 제공된다. 하지만 그들이 교단을 나오면 그 모든 것을 잃게 된다. 이런 교단 중 어떤 교단들은 과거에 하나님의 강력한 역사를 경험했지만 이제는 대부분이 죽고 타락했다. 하나님은 이러한 요나단들에게 사울의 집을 떠나 동굴에 있는 다윗에게로 가라고 부르신다. 많은 이들이 실제적인 어려움들 때문에, 아니 그들의 역사적인 뿌리를 사랑하는 마음과 이에 대한 충성심 때문에 이렇게 하길 주저한다.

사울과 함께 죽은 요나단

사무엘상 23장 18절은 "두 사람이 여호와 앞에서 언약하고 다윗은 수풀에 거하고 요나단은 자기 집으로 돌아가니라"고 말한다. 나는 이때가 요나단이 결별을 했어야만 했던 순간이라고 믿는다. 대신에 그는 다윗을 떠나 자기 아버지 집으로 돌아갔다. 그는 결코 다시는 다윗을 보지 못했으며 그와 친밀한 대화를 나누지 못했다. 우리가 듣게 되는 다음 소식은 요나단이 자기 아버지 곁에서 블레셋 사람의 손에 죽었다는 것이다.

다윗이 사울과 요나단을 위해 슬퍼하는 말씀은 눈물 없이 읽기가 힘들다. 그러나 영적으로 이런 종류의 일이 북미와 유럽에서 지금 일어나고 있다. 사람들은 사울의 집에서 다윗의 집으로 건너가길 두려워하기 때문에 영적으로 죽어 가고 있다. 그들은 용기를 내어 "어떤 대가를 치러도 상관없어. 모든 것을 잃는다 할지라도 나는 하나님과 함께하며 성령께서 지금 역사하시는 것과 함께할 거야"라고 말하지 못한다. 처음에 다윗에게로 온 사람들은 돈도 없고 빚투성이며 절망 가운데 있던 자들이었다. 하나님의 은혜로 다윗은 그들을 능한 전사로 만들었으며, 그들은 하나님의 모든 원수들을 굴복시키고 이 땅에 그분의 나라를 세울 강력한 군대를 이끌기로 되어 있었다.

만일 요나단이 다윗과 함께 갔다면 이런 불필요한 고통을 예방했을 것이다. 다윗 가(家)와 사울 가(家) 간의 전쟁도 결코 없었을 것이다(삼하 3:1을 보라). 너무나 많은 시간과 노력을 잃어버리지 않았어도 되었을 것이며, 그들은 즉각 강력한 왕국을 세웠을 것이다.

만일 당신 자신이 이와 같은 사람이 아니라면 나와 함께 이처럼 고통스러운 상황에 처한 자들을 위해 온 마음을 다해 기도하자. 나는 그들이 사울과 함께 죽는 것을 원치 않는다. 나는 그들이 자리를 박차고 나와 하나님 나라에서 중요한 자들이 되길 원한다.

마침내 사울과 요나단이 비극적으로 죽자 다윗은 헤브론에 와서 자기 자신의 지파에게서 기름부음을 받는다(삼하 2:4를 보라). 이는 다윗이 왕으로 기름부음을 받는 세 번의 경우에 두 번째에 해당한다.

다윗의 세 번의 기름부음

사무엘상 16장 13절에서 우리는 하나님의 명령을 좇아 다윗이 선지자 사무엘에게 어떻게 기름부음을 받는지 읽는다. 그러나 다윗의 상황이 전혀 변하지 않은 채 여러 해가 지났다. 실제로 사태는 더 악화되었으며 사울 가의 분노는 이전보다 더 폭력적이었다. 다윗이 이 기간 동안 어떻게 처신했는지 주목하라. 그는 이미 하나님의 기름부음을 받았으며 자신의 운명을 알고 있었지만 그가 실제로 겪는 내용은 매우 달랐다. 그는 이 기간 동안 광야에서 광기 가운데 자신을 죽이려 하는 사울에게 쫓김을 당했다.

다윗은 사울을 죽임으로써 이 고통을 빨리 끝낼 수 있는 기회를 두 번이나 얻었다. 다윗의 지도자들은 이런 기회를 오해했다. 그들은 "보소서 여호와께서 당신에게 이르시기를 내가 원수를 네 손에 붙이리니 네 소견에 선한대로 그에게 행하라 하시더니 이것이 그 날이니이다"고 말했다(삼상 24:4). 다윗은 사울의 옷자락을 몰래 자른 후에 양심의 가책을 느꼈다고 나온다(삼상 24:5를 보라). 그리고 그는 자기 사람들에게 말했다: "내가 손을 들어 여호와의 기름 부음을 받은 내 주를 치는 것은 여호와의 금하시는 것이니 그는 여호와의 기름 부음을 받

제16장 참되신 왕을 찾다

은 자가 됨이니라"(삼상 24:6). 사람들이 다윗에게 사울의 생명을 취하도록 권할 때마다 다윗은 그렇게 할 수 없다고 말했다. 다른 지도자들이 강권했을지라도 그는 이전에 기름부음을 받은 지도자를 대항하지 않았다. 다윗은 사울이 더 이상 그렇지 않았지만 사울에게 있었던 기름부음에 대한 존경심에서 그를 '여호와의 기름부음을 받은 자' 라고 불렀다.

다윗이 자기를 죽일 수 있었지만 그렇게 하지 않은 것을 알고 사울은 잠시 회개하는 마음으로 외쳤다: "보라 나는 네가 반드시 왕이 될것을 알고 이스라엘 나라가 네 손에 견고히 설 것을 아노니"(삼상 24:20). 그러나 얼마 못 가서 사울은 다시 살기가 등등했다. 그런 뒤에 다윗은 자신에게 고통을 주는 자의 생명을 끝낼 또 한 번의 기회를 얻었다. 그의 지도자들은 "어서요. 이번에는 정말 하나님께서 주신 기회입니다. 그를 죽이세요! 이제 기회가 왔습니다. 이제 왕국을 얻을 수 있습니다. 하나님께서 이미 당신에게 기름을 부으셨습니다. 당신이 왕이십니다. 이 사람은 귀신이 들려 당신을 대적하고 있습니다. 그를 죽이셔서 제거하십시오"라고 말했다. 그러나 다윗은 다시 한 번 아니라고 말했다. 그는 주의 기름 부은 자를 만지려 하지 않았다.

이것이 바로 하나님이 선택하신 자의 마음이며 경외심이다. 사울 가에서 다윗 가로 옮기면서 우리는 어려움을 통과할 때 우리 안에 이와 동일한 마음을 가져야 한다. 만일 당신이 신문이나 미디어의 공격을 받는다 할지라도 복수하지 말라. 당신을 공격하는 자들 중에 어떤 이들은 그들의 시대에 하나님을 놀라운 방법으로 섬겼다. 그들은 과거에 위대한 일을 했다. 우리는 그들을 만질 수 없다. 우리가 아니라 하나님께서 그들을 처리하셔야만 한다.

헤브론으로 온 다윗

사울과 요나단이 죽은 후에 다윗은 먼저 헤브론이라 불리는 곳으로 왔다. 히브리어로 이는 '연합의 자리'나 '교제'를 뜻한다. 사무엘하 2장 4절에서 우리는 그가 어떻게 자기 지파인 유다 지파에게서 기름부음을 받았는지 읽는다. 언젠지 모르지만 베냐민 지파가 유다 지파와 함께했으며 이 두 지파는 다윗 가가 되었다. 그러나 다른 열 지파는 그를 자신들의 지도자로 인정하지 않았다. 그들은 헤브론으로 와서 그를 만날 준비를 했지만 그를 왕으로 기름 부을 준비는 되지 않았다.

이와 같은 일이 사도적 사역을 위해 하나님께서 기름을 부은 자들에게 자주 일어난다. 한 국가를 변화시키거나 최소한 한 도시를 변화시키기 위해 하나님의 부르심을 받은 사람의 상황을 나와 함께 생각해 보자. 그는 왜 하나님께서 이런 식으로 자기에게 능력을 주셔서 그에 대해 강력한 예언의 말씀을 하시는지 그 이유를 상상할 수 없다. 하지만 하나님께서는 그렇게 하셨다. 그는 이를 알고 있으며 그를 가까이 하는 다른 자들도 이를 안다. 자신의 집이나 지역 교회에서 온 사람들은 흔쾌히 이 기름부음을 인정한다. 이제 그는 성장하는 지역 교회의 목회자이다. 그러나 그의 삶에 대한 부르심은 더욱 광대하고 더욱 의미가 크다. 그의 교회와 성도들은 이미 영적으로 그가 누구인지를 알지만 도시의 다른 사람들은 이를 알지도 못하고 이를 인정할 준비도 되어 있지 않다.

이런 상황이 아마도 미국 대부분의 도시나 세계 여러 나라에서 지금 일어나고 있을지 모른다. 탁월한 목회자가 속한 교회의 교인들은 그가 누구인지를 안다. 아마 그가 네트워크로 연결되어 있는 교회들도 그가 누구인지 알 것이다. 그는 그가 살고 있는 도시 내에 있는 다른 지도자들과 다른 그룹의 교회들과 '약간의 교제'를 한다. 그럼에도 불구하고 그 도시의 다른 목회자들은 그가 자기 집을 넘어 사도적 리더십을 가지고 있다는 것을 인정하지 않는다. 그들은 잠시 교제하기 위해 오고 특별 행사를 함께하기 위해 협력하지만 그 행사가 끝나면 모두가 각기 제 길로 간다.

그것이 헤브론이다. 헤브론은 서로 경쟁하거나 싸우는 것보다는 낫다. 그러나 헤브론 수준에서 함께 모이기만 하는 교회들은 진정으로 그 나라를 세울 수 없다. 우리는 서로 싸우지 않지만 그렇다고 해서 함께 일하지도 않는다. 우리는 잠시 기도하기 위해 한 달에 한 번씩 만날지 모른다. 우리는 함께 떡도 떼고 각기 제 길로 가기 전에 '교제도 할지' 모른다. 그렇지만 헤브론이다.

헤브론에서 다윗은 다른 지파의 장로들에게서 어느 정도 존경을 받았지만 그들은 다윗을 자기들의 지도자로 인정하고 좇지 않았다. 그것은 광야나 동굴에 있는 것보다는 낫지만 아직 약간의 인정만 있을 뿐이고 헤브론에서 나라를 세우기란 불가능했다.

마찬가지로 지역 교회 목회자들도 그들의 도시 안에 있는 사도적 지도자에 관해 "그가 지도자이긴 하지만 우리 지도자는 아니야. 하나님께서 그가 하는 일에 복 주시도록 기도하지만 우리의 일은 아니야. 우리는 우리 자신의 프로그램과 성도가 있고, 하나님께서 인도해 주시도록 기도하는 우리의 일이 있어"라고 이야기할 것이다.

서로 전쟁하는 것보다는 훨씬 낫지만 헤브론은 그 나라가 아니다. 다윗은 헤브론에서 자기 자신의 집을 짓고 자기 자신의 지파를 인도할 수 있었지만 하나님께서 그에게 원하시는 역할을 할 수는 없었다.

마침내 다윗이 인정을 받다

다윗은 두 가지 이유 때문에 헤브론에서 왕국을 세우려 하지 않았다. 첫째, 헤브론은 바른 장소가 아니었다. 둘째, 아직 올바른 관계가 없었다. 그는 인내심을 갖고 7년을 기다렸다. 그러고 나자 상황이 변했다. 사무엘하는 말한다: "이스라엘 모든 지파가 헤브론에 이르러 다윗에게 나아와 말하여 가로되 보소서 우리는 왕의 골육이니이다" (삼하 5:1). 이는 놀랍고 위대한 계시이며, 우리 모두가 봐야만 하는 계시이다.

우리는 그리스도의 몸이 오직 하나라는 사실을 알아야 한다. 거기에는 단 하나의 씨(Seed)밖에 없다. 우리가 인정하든 안 하든 우리 모두는 이 씨의 일부분이며 이 한 몸의 일부분이다. 이스라엘 지파들

제16장 참되신 왕을 찾다

은 계속해서 말했다: "전일 곧 사울이 우리의 왕이 되었을 때에도 이스라엘을 거느려 출입하게 한 자는 왕이시었고 여호와께서도 왕에게 말씀하시기를 네가 내 백성 이스라엘의 목자가 되며 이스라엘의 주권자가 되리라 하셨나이다 하니라"(삼하 5:2~3). 그래서 그들은 이미 오랫동안 하나님께서 말씀하신 바를 알고 있었지만 실제로 그를 인정하려 하지 않았다. 놀랍지 않은가? 나도 미국이나 많은 다른 나라의 도시에 이와 같은 일이 일어나는 것을 보았다.

최근에 미국의 한 도시에서 그 도시 지도자들이 나에게 와서 100명 이상의 목회자들과 그들의 핵심 교회 지도자들에게 강연을 해 달라고 부탁했다. 그들 모두는 내가 그들에게 할 사역이 있다는 것을 인정했다. 우리는 놀라운 주말을 보냈다. 그럼에도 불구하고 내가 그 도시를 떠날 때 그들 모두는 각기 제 갈 길로 갔다. 내가 방문자일 동안 그들 모두는 함께 와서 내 사역을 받을 수 있었다.

만일 내가 그 도시로 이사를 가서 그곳에서 산다면 무슨 일이 일어날 것 같은가? 모든 목회자들이 여전히 내 집회에 오겠는가? 아니다! 만일 내가 거기에 살면 그렇게 하지 않을 것이다. 왜냐하면 그것은 영구적인 관계를 의미하며 나는 그들에게 위협적인 존재로 인식될 것이기 때문이다. 일시적으로 연합하는 척하는 것으로는 더 이상 충분하지 않다. 진정한 연합이 있어야 한다.

내가 그들과 함께하는 동안 한 사람이 그 도시의 분명한 지도자로 눈에 띄었으며, 다른 두 사람이 그의 오른팔과 왼팔로서 눈에 들어왔다. 나는 이를 분명히 볼 수 있었다. 그래서 다른 원로 목사들과 점심을 먹으면서 나는 그들에게 "여러분은 이 도시를 사도적으로 인도하기 위해 하나님께서 기름 부으신 자가 누구라고 생각합니까?"라고 물었다. 그들 모두는 나에게 내가 본 그 사람들의 이름을 댔다. 나는 이를 볼 수 있었고 그들 역시 볼 수 있었다. 그래서 나는 "왜 그들을 인정하고 그들에게 이 도시를 사도적으로 이끌 수 있는 권위를 부여하시지 않습니까?"라고 물었다. 그러나 그들은 그렇게 하려 하지 않았다.

예루살렘에 온 다윗

이제 사무엘하 5장 1~3절을 보자. 이스라엘 장로들이 마침내 다윗에게 와서 말한다: "이스라엘을 거느려 출입하게 한 자는 왕이시었고 여호와께서도 왕에게 말씀하시기를 네가 내 백성 이스라엘의 목자가 되며 이스라엘의 주권자가 되리라 하셨나이다."

왜 그들은 하나님께서 말씀하셔서 이미 알고 있는 것을 행하는 데 그렇게 오래 걸렸을까? 이는 매우 좋은 질문이지만 대답하기가 무척 어렵다. 그러나 마침내 그들이 취지를 파악하자 상황이 급격하게 변하기 시작했다.

"이에 이스라엘 모든 장로가 헤브론에 이르러 왕에게 나아오매 다윗왕이 헤브론에서 여호와 앞에서 저희와 언약을 세우매 저희가 다윗에게 기름을 부어 이스라엘 왕을 삼으니라 다

제16장 참되신 왕을 찾다

윗이 삼십세에 위에 나아가서 사십년을 다스렸으되 헤브론에서 칠년 육개월 동안 유다를 다스렸고 예루살렘에서 삼십 삼년 동안 온 이스라엘과 유다를 다스렸더라"(삼하 5:3~5).

모든 사람에게서 인정을 받고 기름부음을 받자 다윗은 마침내 뭔가를 할 수 있었다. 그는 즉시 헤브론에서 예루살렘으로 이주했다. 왜냐하면 그는 그 나라가 예루살렘에 세워져야 한다는 것을 알았기 때문이다.

고린도전서 10장 11절을 기억하라: "저희에게 당한 이런 일이 거울이 되고 또한 말세를 만난 우리의 경계로 기록하였느니라." 이 말씀이 오늘을 살고 있는 우리와 얼마나 상관이 있는 말씀인지 알겠는가? 나의 경우에 이는 마치 오늘날의 신문을 읽는 것과 같다. 따라서 우리는 이 경고에 주의를 기울여야 한다.

- 미주 -

1. Matthew Henry, Matthew Henry's Commentary on the Whole Bible(Peaboy, MA: Hendrickson Publishers, 2005).

Heaven on Earth

Chapter 17

다윗이 나라를 세우다

다윗은 왕국을 건설하기 위해 7단계를 취했다. 그러나 우리는 그 중에서 이 책의 주제와 직접 관련이 있는 것들만 다루고자 한다.

여부스족을 처리한 다윗

사사기 초두에 "유다 자손이 예루살렘을 쳐서 취하여 칼날로 치고 성을 불살랐으며"라는 말씀이 있다(삿 1:8). 이 말씀을 보면서 당신은 '멋진데! 예루살렘 도시가 정복되어서 이제 완전히 하나님 백성의 손에 들어갔구나!' 라고 생각할 것이다. 그러나 21절로 내려와 보라. 그러면 중요한 단어 '그러나' (but)란 단어를 발견할 것이다(우리말 성경에는 '그러나' 란 말이 들어 있지 않음-역주). 우리는 "베냐민 자손은 예루살렘에 거한 여부스 사람을 쫓아내지 못하였으므로 여부스 사람이 베냐민 자손과 함께 오늘날까지 예루살렘에 거하더라"는 말씀을 읽는다 (삿 1:21).

이스라엘 백성은 이 도시에서 한 곳을 빼고는 모두 점령하였는데 그곳이 바로 시온 요새였다. 여부스족은 시온 요새에서 계속해서 살면서 하나님의 백성의 정복에 저항했다. 이런 상태는 사울이 이스라엘 왕이 될 때까지 계속되었으며, 그의 40년 통치 기간에도 이런 상태가 계속 유지되어 도합 100년이 넘도록 그랬다.

그러나 다윗이 보위에 올랐을 때 그는 '이렇게 놔둘 순 없다! 수도 한복판에 하나님의 통치에 저항하는 요새가 있다니!' 라고 생각했음에 틀림없다. 나는 그들이 다윗에게 "하! 하! 하! 다윗이여, 너는 결코 이곳에 들어오지 못할 것이다"라고 조소하는 모습을 상상해 본다. 사울 이전에 하나님의 백성은 이런 모독 가운데 살았지만 사울은 이를 결코 처리하지 않았다. 사울은 내내 이런 조소를 들으며 살았고 결코 이에 대해 어떤 조치도 취하지 않았다. 하지만 다윗은 제일 먼저 "이렇게 놔둘 순 없다!"고 말했다. 그는 시온 성을 취했고 여부스족 사람들을 모두 죽였다.

개인적인 여부스족

이것이 오늘날 우리에게 말하는 바는 무엇인가? 첫째, 우리 자신을 개인적으로 살펴보자. 우리가 그리스도에게 오기 전에 우리 중 많은 이들은 말하기조차 싫은 죄악된 일을 저질렀다. 우리는 예수님을 구세주로 영접했고 우리의 삶은 많은 면에서—아마 한 가지는 제외하고—변화되었다. 우리 삶의 한 영역에서 죄가 여전히 우리를 통치하고 있으며, 예수님께서는 결코 이 분야에 주님이 되지 못하셨다. 나의 경우에 그 영역은 음란한 생각이었다. 내가 이전에 살던 삶으로 인해 내 마음속에 포르노그래피의 요새가 있었다. 나는 이를 극복할 수가 없었다. 그것은 내 마음에 있는 여부스족 같았고, "예수님이라도 결코 이곳에 들어올 수 없어!"라고 말했다. 어떤 이들은 통제 못할 분노를 가지고 있다. 어떤 이들은 강박적인 소비를 하며, 재정을 관리하지 못해 언제나 빚 가운데 산다. 어떤 이들은 음식을 강박적으로 먹음으로 먹는 것을 조절하지 못한다. 어떤 이들은 아침에 일찍 일어나 하나님과 정기적으로 큐티를 하지 못한다. 어떤 이들은 비행기 타는 것을 무서워하는 것과 같은 비합리적인 공포를 느끼며, 이로 인해 통제 당한다.

이처럼 당신 안에 있는 여부스족의 요새를 제거하기 전에 당신은 진정한 의미에서 하나님 나라의 백성이 결코 될 수 없을 것이다. 마귀는 일을 벌이기 전에 먼저 지도자들이 어느 정도 성공하고 유명해질 때까지 기다릴 때가 많다. 인기와 영향력이 자라 가는 내내 그들 안에 정복되지 않은 영역이 있으며, 그 안은 여부스족이 다스린다. 만일 이를 처리하지 않으면 어느 날 그것은 폭발하고 그들을 날려 버릴 것이다.

강력한 무기와 폭격기, 전투기, 전함, 탱크로 무장한 막강한 군대를 상상해 보라. 그들을 아무도 이길 수 없어 보인다. 하지만 원수가 원격조정 폭탄을 모든 전투기와 전함과 탱크에 장착했다고 상상해 보라. 원수는 언제라도 자기가 원하기만 하면 단추를 눌러 이 막강한 군대를 날려 버릴 수 있다. 그는 때를 기다리다가 적기를 노린다. 이 나라가 자신의 군사력을 자랑할 때에 매우 인상적으로 보이지만 원수는 비웃는다. 그는 그가 원하는 때에 단추를 눌러 그 막강한 무기들을 파괴할 수 있다.

불행하게도 예수 그리스도를 위해 탁월한 사역을 하는 사람들의 모습이 이렇다. 그들은 결코 그들의 여부스족을 처리하지 않았다. 예수님께서 그들의 삶에 거의 완벽하게 오셨다. 그들 대부분의 삶이 변화되었지만 그들의 삶의 한복판에서 실패하고 패배한 한 부분이 있다. 그들은 이를 비밀로 삼았으며, 어느 누구도 이를 발견하길 원치 않았다. 그들 안에는 언제나 조소하는 귀신이 있다: "하! 하! 하! 예수님이라도 결코 여기에 들어오지 못할 거야!" 또한 마귀는 자신 있게 "나는 언제라도 내가 원하는 때에 단추를 누를 수 있어"라고 말할 수 있다.

기독교 사역에서 최근에 넘어진 탁월한 사역자들의 이름을 생각해 보라. 이런 일들은 어느 날 갑자기 생겨난 것이 아니다. 아주 초기부터 제대로 처리되지 않은 뭔가가 거기에 있었다. 그들은 강력한 기름부음을 지닌 전도자로서 강력한 은사를 소유했을지 모른다. 그러나 동시에 계속해서 절제할 수 없는 정욕의 여부스족이 "예수님이라도 여기에 들어오지 못해!"라고 외쳤었다. 때가 이르러 마귀가 단추를 누르자 그들의 사역은 파괴되었고, 많은 사람들이 상처를 받았으며, 혼돈스러워 하고, 예수님의 이름에 먹칠을 했다.

교회 내의 여부스족

여부스족을 다루지 않으면 우리는 하나님 나라를 세울 수 없다. 개인적으로 여부스족이 당신 안에 있지 않지만 교회 안에 혹은 당신이 이끌고 있는 사역 안에 있을 수 있다. 새롭고 흥분되는 많은 일이 일어났지만 교회 안에는 당신이 결코 손댈 수 없는 오래된 전통이 있다. 아마 당신은 아직도 하나님 나라의 통치 대신에 민주적인 방법으로 통치할지 모른다. 그리고 교회 지도자들이나 성도들이 민주적 투표를 통해 목사를 조종할지 모른다.

교회 장로나 집사 중에 전혀 믿음이 없는데 재정을 통제하는 자가 있을지 모른다. 그는 교회가 주기를 좋아하고 주는 교회가 되지 못하게 막는다. 마찬가지로 한 여 신도가 오래되고 죽은 전통적인 방식으로 예배를 인도할지 모른다. 그녀는 오랜 세월 동안 예배를 인도해 왔다. 당신은 그녀를 그만두게 하고 싶지만 오래된 전통주의자들은 말한다: "엘리스 자매님은 25년이나 이 일을 해 왔어요. 그녀에게 지금 그만두라고 말할 수는 없어요!" 엘리스 자매는 위협적으로 보이지는 않지만 하나님의 성령과 움직이길 거부하는 종교의 영을 가진 자는 하나님의 다음 역사를 효과적으로 방해한다.

교회 내에서 여부스족을 처리하지 않고서 오래된 전통을 보존하면서 하나님의 현재 역사 속으로 들어갈 수 있는 방법이 있는가? 한 가지 방법이 있다. 예수께서 당신 교회에 오시면 새로운 일이 일어나기 시작한다. 하지만 당신 교회 한가운데 여부스족이 있을 때 그를 대면하여 죽일 수 있는 용기 있는 자가 없다.

교회가 성장하기 시작하고 복을 받기 시작한다. 모든 자들은 이 놀랍고 새로운 하나님의 역사를 느끼기 시작한다. 그러나 조심하라! 폭발이 일어나려 한다. 교회 장로나 집사가 당신을 하나님이 임명하신 지도자로 인정하거나 동의하지 않을지 모른다. 그는 결코 당신을 존중하거나 혹은 교회 내에서 하나님이 주신 자리를 당신에게 준 적이 없다. 그는 교회에서 가장 영향력 있는 성도이며 그의 친척들 모두가 그 교회에 나온다. 그들은 재정적으로도 막강한 후원자들이며 많은 영향력을 행사한다. 만일 당신이 이 문제를 해결하려 한다면 당신은 난관에 부딪히고 재정적으로 그리고 다른 모든 문제에 있어서 심각한 장애를 겪는다. 이 그룹은 하나님의 새로운 역사에 당신과 함께하지 않으며, 당신이 가고 싶은 곳에 대해 반대한다.

그러나 이 일이 너무 고통스러워서 당신은 이를 처리하지 못하고 이 여부스족을 가만히 놔둔다. 당신은 계속 사역을 한다. 이제 교회 성장에 있어서 당신은 큰 위기에 직면한다. 위기가 발생하면 이 사람은 당신을 대적한다. 당신이 그를 가만히 놔뒀기 때문에 이제 그를 따르는 자가 200명이고 당신을 따르는 자는 400명이다. 마침내 분쟁이 일어나면 교회가 찢어지는 아픔을 겪는다. 만일 오래전에 처음부터 이를 잘 다뤘다면 그것이 고통스러울지라도 지금만큼 파괴적이진 않았을 것이다.

당신은 여부스족을 다뤄야만 한다

다윗은 "우리가 이 여부스족을 처리하기 전에는 왕국을 세우는 일을 생각할 수 없어"라고 말했다. 우리도 동일한 태도를 가져야 한다. 여부스족은 개인적인 것일 수 있다. 그것은 교회의 전통이나 오랫동안 우리가 지녔던 교리와 신조일 수 있다. 그것은 여성의 역할일 수 있으며, 교회 정치의 시스템일 수 있다. 만일 이를 처리하지 않고 그냥 놔두면 언젠가 더 큰 힘으로 돌아와 당신을 파괴할 것이다. 그냥 놔두는 것은 사울 스타일의 리더십일지 모르지만 다윗은 그렇게 살지 않았다.

다윗은 여부스족을 다루는 방법은 수구(water chute)로 올라가는 것, 즉 말씀의 물로 씻는 것이라 말했다(삼하 5:7~9를 보라). 에베소서 5장 26절에서 그리스도와 교회에 대해 말하면서 바울은 예수님께서 물로 씻어 말씀으로 깨끗하게 하셔서 티나 주름 잡힌 것이나 흠이 없게 하셨다고 했다(엡 5:26을 보라).

위대한 하나님의 사람들의 사도적 아비로서 내가 해야 할 책임 중 하나는 그들의 개인적인 삶과 그들의 교회의 삶에 들어가 여부스족을 처리하는 것이다. 이 일은 그들에게 아픈 것이지만 나에게도 고통스럽다. 그러나 나중에 멸망하는 것보다 오히려 지금 아픈 것이 낫다. 그렇다면 내가 처리하는 방법은 무엇인가? 나는 예수님이 아닌 악한 세력이 통치하는 그들의 삶의 영역에 대해 사랑하는 마음으로 그들과 직면한다. 나는 판단하는 마음으로 이를 행하지 않으며 예수님처럼 종으로서 나아간다. 나는 주님의 말씀의 물로 그들을 씻고, 여부스족이 그들에게 해를 끼치기 전에 이로부터 그들을 깨끗케 하길 갈망한다.

지도자들 가운데 정직하고 투명한 관계

요한복음 13장 1~15절에서 예수님이 다락방에서 사도들의 발을 씻겨 주셨을 때에 그분이 진정으로 하신 일이 무엇인지 우리는 알고 이해해야 한다. 나는 주님께서 다가올 하나님의 나라를 위해 그들을 준비시키셨다고 믿는다. 그들은 유월절을 먹기 위해 다락방에 함께 모였다. 예수님은 선생으로서의 겉옷을 벗으시고 종으로서 수건을 두르셨다. 그들 모두가 그 방에 모였을 때 주님이 대야에 물을 담고 베드로 앞에 무릎을 꿇으시자 베드로가 당황해 했다: "주여 주께서 내 발을 씻기시나이까"(요 13:6).

만일 진정한 하나님 나라의 교회를 원한다면 지도자들 간에 진정한 관계가 있어야 하며, 그 관계는 완전히 투명해야 한다. 나는 투명하지 않은 사람을 결단코 지도자로 두지 않는다. 만일 내가 그들을 잘 모르고 그들도 나를 잘 모른다면 나는 그들을 완전히 신뢰하지 못하거나 그들과 긴밀하게 일할 수 없다. 예수님은 베드로를 개인적으

제17장 다윗이 나라를 세우다

로 교정하지 않으셨다. 주님은 12사도가 있는 앞에서 그렇게 하셨다. 반대로 주님은 모든 신자들이 있는 앞에서 공적으로 교정하지도 않으셨다. 그것은 지도자 그룹 안에서 은밀하게 이뤄졌다.

그리고 나서 예수님은 비유를 드셨다. 그것은 일종의 알레고리로서 주님이 우리가 알길 원하시는 영적으로 깊은 진리였다.

다른 이들과 마찬가지로 베드로도 이 모임에 참석하기 위해 걸어왔다. 만일 사람들이 맨발로 혹은 속이 훤히 보이는 샌들을 신고 왔다면 그들의 발이 더러웠을 거라는 것을 알 수 있다. 인도의 많은 사람들은 신발을 신지 않는다. 때문에 그들의 발에는 굳은살이 박여 있다. 만일 그들의 발을 닦아 주기로 했다면 그건 보통 일이 아니다. 왜냐하면 그들의 두꺼운 발바닥의 깊은 틈에 끼어 있는 모든 때를 벗겨 내기가 어렵기 때문이다.

실제로 예수님은 "베드로야, 너는 나와 떡을 떼는 친밀한 시간을 누리기 위해 걸어왔구나"라고 말씀하신 것이다. 그것은 최초의 애찬이었으며, 신약성경적인 의미에서 유월절이 최초로 성취된 놀라운 사건이었다. "그러나 또한 너는 과거와 현재 이 세상과 접촉함으로 때가 끼었구나. 그건 너의 영적인 발에 끼었단다. 나는 우리가 이 친밀함을 나누기 전에 먼저 그것을 씻어 주고 싶다." 예수님은 종으로 오셨으며, 우리의 잘못을 지적하기 위해서 오신 것이 아니었다. 그분은 사랑 안에서 베드로가 걸어오면서 생긴 갈라진 피부 틈 사이의 때를 제거하고 싶으셨다. 베드로의 신체적 발의 상태는 그의 영적인 발의 상태를 정확히 보여 주는 그림이었다.

우리가 하나님과 동행하면서 일을 할 때 우리 중 많은 이들은 대부분 하루하루를 잘 보낸다. 그러나 우리가 걸을 때 더러운 것이 붙는다. 우리의 삶 가운데 아직 우리가 정복하지 못한 영역이나 습관들이 있는데 이로 인해 우리가 일하고 행하는 방식이 더럽혀진다. 하나님은 그분의 말씀의 능력으로 이를 깨끗이 씻어 내심으로써 우리를 정결케 하시길 원하신다. 그분은 우리를 대적하지 않으시고 우리를 위하신다. 그러나 그분은 우리가 그분이 걸으신 길을 걷길 원하신다. 그래서 그분은 먼저 우리의 관심을 이런 부분에 집중시키고 그분의 말씀으로 이를 깨끗이 씻으심으로 우리 발의 때를 제거하셔야만 한다.

베드로처럼 당신은 두 가지 잘못된 방식으로 반응할 수 있다. 당신은 씻겨 주시는 걸 완강히 거부할 수 있다: "주님이 제 발을 씻겨 주시다니요! 이 사람들 앞에서는 절대로 하실 수 없습니다." 다른 사람들 앞에서 좋지 않게 보이길 원치 않는 이런 특성은 사울의 특징이다. 이럴 경우에 당신은 하나님께서 개입하셔서 당신을 정결케 하시도록 허락하지 않을 것이다. 대중 앞에서 당신은 마치 때가 없는 것처럼 행동하며, 어느 누구의 시선도 집중되길 원치 않는다.

두 번째 실수는 베드로처럼 하나님께서 씻어야 할 어떤 분야를 지적하셨을 때 과민반응을 보이고 완전히 자책감에 빠지는 것이다.

예수께서 말씀하셨다. "베드로야, 내가 네 발을 씻길 수 없다면 너는 나와 친밀한 관계를 가질 수 없다." 베드로가 대답했다. "오, 그렇다면 저를 전부 씻겨 주십시오." 예수님께서는 사랑스럽게 대답하셨다. "내가 네게 일러준 말로 너는 이미 대부분이 씻겨져 아름답단다. 너는 단지 발만 씻으면 된단다"(요 13:6~11, 의역).

예수님처럼 영적인 아비들은
영적인 아들들에게 신실해야 한다

내가 지금 나를 영적인 아버지로 여기는 목회자의 집에 머물러 있다고 상상해 보라. 나는 그가 매일 아침마다 신경질을 내고 기분이 안 좋다는 것을 알았다. 일어나자마자 한 시간 동안 그는 너무나 신경질적이어서 어느 누구도 그에게 말을 하지 못한다. 하나님께서 영적인 아비인 내가 뭔가 말해 줘야 할 책임이 있다는 것을 보여 주신다고 상상해 보라. 다른 모든 면에서 그는 환상적이지만 아침에만 태도가 안 좋다. 그래서 내가 "여보게, 자네와 좀 할 말이 있네"라고 말한다. 나는 이런 습관이 더 이상 계속되지 못하도록 말씀의 물을 가지고 그의 발을 씻어 주는 종처럼 사랑 가운데 나아간다. 나는 그를 대항하는 것이 아니라 그를 위한다! 나는 그를 거절하거나 모든 것이 잘못되었다고 말하지 않는다. 나는 단지 이 작은 한 가지를 고쳐 주려 할 뿐이다.

누군가가 고쳐야 할 단점을 사랑 가운데 지적하면 당신은 기분이 나빠서 "그렇다면 전 사임하겠습니다! 어느 누구도 저에게 그렇게 말하지 않습니다"라고 말하지 모른다. 아니면 극단적으로 "당신 말이 맞아요. 저는 실패자일 뿐입니다. 저에게 선한 것이라곤 하나도 없습니다. 저는 지도자가 될 자격이 없어요. 이제 모든 것을 내려놓는 것이 낫겠습니다"라고 말할지 모른다.

만일 누군가가 순전한 마음으로 사랑 가운데 교정해 주기 위해 나온다면 너무 극단적으로 반응하지 말라! 그들은 당신의 대부분이 훌륭하다는 것을 안다. 그들은 당신의 삶의 거의 모든 부분에서 예수님이 당신을 통해 빛을 발하시는 것을 본다. 다른 대부분의 사람들보다 당신 안에서 그렇게 작은 것이 더 나쁘게 보이는 이유가 바로 그 때문이다. 당신은 훌륭하다. 당신의 행보에 옥에 티처럼 작은 흠이 있을 뿐이다. 이제 이를 고쳐 보자.

예수님께서는 "이미 목욕한 자는 발 밖에 씻을 필요가 없느니라 온 몸이 깨끗하니라"고 말씀하셨다(요 13:10). 하나님의 말씀에는 능력이 있으며, 말씀의 물로 씻는 데도 능력이 있고, 이를 통해 우리의 성품과 날마다 우리가 행하는 방식에 있는 모든 결점을 제거할 수 있다. 만일 우리가 이를 믿고 하나님께서 이처럼 하시도록 허락한다면 우리는 참으로 깊이 인박힌 습관에 변화를 가져올 수 있다.

예수님께서 지적하시고자 한 점이 바로 이것이었다. 주님은 제자들이 당시에는 이해하지 못하지만 나중에 가서는 알게 될 것이라는 사실을 아셨다. 그것은 단지 겸손을 보이기 위한 예가 아니었다. 주님은 근본적으로 "내 말을 잘 들어라. 나는 너희가 뭔가 이해하길 바란다. 또한 너희는 사랑 가운데 서로의 발을 씻겨 줘야 한다. 너희는 너희 형제와 자매의 행보에 있어서 그들이 순결하도록 지켜 주어야 한다. 판단하고 정죄하는 것처럼 이를 행하려 들지 말라. 너희는 사랑 가운데 무릎을 꿇고 나와야 한다. 그들의 행동을 망가뜨리는 장애에서 그들을 풀어 주려는 일념으로 종의 자세를 가지고 나아가야 한다"고 말씀하신 것이었다. 당신은 예수님이 그리하셨던 것처럼 종으로 나와야 한다.

내게 있어서 이것은 신약 시대에 여부스족을 다루는 방법이다. 내가 영적인 아비로서 이끌었던 모든 리더 그룹 안에서 우리는 이런 종류의 관계를 가졌다. 나는 그들의 발을 씻겨 줄 정도로 내 아들들을 사랑한다. 나는 그들에게 서로의 발을 씻어 주는 바른 방법을 가르쳐 준다. 그리고 합당한 존경심과 사랑을 가지고 내 발을 씻어 줄 자유를 준다. 이런 식으로 우리는 집에서 여부스족, 즉 우리의 애찬에서 더러운 발을 허용하지 않는다. 이를 통해 우리는 하나님 나라를 세울 수 있다!

다윗이 언약궤를 다시 가져오다

이제 다윗이 하나님 나라를 세우기 위해 취했던 다른 단계들을 더 살펴보자. 다윗의 진정한 열정은 언약궤를 다시 가져오는 것이었다. 언약궤에는 몇 가지 다른 이름이 있다. 어떤 곳에서 그것은 "온 땅의 주의 언약궤"라 불렸다(수 3:11). 이는 위대한 이름이다!

하나님의 쉐키나의 영광은 모세의 회막에 거했다. 언약궤는 언제나 지성소에 놓여 있었다. 그것은 하나님의 임재와 능력과 영광을 나타냈다. 그것은 하나님의 임재의 현현의 상징이었다. 엘리 선지자 시대에 이스라엘은 전쟁에서 이기지 못했다. 그들은 블레셋과의 전쟁에서 계속 졌다. 그것은 이스라엘의 죄, 특히 제사장의 죄 때문이었다. 엘리에게는 두 아들, 홉니와 비느하스가 있었는데 그들은 매우 악한 삶을 살았다. 그들은 음란했으며 도적질을 했다. 그럼에도 불구하고 그들은 계속해서 이스라엘 백성에게 하나님의 제사장 역할을 했다.

불행하게도 오늘날 그리스도의 몸 안에도 이와 같은 역할을 하는 자들이 많다. 그들은 사역이나 교회에서 공식적인 위치에 있지만 성적으로 음란하고 재정에 있어서는 도적들이다. 그럼에도 불구하고 그들은 여전히 자신들이 하나님과 그분의 사람들을 조종하여 그들의 하는 일을 축복하도록 할 수 있다고 생각한다. 그들이 얼마나 소경이 될 수 있는지는 참으로 놀랍다.

이스라엘은 모든 전쟁에서 계속해서 졌다. 그래서 유다 백성들은 홉니와 비느하스에게 하나님의 임재의 상징인 언약궤를 가져와 그들과 함께 전쟁에 나가 자기들을 돕도록 설득했다. 그것은 너무나 멋진 계획처럼 들렸고 하나님의 백성들은 흥분했다. 우리는 이를 열정적이지만 거룩하지 않은 은사주의자들과 비교할 수 있다. 이들은 여전히 죄 가운데 살면서 자신들의 도시를 점령하고 있는 악한 정사들을 대항하기로 결정한다. 이들은 특별한 전쟁 찬양 컨퍼런스를 계획하고 이런 정사와 권세들을 공격하려 한다. 그러나 그들의 죄가 진중에 있으면 그들이 시끄러운 소리를 낸다고 해도 결국 성공할 수 없다.

거룩하지 않은 함성

사무엘상 4장 1~10절에 이 모든 이야기가 다 나와 있다. 이스라엘 군사들은 큰 소리로 외쳤다. 아주 큰 은사주의자들의 소리였으며, 그 소리는 원하는 결과를 낳았다. 블레셋 사람들은 그 소리를 듣고 떨기 시작했다. 그들은 "지난 수십 년 동안 이런 소리를 들어 본 적이 없었는데. 하나님의 백성들 가운데 도대체 무슨 일이 일어나고 있는 거지?"라고 말했다.

함성은 좋은 것이고 흑암의 세력을 대항하여 전쟁의 찬양을 드리는 것도 좋은 것이다. 하지만 당신은 이를 거룩함과 순결함 가운데 해야 한다. 만일 은사주의적인 전쟁의 함성을 지르지만 당신의 삶이 죄와 타협했다면 당신은 승리를 얻지 못하고 참혹한 패배를 맛볼 것이다. 거룩하지 않은 함성은 마귀로 하여금 당신을 대적하도록 부추긴다. 하나님의 의를 호심경으로 삼지 않으면, 죽지는 않더라도 당신은 중상을 입는다. 승리는 열정만으로 되는 것이 아니다. 열정은 진정한 성경적인 거룩함과 함께해야 한다. 거룩한 백성의 함성은 전쟁에서 강력한 무기이다. 거룩하지 않은 사람들의 함성은 패배와 환멸과 재앙으로 이어진다.

함성은 블레셋 사람들로 하여금 더 강력하게 싸우도록 부추겼다. 이스라엘은 언약궤를 메고 전쟁터로 나갔지만 하나님은 그들을 위해 싸우러 나오지 않으셨다. 그래서 언약궤는 블레셋에게 빼앗기고 홉니와 비느하스는 전사했다(삼상 4:11을 보라). 비느하스의 아내는 조산을 해서 사내아이를 낳았다. 그녀는 그 아이의 이름을 이가봇이라 짓고 해산 중에 사망했다. 그 이름은 '주의 영광이 떠났다' 라는 의미이다 (삼상 4:19~22를 보라). 이 비극적인 소식을 들은 엘리는 그 충격으로 의자 뒤로 나자빠지면서 목이 부러져서 죽었다(삼상 4:18을 보라).

이는 마지막 극적인 장면으로, 테너와 소프라노 모두가 죽어 넘어지는 장엄한 비극적 이태리 오페라의 절정을 상기시켜 준다. 무대 여기저기에 주검이 널려 있다. 그런 뒤에 심벌즈의 큰 소리와 함께 크레센도로 음악이 고조되면서 오페라는 극적인 결말에 이른다. 실내등이 켜지고 청중들은 놀라서 말없이 좌석에 앉아 있다.

불행하게도 이는 무대 공연이 아니었다. 이 일이 실제 일어났다. 하나님의 백성들이 무시무시할 정도로 도륙을 당했으며, 블레셋 사람들은 언약궤를 빼앗아 이를 자기들의 신인 다곤의 신전으로 가져갔다.

그러나 블레셋 사람들에게 이는 문제의 시작이었다. 언약궤 앞에서 그들의 신은 얼굴을 바닥으로 하고 쓰러졌다. 그들은 신을 다시 제자리에 놓았지만 그는 언약궤 앞에서 다시 얼굴을 바닥에 대고 넘어졌다. 모든 종류의 질병들이 블레셋 사람들 가운데 발병했다. 마침내 그들이 어느 날 아침 신전에 들어와 보니 그들의 우상이 완전히 부서져 언약궤 앞에 누워 있었다(삼상 5:1~5를 보라).

언약궤는 7개월 동안 블레셋 가운데 있었고, 수레에 실려 아스돗에서 갓, 에그론으로 갔으며, "여호와의 손이 아스돗 사람에게 엄중히 더하사 독종의 재앙으로 아스돗과 그 지경을 쳐서 망하게"(삼상 5:6) 했다. 마침내 블레셋 사람들은 이를 알고서 언약궤를 젖소 마차에 실어 그들에게서 떠나보냈다. 그들은 블레셋 사람들이어서 하나님의 성물을 옮길 때의 의식을 알지 못했기 때문에 하나님은 그들의 무지와 그들이 언약궤를 옮기는 잘못된 방법에 대해 그들을 벌하지 않으셨다(삼상 6:7~9를 보라). 젖소는 하나님의 백성의 땅으로 직행했으며 벧세메스 땅으로 갔다. 그때에 벧세메스 사람들은 추수를 하려고 밭에 나와 있었다.

벧세메스의 사람들

이제 당신이 볼 수만 있다면 이 모든 이야기에는 강력한 비유적인 의미가 담겨 있다. 벧세메스 사람들은 추수 밭에서 일을 하고 있었다. 그런데 갑자기 그들은 온 땅의 하나님의 언약궤가 그들에게 다가오는 것을 보았다. 그들은 두 가지 이유 때문에 흥분했다. 첫째, 그들은 하나님께서 자신들의 추수를 보다 더 성공적으로 만들어 주실 것이라 생각했다. 둘째, 그들은 자기들의 영내 가까이서 언약궤를 볼 뿐만 아니라 그 안에 담겨 있는 것이 무엇인지 안을 들여다볼 수 있는 기회를 얻었다. 그들은 이전에는 결코 그런 기회를 갖지 못했다(삼상 6:13~15를 보라).

이는 우리에게 두 가지 중요한 비유적 그림을 보여 준다. 벧세메스 사람들은 비유적으로 볼 때 복음주의나 추수 사역을 상징한다. 현재 인도와 아프리카의 많은 지역에서 복음을 전하는 사람들 거의 모두가 성공을 거두고 있다. 그러나 미국과 유럽은 상황이 다르다. 오늘날 서구 사회에서 대부분의 복음주의 활동은 성공을 거두지 못하고 있다. 왜냐하면 우리는 우리 사회의 일부분이 되어 버린 복음에 대한 강한 반감을 먼저 처리해야 하기 때문이다. 우리는 벧세메스 사람들과 매우 흡사하다. 우리는 추수를 하기 위해 열심히 노력한다. 그리고 열심히 일했지만 아무 일도 일어나지 않는다. 우리는 하나님께서 나타나셔서 우리의 복음 전도를 바꿔 주시길 갈망한다.

처음에 그들은 기뻐했다

언약궤가 벧세메스 사람들 가운데 도착했을 때 그들은 참으로 기뻐했다. 그들은 '하나님께서 오셨네! 정말 신난다! 이제 우리는 수확에 있어서 더 많은 성공을 거둘 거야'라고 생각했다. 그러나 그들에게 쓸데없는 호기심이 생겼다. 언약궤가 가까이 오자 그들은 '언약궤가 어떻게 생겼는지, 그리고 그 안에 뭐가 들었는지 늘 궁금했었는데 이제 볼 기회가 생겼네. 가서 봐야지'라고 생각했음에 틀림없다. 그들은 뚜껑을 열어 보았다. 그날에 벧세메스 사람들은 번제와 다른 제사를 주님께 드렸지만 (5만) 70명이(어떤 사본에는 5만이 없다) 심판을 받고 죽어 넘어졌다. 이는 '그들이 여호와의 궤를 들여다보았기 때문'이었다(삼상 6:19). 이 엄청난 참상은 그들이 언약궤의 뚜껑을 열어 보았기 때문에 일어났다.

하나님을 들여다보자

다음은 두 번째 그림이다. 서구 세계에 있는 거의 대부분의 신학교에서 우리는 하나님과 그분의 말씀 아래 우리를 두어서 그분께서 우리를 온전한 사람으로 만드시도록 허락하지 않는다. 대신에 우리는 교만하게도 우리의 지성을 사용하여 하나님을 조사한다. 마치 조사를 위해 현미경 아래에 놓인 표본처럼 그분을 그렇게 대한다. 그것은 마치 "하나님을 들여다보자. 그리고 그분이 정말 존재하는지 살펴보자. 그분이 뭐처럼 생겼는지, 어떻게 하면 그분이 반응하는지 찾아보자"라고 말하는 것과 같다.

소위 신학자라 불리는 자들은 하나님을 자신들의 지성의 현미경 아래에 둔다. 그리고 그들의 작은 인간의 지성을 가지고 하나님을 들여다본다. "박사님, 어떻게 생각하십니까? 하나님은 살아 있습니까 아니면 죽었습니까? 하나님은 오늘날 우리와 상관성이 있습니까? 그는 작습니까 아니면 큽니까? 그가 병을 고칠 수 있나요 아니면 없나요?" 뻔뻔하게도 우리는 하나님 앞에 경외감 가운데 무릎을 꿇고 예배하는 대신에 마치 그분이 우리 인간의 지성의 조사 대상인 것처럼 하나님을 들여다본다.

신학교에서 연구하는 많은 사람들이 결국 벧세메스 사람들처럼 언약궤 주변에 '죽어' 넘어지는 것은 너무나 당연하다. 그들은 신체적으로 죽지 않았을지 모르지만 이보다 훨씬 나쁜 죽음을 경험한다. 즉 그들은 영적으로 죽은 자가 된다. 그들은 하나님께 완전히 반응하지 않으며, 성경을 오랫동안 연구했음에도 불구하고 그분을 모르거나 이해하지 못한다.

그분을 우리에게서 뉘게로 가시게 할까?

벧세메스 사람들은 문제가 있다는 결정을 내린다. 그들은 자신들과 하나님 사이에 서로 화합할 수 없는 깊은 골이 있다는 것을 발견한다. 하나님은 결코 변함이 없으시다. 그래서 성경은 "두 사람이 의합지 못하고야 어찌 동행하겠으며"라고 말한다(암 3:3). 만일 하나님께서 이미 완전하시다면 그분은 변하실 수 없다. 그분과 일치하기 위해서 변화해야 할 자는 우리 쪽이다. 그분은 중간에서 우리를 만나실 수 없다. 그래서 벧세메스 사람들은 그리스도인들이 지금도 여전히 알아야만 하는 무서운 진리를 발견했다. 하나님의 사람들 중에 많은 이들이 하나님과 교제하지 못하고 그분과 동역하지 못한다. 왜냐하면 그들이 하나님과 전혀 조화를 이루지 못하기 때문이다.

그래서 벧세메스 사람들은 결단을 내린다. 그들에게 열린 방법은 단지 두 가지뿐이었다. 그들이 급격히 변해서 하나님과 조화를 이루든가 아니면 그 부조화로 인해 하나님과 자신들을 분리시키는 것이었다.

이제 사무엘상 6장 19~20절로 가 보자: "여호와께서 백성을 쳐서

제17장 다윗이 나라를 세우다

크게 살륙하셨으므로 백성이 애곡하였더라 벧세메스 사람들이 가로되 이 거룩하신 하나님 여호와 앞에 누가 능히 서리요 그를 우리에게서 뉘게로 가시게 할꼬 하고."

그들이 말한 것은 "우리는 하나님과 잘 지내기가 어려울 것 같아. 우리와 하나님은 맞지 않아. 하지만 우리는 변할 마음이 없어. 따라서 유일한 대안은 그분을 떠나보내는 거야. 그분을 어디로 보낼까?"

오늘날 어떤 단체들은 이와 다르지 않다. 그들은 이렇게 생각한다: '우리는 우리 방식으로 기부금을 모으고, 온전히 의롭지 않은 일을 우리 식으로 행하지. 우리에게는 성경적이지 않은 교단 전통이나 의식이 있지만 우리는 이를 바꾸지 않을 거야. 하나님과 조화를 이루기 위해서는 우리의 모든 방법과 전통을 급격히 바꿔야만 할 것 같은데. 이 외에 유일한 방법은 하나님과 상관없이 우리 방식대로 일을 처리하는 거야. 하나님을 제거하는 것이 훨씬 더 쉬워 보이는군. 그렇다면 그분을 우리에게서 뉘게로 가시게 할까?'

몇 해 전, 미국에 훌륭한 하나님의 사람이 있었다. 그는 성경에 대한 위대한 계시를 받았다. 어느 날 그가 우리에게 다음과 같은 이야기를 할 때 나는 다른 사람들과 함께 그곳에 앉아 있었다.

몇 년 전에 그는 유명한 국제적 전도 단체와 한 팀을 이뤘다. 외적으로 볼 때 그 단체는 사역을 잘하는 복음 단체로서 상당한 성공을 거두었다. 그러나 그들에게는 탁월한 예언적 성경 교사가 없었다. 이 사람의 은사가 바로 그들에게 필요한 것이었다. 그래서 그 단체의 지도자는 그를 초청하여 그들의 중요한 성경 교사가 되어 달라고 했다.

오래전에 그는 탁월한 믿음 치유 사역(faith healing ministry)의 주요 성경 교사였었다. 은사가 많은 이 사역의 지도자와 함께 여행하면서 집회를 했을 때 많은 기적들이 일어났다. 이 지도자에게 성경적으로 오류가 생기자 그는 사랑의 마음을 가지고 필사적으로 그를 바로잡으려고 했다. 그러나 그 지도자는 듣지 않았으며, 결국 그는 그 단체를 떠나야만 했다.

그날 이후로 그는 언제나 이와 비슷한 관계를 갖길 갈망했고, 이 단체가 그러한 관계를 제공하는 것처럼 보였다. 그러나 그가 이 단체 안으로 들어갔을 때 그는 거기에 돈을 다루는 데 있어서 정직하지 않은 방법들이 있는 것을 발견했다. 그는 그들의 의롭지 않은 태도에 대해 지도자들에게 직접 대고 말했다: "만일 당신들이 변하지 않는다면 저는 더 이상 여러분과 함께할 수 없습니다. 왜냐하면 저는 이런 불의와 함께 거할 수 없기 때문입니다."

그러자 그들은 "이보시오. 우리는 너무나 오랫동안 이런 식으로 일을 해 왔소. 우리는 바꿀 수 없소. 만일 당신이 우리의 방식을 좋아하지 않는다면 당신이 떠나야 하오. 왜냐하면 우리는 바뀌지 않을 테니 말이오" 하며 말했다. 그래서 애석하게도 그는 떠나야만 했다.

어떤 단체들은 불의와 타협하고 많은 돈을 모금하기 위해 편법을 쓴다. 하나님 나라에서는 이렇게 할 수 없다. 만일 그렇게 한다면 하나님의 임재는 떠날 것이다. 그런 단체는 당분간 지속될지 모르지만 그 추진력은 오직 인간적인 것일 뿐이며, 하나님은 더 이상 그곳에 계시지 않을 것이다.

아비나답 – 기꺼이 희생하려 했던 사람

벧세메스 사람들은 하나님의 언약궤를 '아비나답'이라는 사람의 집으로 보냈다. 이 사람의 이름이 '맹세의 아버지' 혹은 '자원하는 마음의 아버지'라는 뜻을 담고 있다는 점이 흥미롭다. 이 사람은 20세기 대부분의 서구 교회를 비유적으로 보여 주는 그런 자이다. 하나님은 교회가 더럽고 의롭지 않은 방법으로 일을 하기 때문에 그들과 함께 일하실 수 없으셨다. 그분은 그런 환경에서 일하실 수 없다.

그럼에도 불구하고 하나님은 여기저기서 기꺼이 순종하려는 개인들을 발견하신다. 그분은 하나님과 일대일로 대면하는 친밀한 교제 가운데 살기 위해 대가를 지불하려는 사람을 찾아내신다. 하지만 일반적으로 교회는 이런 관계를 잘 모른다. 기꺼이 희생하려고 하는 이러한 예외적인 인물들의 이름을 우리는 수없이 댈 수 있다. 서구 사회에서는 캐나다의 토저 목사가 좋은 예가 될 것이다. 그는 「하나님을 추구함」(The Pursuit of God), 「신앙의 기초를 세워라」(The Root of Righteousness)와 같은 책을 썼다. 그의 저서는 모든 사람이 읽어야만 하는 고전이 되었다. 그가 한 유명한 말 중에 이런 말이 있다: "많은 사람들이 거룩해지길 갈망한다. 그러나 그들은 거룩해지는 과정을 통과할 준비가 되어 있지 않다." 사람들은 고통의 과정 없이 완제품만을 원한다. 그들은 결코 거룩해지지 못한다. 왜냐하면 그에 대한 대가를 치르려 하지 않기 때문이다.

독일의 블룸하르트(Blumhardt) 목사는 19세기 말에서 20세기 초에 유럽에서 좋은 본보기가 되었다. 그는 신유의 은사를 교회에 회복시킨 자로 평가받는다. 그는 신유 사역의 선구자였다. 그러나 그가 치른 대가가 얼마나 큰가! 만일 그의 삶의 이야기를 읽는다면 당신은 아마도 '와! 내가 이런 종류의 대가를 치를 준비가 되어 있는지 자신이 없네'라고 생각할 것이다. 생각나는 또 다른 예는 '믿음의 사도'라 불리는 영국의 스미스 위글스워스이다. 미국의 심슨 박사(Dr. A. B. Simpson), 남아프리카공화국의 앤드류 머레이(Andrew Murray)와 같은 자들 또한 그렇다. 이들은 교회에서 특출한 자들이었고 많은 사람들에게 큰 영향력을 미쳤다.

1980년대에 나는 흑인 줄루족(Zulu) 목사인 듀마(Dumar) 목사를 만나는 특권을 누렸다. 그는 인종차별이 가장 심했던 시절에 남아프리카 더반(Durban)에서 살았고, 그때는 이 나라에서 영적인 것이 태동하기 훨씬 전이었다. 이 사람은 놀랍다. 그는 모든 사람에 대한 믿을 수 없을 정도의 사랑을 지녔다. 그는 아프리카 흑인이었지만 그의 몸 안에는 인종주의적인 요소가 하나도 없었다. 내가 풋내기 선교사였을 때 그는 나의 삶에 심오한 영향을 끼쳤다.

듀마 목사는 더반 근교에 다인종 교회를 세웠다. 당시에 인종 간에 서로 섞이는 것은 불법이었지만 당국자들은 그를 감히 건드릴 수가 없었다. 왜냐하면 그와 그의 사역 가운데 하나님의 권능이 너무나 강력했기 때문이었다. 강력한 기적들이 그를 통해 흘러나왔다. 그러나 당시 남아프리카에는 흑인과 백인 간의 빈부 격차가 너무 컸다. 흑인들에게 남아 있는 것이란 아무것도 없었고 그들은 가난하게 살았다. 이 목사님은 하나님께 너무나 큰 비전을 받았기에 더 많은 재정이 필요했다. 어느 날 그가 나에게 어떻게 기도했는지를 말했던 것이 기억난다: "주님, 주님께서 저에게 주신 비전을 이루기 위해서는 많은 돈이 필요합니다. 이 비전을 주신 분은 주님이시며, 저에게는 이를 이루기 위한 돈이 필요합니다. 이 사역에 십일조와 헌금을 낼 백만장자들이 좀 필요한데, 제가 알고 있는 백만장자들은 다 백인입니다. 그러니 주님께서 몇 명의 백만장자 백인을 구원해 주셔서 저희 교회에 보내 주셔야겠습니다."

그의 기도 응답으로 한 해에 여섯 명의 백만장자 백인이 구원을 받고 그 교회에 더해졌다. 이 모든 돈은 하나님의 나라를 위해 정직하게 사용되었고 그 자신도 계속해서 매우 단순하고 겸비한 삶을 살았다. 나는 그에게서 너무나 많은 것을 배웠다. 내가 젊었을 때 그는 내게 안수했으며, 하나님의 권능을 내 삶 가운데 쏟아 부었다. 그는 '기꺼이 희생하려고 하는' 아비나답이었다.

그러나 이런 일이 교회 전체에 걸쳐 일어나지는 않았다. 많은 교회들이 죽은 전통 가운데 있다. 단지 몇몇의 사람들만이 대가를 지불하려 한다.

다윗의 시대에 하나님을 아는 자들이 거의 없었다

목동이었던 다윗이 태어난 상황이 바로 이랬다. 하나님의 영광의 언약은 결코 모세의 장막으로 돌아가지 않았다. 언약궤는 약 70년 동안 아비나답의 집에 머물렀다(사울이 보위에 오르기 전 20년 이상과 사울의 통치 기간 40년 그리고 다윗이 헤브론에서 다스린 7년). 이 기간 동안 레위인들은 모세의 장막에서 정기적으로 예배를 드렸으며, 하나님이 그곳에 계시지 않아도 그들은 전혀 개의치 않았다. 종교는 하나님을 필요로 하지 않는다. 실제로 하나님이 방해가 될 수 있기 때문에 하나님이 전혀 없는 것이 더 낫다.

비극적이지만 이것은 주일 예배를 드리는 서구의 많은 교회에서도 사실이다. 예배가 언제나 오전 10시에 시작해서 오전 11시 30분에 끝날 수는 없다. 만일 하나님께서 함께하실 경우에 많은 사람들은 하나님이 그곳에 계시지 않는 것이 더 낫다고 생각한다. 만일 늦게 끝나면 누군가가 당신보다 먼저 레스토랑에 갈지 모른다! 많은 사람들은 하나님이 개입하시거나 순서를 망치는 그런 예배보다는 잘 조직된 예배를 더 선호한다. 주일 예배는 예측 가능한 정확성을 가지고 신속히 끝나며, 사람들은 다시 일상으로 돌아가 남은 일주일 동안 하나님 없이 산다.

나는 다윗이 모세의 장막에 얼마나 자주 갔는지 모른다. 나는 하나님에 굶주린 이 소년이 가끔씩 그곳에 너무나 가고 싶어 하는 모습을 상상해 보곤 했다. 하지만 그의 부모가 실로로 여행할 때마다 그곳에 가면 언제나 실망스러웠다. 왜냐하면 하나님이 거기에 계시지 않았기 때문이다.

다윗은 종교를 원치 않았다. 그는 하나님을 원했다. 베들레헴 근처 언덕에서 아버지의 양을 돌보다가 집에 돌아오면 그는 하프를 들고 자기가 작곡한 노래를 부르기 시작했다. 그것은 그를 둘러싸고 있는 모든 것을 지으신 창조주 하나님을 경배하는 노래였다. 그러면 하나님께서는 이 어린 소년을 찾아오시곤 했다. 그래서 다윗은 하나님과 친밀한 관계를 형성했으며, 이는 그의 인생의 기초와 근원과 능력이 되었다. 그가 이런 종류의 친밀감이 계속될 수 있는 장막을 세우고자 하는 열망을 가지게 된 것은 이런 경험 때문이었다.

미국에서는 최소한 반세기 동안 그리고 유럽에서는 거의 한 세기 동안 우리는 대부분 생명이 없는 종교적 의식의 시대를 살았다. 미국과 유럽에서 하나님이 최근에 움직이기 시작하신 것은 20세기 초반이었다. 오순절 운동 초창기에 여러 나라에서 소규모였지만 강력한 역사가 있었다. 하지만 그 운동은 곧 소멸되어 존경받는 역사가 되었을 뿐, 결코 온전한 변화를 가져오지 못했다. 내가 방문한 오순절 교회들은 성령론을 가지고 있지만 인격이신 성령께서 오시길 원치 않았다. 왜냐하면 그분은 모든 것을 엉망으로 만드시기 때문이다. 그들은 오히려 그분을 하나의 교리로서 가지려 했다. 성령을 믿는 것과 개입하시는 그분의 활발한 임재를 원하는 것은 별개이다. 당신은 교리를 원하는가 아니면 인격을 원하는가? 그분이 당신의 삶 가운데 친히 오셔서 임하시도록 하기 위해 어떤 대가를 지불할 준비가 되어 있는가?

다윗의 외침: "주님의 임재의 언약궤를 다시 가져오자"

그래서 온 땅의 하나님의 언약궤는 아비나답의 집에 약 70년이나 머물게 되었다. 다윗이 보위에 올랐을 때 그의 열정은 하나님께서 오셔서 이스라엘 나라에서 중심적인 역할을 하시는 것이었다. 다윗은 자신이 세우라고 인도함을 받은 하나님 나라의 수도 중심에 하나님이 계시길 원했다. 하나님은 오래전에 시온 산이 그 자리가 될 것임을 보여 주셨다. 그러나 그 땅은 이미 여부스족이 차지하고 있었다.

이는 개인의 삶에서도 마찬가지일 수 있다. 만일 당신이 하나님께서 당신에게 무조건 오시도록 하기 위해 대가를 치러야 한다면, 그리고 "주님, 저는 주님과 친밀함을 누리고 또한 주님께서 저의 삶을 채워 주시도록 하기 위해 어떤 것도 하겠습니다"라고 말한다면 하나님은 오실 것이다. 그러나 그분은 그분의 나라에 속하지 않은 모든 것을 파괴하길 원하실 것이다. 당신은 기쁨으로 그분의 완전한 접수를 받아들이거나 아니면 뒤로 물러서서 "주님, 제가 원한 것은 이것이 아닙니다. 저는 정말 주님께서 저를 완전히 접수하시길 원치 않습니다. 저는 제가 통제하고 싶습니다. 그냥 멀리서 제 친구가 되어 주실 수는 없나요?" 하고 말할지도 모른다.

「하나님을 추구함」에서 토저는 말한다: "하나님께서 우리를 채우시는 데 가장 큰 적은 우리의 육체이다." 성경에서 육체란 단어는 헬라어 **사르크스**(sarx)에서 왔으며, 바울의 서신서에 자주 등장한다. 대부분의 영어 번역본에서 이 단어는 '육신'(flesh)이란 말로 번역되었다. 그러나 NIV는 '죄악된 본성'(sinful nature)이라는 번역을 사용하는데 이는 헬라어를 제대로 번역하지 못했다.

내가 발견한 것 중에서 이 '육신'이란 단어에 대한 가장 간략한 정의는 '몸과 혼을 합친 것으로서 하나님과 상관없이 독립적으로 행동하는 존재'이다. 아니면 단순히 이를 '자아적인 삶'(self-life)이라고 부를 수 있다. 이는 하나님이 우리의 삶을 채우시는 데 가장 큰 장애물이며 죄가 작동하는 플랫폼이기도 하다. 육신이 없으면 죄가 착륙할 장소도 없다. 육신의 습관을 계속해서 가지고 있으면 죄가 들어와 이 육신을 통해 기회를 잡고 당신을 죽일 수 있다.

하나님을 진지하게 추구하면 우리는 우리를 충만하게 채우시는 하나님을 대적하는 주적이 우리의 육신임을 곧바로 알게 된다. 그러면 우리는 결단을 내려야 한다. 그래서 토저는 "우리를 대적하고 하나님의 편에 서야 되는 결단의 날이 온다"고 말했다. 다른 말로 하면, 하나님과 힘을 합쳐 내 삶 가운데 나타는 모든 육체를 죽여야 한다. 나는 하나님께서 미워하시는 것처럼 내 안에 있는 육체를 미워하게 된다. 이런 결단을 내리면 하나님께서 오셔서 우리의 삶을 접수하시는 것이 어렵지 않다. 우리가 앞서 말한 여부스족의 요새는 하나님께서 오시고 싶어 하시는 장소이다. 그분은 여부스족을 죽이고 그곳에서 그분의 임재의 장막을 펼치신다. 우리 하나님은 이처럼 너무나 놀라우신 분이시다. 그분은 우리의 삶 가운데 가장 부끄럽고 실패한 영역을 취하셔서 그분의 승리, 영광, 은혜의 중심으로 만드신다.

여부스족이 죽고 하나님의 임재의 장막이 그곳에 세워졌을 때 이런 일이 일어났다. 예루살렘 도성에서 일어난 일이 바로 이것이었다. 100년 이상 동안 여부스족은 시온 산을 점령했었다. 그들은 "다윗은 절대 이리로 들어오지 못할 거야!"라고 말했다. 그들의 조소하는 소리는 잠잠해졌고, 그곳은 온 땅의 하나님의 언약궤가 승리 가운데 놓이는 장소가 되었다. 한때 적군이 점령하여 패배의 장소였던 곳이 하나님 나라의 능력으로 하나님의 모든 원수들을 부수는 중심이 되었다. 이 얼마나 놀라운 변화인가! 이는 모든 것을 바꾸시는 하나님의 능력이다.

Chapter 18

다윗의 장막을 세우라

이 일을 어떻게 한다지?

다윗은 여부스족을 처리할 때까지 언약궤를 하나님이 지정하신 곳으로 가져갈 수 없었다. 일단 그 땅을 점령하고 나서 몇 가지 운반의 문제를 제외하고는 그를 막을 것이 아무것도 없어 보였다. 그러나 다윗이 모르는 심각한 문제가 여전히 남아 있었다. 하나님께서 실제로 모세의 장막에 계신 이래로 70년 이상이 지났기 때문에 그 당시 세대 중의 어느 누구도 이전에 하나님의 임재를 경험한 적이 없었다. 살아 있는 사람 중에 어느 누구도 하나님의 임재를 다시 가져올 방법을 알지 못했다. 그 어느 누구도 그것이 어떤 것인지 아니면 어떻게 그곳에 머물 수 있는지 몰랐다.

몇 년 전의 서구 기독교 상황이 이랬다. 우리 가운데 "오랫동안 장막이 걷힌 하나님의 임재 가운데 살았습니다. 그래서 저는 그것이 어떤 것인지, 어떻게 하면 그곳에서 영원히 살 수 있는지 말해 줄 수 있습니다"라고 말할 수 있는 사람은 거의 없다. 나의 세대에도 내가 알고 있는 사람 중에는 이런 식으로 산 사람이 없었다. 그래서 하나님께서 1970년대에 다시 역사하기 시작하시자 하나님의 임재가 다시 돌아왔을 때 이에 올바르게 반응할 줄 아는 사람이 주변에 없었다.

다윗은 참으로 진지하였다. 그는 마음을 다해 하나님을 원했으며 그분의 임재를 원했다. 하지만 언약궤가 마지막으로 움직였을 때 운반한 자들은 블레셋 사람들이었다. 그들은 젖소가 끄는 수레를 사용하여 벧세메스로 다시 돌려보냈다. 벧세메스에는 젖소가 끄는 수레에 언약궤가 실려 돌아오는 것을 기억하는 노인들이 몇몇 있었을 것이며, 그래서 그들은 언약궤의 운반법이 그런 줄 알았을 것이다.

민수기 4~7장에는 언약궤와 거룩한 용기들을 운반하는 법에 대한 지시사항이 정확히 적혀 있다. 이스라엘의 방백들은 모세의 성막의 모든 기구들을 운반하기 위해 열두 마리의 황소와 수레 여섯 대를 모세에게 주었다. 어떻게 운반해야 할지에 대해 하나님께서는 정확한 지시를 내리셨다. 오직 아론의 자손들만이 거룩한 성물을 만지도록 허락되었다. 성물에 낄 수 있는 긴 채(pole)가 있어서 제사장들은 그들의 어깨에 이를 멜 수 있었다. 오직 아론과 그의 직계 가족들만이 성물을 덮어 운반할 준비를 할 수 있었다. 하나님은 만일 다른 사람이 이렇게 하면 누구든지 죽을 것이라고 경고하셨다.

제18장 다윗의 장막을 세우라

레위 족속은 셋으로 나뉘어 있었다. 고핫 자손과 게르손 자손, 므라리 자손이 그들이다. 각 자손은 그들이 행해야 할 확실한 의무가 있었다. 고핫 자손에게는 거룩한 성물을 운반하는 책임이 있었지만 황소가 끄는 수레에는 아니었다. 그들은 채를 꿰어 그들의 어깨에 성물을 메어야만 했다(민 4:4~15를 보라). 게르손 자손은 성막(tent)을 운반해야 했다(민 4:24~27을 보라). 므라리 자손은 성막의 기둥들과 무거운 것들을 매번 운반해야 했다(민 4:29~33을 보라). 모세는 고의적으로 고핫 자손에게 황소와 수레를 주지 않았다(민 7:9를 보라). 그는 게르손 자손에게는 성막을 옮길 수 있도록 수레 둘을 주었고(민 7:7을 보라), 므라리 자손에게는 기구를 나르기 위해 수레 넷을 주었다(민 7:8을 보라). 하나님은 성물을 옮기기 위해서는 그분의 방법대로 정확하게 이행해야 한다는 것을 분명히 하셨다. 고핫 자손은 그들의 어깨에 채를 메어 운반해야만 했다. 그들이 다른 방법으로 하려 하면 그들은 죽을 것이다. 이 말씀은 수백 년 전에 기록되었다. 그러나 다윗 시대에 어느 누구도 성경에서 이런 것을 읽은 것 같지 않았으며, 어느 누구도 이에 대해 알지 못하는 것처럼 보인다.

이처럼 하나님의 영광을 다시 얻고자 하는 무지한 열정 가운데 그들은 블레셋 사람들이 행한 대로 했다. 열정은 컸지만 그들은 언약궤를 소가 끄는 수레 위에 싣고서 다시 이스라엘로 가져가 시온 산에 놓으려 했다. 이때 일이 잘못되기 시작했다. 이는 내가 앞서 말한 주제님은 친숙함(familiarity)의 모습을 잘 보여 준다. 웃사는 아비나답의 아들 중 하나였다. 아마도 그는 다음과 같이 생각했을 것이다: '음,

하나님은 70년 동안 우리 집에 계셨어. 나는 전문가지. 나는 이 일에 대한 모든 것을 다 알아.' 그러나 그것은 잘못된 친숙함이었다. 그는 언약궤를 옮기는 길을 감독했다. 그들이 나곤의 타작마당에 도착했을 때 갑자기 소가 뛰었다. 웃사는 어떻게 했는가? 그는 언약궤를 붙들었다: "여호와 하나님이 웃사의 잘못함을 인하여 진노하사 저를 그곳에서 치시니 저가 거기 하나님의 궤 곁에서 죽으니라"(삼하 6:7).

하나님은 침례교인이 아니시다

1965년 뭄바이에서 하나님께서 우리 교회에 다시 임하시도록 간구했을 때 나는 이전에 하나님의 능력을 한 번도 본 적이 없었고 하나님의 임재도 경험한 적이 없었다. 나는 그분이 집회에 가시적으로 임하시는 것을 본 적이 없었다. 왜냐하면 그런 일이 내 생애에 한 번도 일어난 적이 없었기 때문이다. 나는 뭄바이의 침례교회의 부목사였으며, 그 교회는 대영제국 시절에 영국 사람들이 세웠다. 그래서 우리는 하나님께서 점잖은 영국 사람식으로 그리고 침례교식으로 임하시길 기대했다. 우리는 절망적인 도시를 복음화하기 위해 하나님의 능력이 절실히 필요했기 때문에 하나님께 부르짖기 시작했다. 그러나 하나님께서 우리의 기도에 응답하시기 시작하시고 임하시면서 문제가 시작되었다. 너무나 두렵게도 하나님은 점잖은 영국인이 아니셨다. 게다가 그분은 침례교인도 아니셨다. 그리고 그분은 우리 침례교회의 규정대로 행동하지 않으셨다. 그분은 단지 오셔서 하나님이 되셨다.

모든 것이 무너지기 시작했다. 나는 거의 "하나님, 주님께서 오시지 않았으면 좋겠어요"라고 말할 뻔했다. 나는 웃사가 범한 동일한 죄를 저지를 뻔했다. 나는 거의 하나님께서 하시는 일을 점잖은 영국인의 침례교 스타일로 바꾸기 위해 손을 댈 뻔했다. 나는 다윗과 같은 느낌을 받았다. 다윗이 언약궤를 처음에 다시 가져오려 했을 때 그는 모든 것을 잘못 시행했고, 결국 재앙으로 끝나고 말았다. 웃사는 언약궤를 만져서 죽었고 사람들은 오벳에돔이라 하는 사람의 집으로 언약궤를 가져갔다. 사람들은 3개월 동안 언약궤 근처에 오지도 않았다. 왜냐하면 그것은 그들에게 생명이 아니라 죽음을 의미했기 때문이다(삼하 6:10~11).

하나님의 방식으로 일하라

그래서 다윗은 가서 하나님을 구했다. 웃사가 죽은 후에 우리는 다윗이 두려워했고 화가 났다는 이야기를 듣는다. 내가 뭄바이에서 느꼈던 것이 바로 이랬다. 나는 진행되는 일 모두가 마음에 들지 않았지만 그것은 하나님이셨다. 나의 문제가 바로 그거였다. 나는 참으로 고통스러웠다. 어느 날 한밤중에 "하나님, 저는 1년 이상 주님께서 임하시도록 기도했습니다. 그런데 주님이 오시니까 정말 무섭습니다. 게다가 저는 주님이 하시는 일이 마음에 들지도 않습니다. 저는 정말 어려운 상황에 빠졌습니다. 이런 상황에 제가 어떻게 해야 할지 모르겠습니다. 주님, 저를 도우시고 저에게 제가 해야 할 일을 보여 주십시오"라고 기도했던 일이 생각난다.

당시 나를 강력하게 쳤던 것은 사무엘하 6장 1~23절에 나오는 이야기였다. 여기서 다윗은 마침내 언약궤를 성공적으로 가져온다. 이번에 그는 고핫 자손으로 하여금 언약궤를 채에 꿰어 어깨에 메고 도보로 제대로 운반하도록 했다(대상 15:15를 보라).

모든 것이 순조롭게 진행되었으며 다윗은 부요한 마음으로 예배에 빠졌다. 그의 아내 미갈은 창밖으로 그가 언약궤 앞에서 온 힘을 다해 춤추는 것을 보고는 불쾌했다. 그녀가 다윗을 만나 그가 바보 같았다고 말하자 그는 대답했다: "이는 사람들 앞에 행한 것이 아니라 여호와 앞에서 한 것이라"(삼하 6:21을 보라).

다윗은 3개월 동안 하나님께 뭐가 잘못되었는지 그리고 다음에 이를 바로잡으려면 어떻게 해야 하는지를 여쭸다. 하나님은 그에게 그가 이 일을 제대로 하지 않았음을 보여 주셨다(대상 15:13을 보라). 레위인 중 고핫 자손이 먼저 자신들을 성결케 한 후에 그들의 어깨에 언약궤를 메야만 했다.

이는 오늘날 무엇을 의미하는가? 이는 하나님의 영광을 다시 가져오는 데 져야 할 짐이 있다는 것을 의미한다. 우리는 멀티미디어 프레젠테이션, 컴퓨터, 화려한 기술, 혹은 습득된 방법론 등으로 그 영광을 기계화할 수 없다. 거기에는 뭔가 희생이 따라야 하며, 이는 쉽지 않은 일이다. 당신 스스로 그 짐을 어깨에 져야만 하며, 이를 다른 사람에게 전가할 수도 없다.

거기에는 당신이 사용할 수 있는 간단하고 성공적인 현대 기술이란 있을 수 없다. 거기에는 부복하여 적나라하게 행하는 회개와 하나님을 향한 외침이 있어야만 한다. 당신은 간단한 기계적 조작이나 은사를 가지고 이를 우회할 수 없다. 그런 것은 먹히지 않는다. 만일 당신이 대가를 지불할 준비가 안 되었고, 당신과 함께 대가를 지불할 사람들을 찾지 못한다면 그런 일은 일어나지 않을 것이다. 먼저 당신이 거룩하게 되고 당신의 죽은 교회에 하나님의 영광을 다시 가져오기 위해 짐을 지는 자가 되지 않는다면 하나님의 임재는 결코 볼 수 없다. 당신이 정말로 그 짐을 지면 그것이 어떤 모습이든 혹은 어떻게 들리든 상관없다. 당신은 그저 하나님만 원하게 된다.

해방의 과정

우리가 계속해서 하나님의 임재 가운데 있게 되면서 우리는 한 주간을 따로 떼어 하나님을 구하고 그분이 우리 교회에 오시도록 준비하였다. 그 주간에 온갖 일들이 일어났고, 나는 이전에 한 번도 그런 것을 본 적이 없었다. 그리고 그중 많은 부분이 나를 불편하게 만들었다. 제일 먼저 내 아내 에일린에게 일이 벌어졌다. 그녀는 하나님께 완전히 자신을 내맡기는 스타일인데 이로 인해 사람들은 그녀가 너무 지나치다고 생각했다. 그러나 그녀는 개의치 않았다. 그녀는 언제나 자유로웠다. 나는 그녀보다 더 점잖고 내향적인 영국 사람이었다. 그녀는 속박을 받지 않고 부끄러움이 없는 외향적인 사람이었고, 하나님을 필사적으로 찾았다.

하나님께서 처음에 하신 일은 나 자신과 나의 인간적 성품들을 처리하시는 것이었다. 나는 외향적인 사람이 아니다. 나는 내향적인 사람이고 부끄러움을 많이 탄다. 다음에 우리가 모였을 때 하나님의 임재는 더 강했고 영적인 것들이 풀어지기 시작했으며, 특히 에일린과 몇몇 다른 사람들은 정말로 하나님을 추구하기 시작했다.

하나님은 내게 "네 손을 들어라"라고 말씀하셨다. 나는 "아, 저는 한 번도 그렇게 한 적이 없습니다"라고 말했다. 하나님께서는 계속해서 "네 손을 들어라"라고 말씀하셨다. 나는 "왜요?"라고 말했다. 나는 그분이 곧바로 책망하신다는 느낌을 받았다. 그래서 나는 다시는 하나님께 한 번도 "왜요?"라는 말을 하지 않았다. 왜냐하면 너무 두려웠기 때문이다. 그래서 나는 정말 원하지 않았지만 순종하는 마음으로 손을 들었다. 나는 온 세상에서 가장 눈에 띄는 사람처럼 느껴졌다. 내 손은 나뭇가지와 같이 툭 튀어나온 것처럼 보였다. 어느 누구도 이를 눈치 채지 못했겠지만 나는 정말 죽을 맛이었다. 주님은 수줍음과 내 인생에서 내가 나의 자아를 의식하는 모든 장애물들을 부수기 시작하셨다. 그리고 이틀밖에 지나지 않았는데 주님은 나보고 사람들 앞에서 춤을 추라고 하셨다. 나는 춤을 잘 추는 사람이 아니었기 때문에 춤은 정말 말이 아니었고 나는 이것을 정말 좋아하지 않았다. 사람들은 "우리 목사님에게 무슨 일이 일어난 거야? 정말 미친 사람 같네"라고 말했다. 속으로 나는 정말 수천 번씩이나 죽고 있었다.

제18장 다윗의 장막을 세우라

또한 그때에 나는 우리 형제회(Brethren) 친구들이 정말 눈살을 찌푸릴 일을 하고 있었다. 나는 스미스 위글스워스의 책을 읽고 있었다. 이 책을 읽으면서 나는 "하나님, 저도 정말 주님의 성령으로 충만해지고 싶습니다"라고 말했다. 나는 언제 정확하게 성령으로 세례를 받았는지 알지 못했고 방언도 하지 않았다. 이런 상태가 며칠간 계속되었고, 하나님은 나를 무조건적으로 사용하시기 위해 내 안에 많은 방해물들을 허셨다.

외치라!

당시에 나는 성령 세례를 받은 경험이 있어야 하는지 아니면 내가 배운 대로 성령의 충만함이 이미 내 안에 있는지에 대해 아직도 여전히 신학적 논쟁을 하고 있었다. 신학적으로 어떤 것이 맞는 명제인가? 그래서 나는 스미스 위글스워스의 책을 읽었다. 그는 배움이 많지 않은 영국 브래드퍼드 출신의 배관공이었다. 「항상 배가하는 믿음」(Ever Increasing Faith)에서 그는 다음과 같이 말했다: "만일 의심이 들면 의심을 처리하는 제일 좋은 방법은 하나님의 말씀을 취하여 전력으로 이를 외치는 것이다. 이렇게 하면 당신은 의심에서 자유로워지고 당신 등에 있던 마귀가 떠나갈 것이다. 그러므로 의심이 들면 큰 소리로 외쳐라!"

이 글을 읽으면서 나는 생각했다: '말도 안 돼. 이런 일은 한 번도 한 적이 없는데.' 그때 하나님께서 내게 말씀하셨다: "내가 네게 원하는 것이 바로 그거다!" 나는 "무슨 말씀이시죠?"라고 말했다. 그분은 "오늘 아침 연합 형제회(Brethren Assembly)에 가거든 그 집에서 서서 가장 큰 소리로 '나는 성령 세례를 믿으며, 하나님께서 이를 통해 저를 만나 주기길 구하고 있습니다'라고 외쳐라"고 말씀하셨다. 나는 "오, 주님. 저는 할 수 없습니다. 전 죽을 거예요"라고 말했다. 주님께서는 "바로 그거야! 내가 원하는 것이 바로 그거란다. 나는 네가 죽길 바란다"라고 말씀하셨다. 그래서 나는 사형선고를 받은 사람처럼 그 집에 갔다.

금요일 아침, 나는 뭄바이의 연합 형제회 소속인 그 집회 장소에 도착했다. 놀라운 형제가 와서 말씀을 전파했다. 그는 아일랜드 장로교인이었는데 강력한 성령의 충만함이 있었다. 그는 뛰어난 학자로서 강해 설교자였다. 이 때문에 그는 설교자로 인정을 받았다. 그러나 그날 아침 그는 성령의 감동을 받기 시작했다.

우리는 케스윅(Keswick) 찬송가를 꺼내어 점잖은 곡 두 곡을 불렀지만 특별히 아무런 일도 일어나지 않았다. 그런 뒤에 사회를 보던 형제가 말했다: "이제 데이빗 맥케이 목사님이 하나님의 말씀을 전하시겠습니다." 그러자 데이빗이 일어서더니 말했다: "말씀을 전하기 전에, 하나님께서 저에게 말씀하셨습니다. 어떤 사람이 이 모임에 참석했는데 하나님께서 그 사람에게 뭔가 나누라고 말씀하셨습니다." 그는 계속해서 말했다: "제가 설교를 하기 전에 그 사람이 먼저 말씀을 나눠야만 합니다." 그래서 나는 일어나서 말했다: "그 사람이 접니다. 하지만 하나님께서는 이를 그냥 나누라고 하신 것이 아니라 제가 이를 외쳐야 한다고 말씀하셨습니다." 데이빗이 말했다: "형제님, 하나님께서 당신에게 하라고 말씀하신 것이 뭐든 간에 그대로 행하십시오."

그래서 나는 주변을 둘러보았다. 그 도시의 존경받는 모든 복음주의자들이 다 거기에 있었다. 이곳에 없었으면 좋겠는 모든 사람들이 다 거기 있었다. 나는 주변을 돌아보고 나서 생각했다: '오늘이야말로 내 명성이 죽는 날이구나. 그래도 어쩔 수 없이 해야 해.' 그래서 나는 입을 열어 외쳤다. 하지만 너무 긴장을 해서 목소리가 이상하게 떨렸다. 나는 외쳤다: "저는 성령 세례를 믿습니다. 그리고 저는 이를 통해 하나님께서 저에게 복 주시기를 구합니다." 참으로 무시무시했고, 점잖은 복음주의자 앨런 빈센트는 수치심으로 인해 즉시 죽었으며 다시 살아나지 못했다. 찰스 웨슬리(Charles Wesley)가 쓴 위대한 찬송 중에 다음과 같은 가사가 있다.

> 오랫동안 내 영혼은 감옥에 갇혀
> 죄에 묶였고 육신의 밤 가운데 살았다네.
> 주의 눈이 어둠을 밝히는 빛줄기를 발하시니
> 나는 깨어나고, 나의 감옥은 빛으로 불타오른다네.
> 내 사슬이 풀어지고, 내 마음이 자유하니
> 내가 일어나 나아가 주를 따르네.[1]

이 가사는 나의 경험을 정확하게 설명해 준다. 나는 그때까지 내가 나의 명예와 사람들이 나를 어떻게 생각할 것인가 하는 감옥에 갇힌 죄수였다는 것을 알았다. 심지어 말씀을 가르칠 때에도 나는 사람들의 인정이 필요했다. 기도할 때에 나는 사람들이 내 기도하는 방식을 기뻐하길 원했다. 이제 나의 명성은 완전히 망가져서 내가 무슨 말을 하거나 무슨 기도를 하든 문제되지 않았다. 나는 더 이상 나빠질 수가 없었다. 이상하게도 이로 인해 나는 자유함을 얻고 하나님의 말씀을 담대하게 전할 수 있었으며, 더 이상 사람들이 나를 어떻게 생각하는지 개의치 않았고 오히려 하나님이 어떻게 생각하시는지 더 걱정이 되었다. 내 마음은 자유로웠다. 나는 일어나 나아가 주를 따랐다.

나는 즉각 말씀 집회 취소 전화들을 받았다. 하지만 나보고 와서 말씀을 전해 달라는 다른 전화들을 받았다. 그곳은 이전에 내가 한 번도 가 보지 않은 곳이었다.

성령께서 오시다

이 주간 집회 마지막 날 금요일에 우리는 "만 입이 내게 있으면 그 입 다 가지고 내 구주 주신 은총을 늘 찬송하겠네"라고 찬양했다. 그런데 갑자기 '꽈당' 하는 소리가 들렸다! 에일린이 내 옆 바닥에 누워 있었다. 나는 속으로 '주님, 에일린이 기절했습니다!' 라고 외쳤다. 그녀는 등을 바닥에 대고 쫙 뻗었다. 그래서 나는 그녀의 얼굴을 살펴보았다. 그녀는 하나님의 영광으로 빛이 났으며, 조용히 그분을 경배하고 있었다. 나는 그녀가 기절한 것이 아니라는 것을 알았다. 하나님이셨다. 우리 모두는 놀란 눈으로 이 광경을 쳐다보았다. 집회를 마친 후에도 에일린은 문을 가로질러 바닥에 누워 있었다. 그래서 모든 사람들이 교회를 빠져나오기 위해 그녀를 넘어가야만 했다. 그녀는 그곳에 최소한 45분을 더 누워 있었다.

당시 나는 차가 없어 오토바이를 타고 다녔다. 이제 아내를 오토바이에 태워 어떻게 집까지 데려간단 말인가? 이전에는 이런 문제가 전혀 없었다. 한 시간 정도 지나자 아내는 정신이 들기 시작했다. 나는 이 '술 취한 여인'을 들고서, 그녀를 오토바이의 뒷좌석에 끈으로 묶었다. 뭄바이의 교통 혼잡을 뚫고 집으로 오토바이를 타고 오면서 나는 그녀가 떨어지지 않기를 바랐다. 그녀는 아직도 완전히 맛이 가 있었다. 그래서 나는 집에 와서 그녀를 침대에 눕히고 나도 아내 곁에 누웠다.

자정 즈음 되어 나는 잠에서 깨어났다. 나는 잠을 제대로 잘 수가 없었다. 침대에 누워 있으면서 나는 "주님, 에일린을 어떻게 하신 건지 모르겠습니다. 하지만 저는 주님께서 저에게도 오시길 원합니다. 오시옵소서!"라고 말했다. 에일린과 나는 언제나 모든 것을 함께했다. 우리는 함께 결혼했고, 함께 구원받았으며, 함께 침례를 받았다. 우리는 언제나 모든 것을 함께했다. 나는 "주님, 에일린에게 하신 일이 무엇이든 저를 빼놓지 마세요!"라고 말했다. 그러자 이전에 내가 한 번도 경험해 보지 못한 방식으로 그분의 임재가 방에 채워지기 시작했다. 하지만 나는 그것이 하나님인 줄 알았다. 그분이 나에게 오셨으며, 나는 그분의 임재가 나를 감싸는 것을 느끼기 시작했다. 하지만 내 안에 여전히 두려운 뭔가가 있었다. 물리적으로는 전혀 움직이지 않았지만 내 속사람으로 나는 저항하기 시작했다. 나는 이와 같은 완전한 점령을 원하는지 확신이 서질 않았다. 그래서 나는 나를 완전히 통치하려 하시는 하나님을 대항하여 영적인 내면의 장벽을 세웠다. 내가 그렇게 하자마자 그분은 물러가셨다. 방 안은 공허했고 황량했으며, 나는 홀로된 느낌이었다. 나는 생각했다: '주님, 무엇이 문제죠? 저는 주님을 간절히 원하지만 주님이 가까이 오시면 두려워서 주님을 밀쳐냅니다.'

그래서 나는 "주님, 만일 다시 오시면 저는 주님을 밀쳐내지 않겠습니다. 약속드립니다"라고 말했다. 약 15분 후에 주님이 다시 오셨다. 이번에 나는 그분을 놓지 않으려고 결심했다. 나는 물리적으로 움직이지 않았지만 내 속사람으로는 "주님을 소유하겠습니다"라고 말하면서 그분을 붙들어 소유하려고 몸부림쳤다. 내가 이렇게 하자 주님은 가 버리셨으며, 나는 다시 외롭게 홀로 남았다.

나는 하나님의 임재에 사는 첫 번째 원리를 배우는 중이었다. 만일 당신이 저항의 벽을 쌓는다면 그분은 당신에게 오시지 않는다. 만일 당신이 육체를 따라 공격적으로 소유하려는 태도로 그분을 추구하면서 "나는 하나님을 잡고 말 거야"라고 말한다면 그분은 당신에게 오시지 않는다. 다시 방 안에 그분의 임재가 없었다. 그래서 나는 좌절감 가운데 외치기 시작했다: "주님, 저는 어떻게 해야 주님이 저에게 오실 수 있는지 알지 못합니다. 저는 이전에 한 번도 이렇게 해

본 적이 없습니다. 어떻게 해야 할지 모르겠습니다. 저를 떠나지 마십시오. 주님이 저에게 오셔서 제 안에 거하실 수 있는 그런 사람이 되는 법을 가르쳐 주십시오. 저는 이를 정말 원합니다."

굴복하라!(yield)

갑자기 '굴복하라'는 단어가 떠올랐다. 성령께서는 나에게 다음과 같은 점을 가르치려 하셨다: "지배하려는 자세를 취하지 마라. 너는 하나님을 소유할 수 없고 네 요구에 따라 그분을 마음대로 통제할 수도 없다. 그렇지만 그분이 너에게 오실 때 그분에게서 도망쳐서도 안 된다. 왜냐하면 그분은 너에게 억지로 자신을 강요하시지 않기 때문이다." 그래서 세 번째로 나는 단지 그곳에 누워서 말씀드렸다: "주님, 저는 이전에 한 번도 이렇게 한 적이 없습니다. 저는 어떻게 해야 할지 모르겠습니다. 저를 도와주시고 저에게 당신을 어떻게 영접하는지 보여 주십시오." 나는 내가 아는 한 내 영으로 나 자신을 활짝 열었다. 하지만 그분을 붙들거나 소유하려는 어떤 적극적인 노력도 하지 않았다. 나는 단지 그곳에 누워 굴복하는 마음으로 영접하는 법을 배웠다. 나는 그분의 임재가 점점 더 가까워지는 것을 느꼈으며 결국 그분은 그분의 임재로 나를 덮으셨다. 나는 내가 누워 있던 침대가 하나님의 권능으로 진동하는 것을 알았다. 이때 에일린이 잠에서 깼으며, 뭔가가 일어나고 있음을 즉각 알아차렸다. 그러자 그녀는 기도하기 시작했다. 하나님은 그분의 놀라운 사랑을 내 안에 파도처럼 계속해서 부어 주셨다.

　이 경험을 통해 나는 두 가지를 배웠다. 첫째, 나는 하나님이 얼마나 굉장하시고 거룩하시고 두려우신 분인지 알았다. 둘째, 나는 그분이 정말 얼마나 앨런 빈센트를 사랑하시는지 알았다. 그분은 나를 사랑하셨다. 그분은 나를 감싸 주셨고 나는 그곳에 누워 그분의 놀라운 사랑에 흠뻑 취했다. 이 경험으로 인해 나는 변화되었고, 모든 것이 변했다.

　내 전 존재는 "아바, 아버지"라고 외쳤다. 예수님이 약속하신 대로 성령께서는 내게 아버지 하나님을 보여 주셨고, 나는 그날 이래로 그분의 임재 가운데 살아가고 있다. 나는 하나님을 이처럼 알 수 있을지 정말 몰랐다. 그날부터 내가 가장 좋아하는 일은 문을 닫고 홀로 나의 아버지와 친밀한 시간을 가지는 것이었다.

　나는 하나님을 간절히 찾았지만 그분을 내게로 오시게 하는 방법을 몰랐다. 많은 사람들이 이런 상황에 처해 있다. 우리는 필사적으로 하나님을 원하지만 하나님으로 하여금 오셔서 우리를 취하여 소유토록 하시는 법은 알지 못한다. 내 간증이 내가 그분을 아는 것처럼 당신도 그분을 아는 데 도움이 되었으면 한다.

하나님의 임재 가운데 사는 법을 배우라

　지도자로서 우리가 배워야 할 다음 것은 하나님께서 오셔서 그분의 임재로 교회를 채우시도록 하는 것이었다. 지도자로서 우리는 주

제18장 다윗의 장막을 세우라

님이 기뻐하시는 방법으로 하나님의 임재가 나타나는 새로운 환경으로 다른 이들을 인도해 갈 책임이 있었다. 우리가 다음에 모였을 때 일단의 사람들이 이전과 다르게 개인적으로 하나님을 만나는 경험을 했다. 그룹으로서 우리는 하나님의 임재 가운데 사는 법을 배우고 있었다. 이제 우리는 하나님께서 마음껏 그분이 원하시는 것을 우리 가운데 행하시도록 협조하는 법을 배워야만 했다. 처음엔 그것이 무서웠다. 왜냐하면 우리는 미리 계획한 대로 순서를 진행하지 못했기 때문이다. 그러나 우리는 점차 하나님과 함께 일하는 법을 배웠으며, 그분이 무슨 말씀을 하시든 그대로 하는 법을 배웠다.

그것은 하나님의 권능이 나타나는 시작에 불과했다. 일단 우리가 자유함을 얻자 우리는 다른 사람들을 자유로 인도할 수 있었고, 하나님께서는 우리 교회를 방문하셨다. 기적이 일어나기 시작했으며 하나님의 권능이 임했다.

방언의 은사

나는 자유로웠고 방언으로 말하기 시작했다. 하지만 나는 이에 대해 확신이 없었다. 당신도 알다시피 나는 전형적인 서구 지성주의의 산물이다. 나는 "주님, 저는 방언으로 말하고 싶습니다"라고 말했다. 주님은 "그래. 방언을 해 봐라"라고 말씀하셨다. 하지만 나는 "어떻게 해야 하나요?"라고 말했다. 주님은 "그냥 말해라. 그러면 방언이 나온단다"라고 말씀하셨다. 나는 "제가 말을 만들어서 하라고

요?"라고 말했다. "아니, 말을 만들지 마라. 그냥 시작하면 내가 말이 나오도록 해 주겠다"라고 말씀하셨다. 나는 물었다: "그런데 제가 어떻게 알죠?" 주님은 "그저 나를 믿기만 해라"라고 말씀하셨다. 그래서 나는 방언을 말하는 것을 '연습'했다. 나는 방언을 녹음해서 거기에 언어의 특성이 있는지 확인하려고 들어 보았다. 나는 이 일을 몇 주간 계속하면서 이 방언이 진짜인지 아니면 내가 만들어 낸 것인지 알아보려 했다.

그러다가 몇 주가 지난 후에 나는 말했다: "주님, 저는 아직도 확신이 서질 않습니다." 주님께서는 "내가 뭐라고 말했느냐? 너희가 좋은 것을 구하면 내가 네게 무엇을 준다고 하였느냐? 나는 네게 뱀이나 전갈을 주지 않고 좋은 것을 주려 한다"(마 7:11, 눅 11:11-13을 보라). 그래서 나는 "아, 그렇다면 그건 믿음의 문제네요!"라고 말했다. 주님은 "네가 이제야 알았구나"라고 말씀하셨다. 그래서 나는 "저도 똑같이 이것이 하나님이 하신 것임을 그저 믿겠습니다"라고 말했다. 주님께서는 "그래! 맞아! 이제 깨달았구나!"라고 말씀하셨다. 그래서 나는 마침내 방언을 말하기 시작했다. 하나님이 나에게 주신 것을 믿기로 결심하자 방언이 더욱 강력해지고 능력이 있었다. 나는 지금도 이를 이해하지 못한다. 나는 내가 한 말을 지금까지 한마디도 이해하지 못했다. 그러나 내가 믿음으로 나아갈 때 그것은 마치 폭포처럼 내게서 흘러나왔다.

나는 성경이 말한 바가 내 안에서 역사하는 것을 발견하기 시작했다. 성경은 "방언을 말하는 자는 자기의 덕을 세우고"라고 말한다

제18장 다윗의 장막을 세우라

(고전 14:4). 헬라어로 '덕을 세우다' 라는 단어는 오이코도메오 (oikodomeo)이다. 오이코스(oikos)는 집이란 뜻이며, 도메오(domeo)는 '짓다' 라는 뜻이다. 어떤 일이 당신의 영 안에서 일어난다. 방언을 말함으로써 당신은 당신 영 안에 하나님이 거하실 영적인 집을 지으며, 이 집은 당신이 이 소중한 은사를 사용하면 할수록 더 커진다. 그러면 이로 인해 하나님이 오셔서 당신 안에 거하실 집은 그만큼 더 커지게 된다. 그 결과 당신 안에는 하나님의 커다란 저수지가 생기며 필요할 때나 상황이 되면 당신은 이를 사용할 수 있다. 그래서 나는 방언으로 말하길 좋아한다. 왜냐하면 나는 내 안에 하나님이 충만히 계시길 원하기 때문이다. 이는 많으면 많을수록 좋다. 그래서 나는 방언을 말함으로써 영적으로 점점 더 커지고 있다. 하나님을 담을 수 있는 내 안의 용량도 증가하고 있으며, 하나님은 내 안에서 더 강력하게 거하시고 나를 통해 더 많은 일을 행하실 수 있다.

이런 일이 나와 내 교회에 일어났다. 하나님의 영광이 임했고 우리는 그분과 함께 사는 법에 대해 많은 교훈을 배워야 했다. 우리가 계속해서 어린아이처럼 순종하면서 행했기 때문에 그분께서는 우리 가운데 계속해서 거하셨다.

시온 산의 새로운 성막

다윗이 언약궤를 성공적으로 옮길 수 있는 법을 알았을 때 모세의 성막은 여전히 그 자리에 서 있었다. 하지만 그들은 언약궤를 그리로 가져가지 않았다. 모세의 장막은 오랫동안 실로라고 하는 곳에 머물러 있었다(삿 18:31, 삼상 1:3, 24, 시 78:60). 실로는 예루살렘에서 30마일 떨어져 있었다. 다윗의 장막을 세운 후에 그들은 이를 훨씬 더 가까운 기브온 산으로 옮겼다. 이에 관한 기사는 역대상 16장에서 읽을 수 있다. 기브온 산은 시온 산에서 약 6마일 떨어져 있다.

이는 아주 중요한 또 다른 비유적 그림이다. 그들은 모세의 성막을 다윗의 장막에 가까이 가져왔지만 이를 합하진 않았다. 다윗이 왕으로 통치할 동안 다윗의 장막은 시온 산에 있었고, 모세의 성막은 단지 6마일 떨어진 기브온 산에 있었다. 문자적으로, 만일 당신이 예루살렘에 살았다면 어느 성막에 참석할 것인지 당신이 결정할 수 있었을 것이다. 하나님은 모세의 성막을 감독하도록 하기 위해 제사장 사독을 임명하셨고, 전통적인 모임이 이전과 동일하게 계속되도록 하셨다. 그러나 언약궤는 결코 모세의 성막으로 돌아가지 않았다. 대신에 사람들은 언약궤를 시온 산에 있는 새로 세운 다윗의 장막으로 메고 갔다(삼하 6:17을 보라). 다윗의 장막은 모세의 율법에 따르면 완전히 불법이었지만 하나님은 그곳에 임하시기로 작정하셨다.

모세의 장막은 세 부분으로 되어 있었다. 첫째, 바깥뜰이 있었고, 다음에 성소가 있었으며, 마지막으로 지성소가 있었다. 바깥뜰에는 죄를 위한 제사를 드리기 위한 동으로 된 제단과 몸을 씻는 의식을 위한 커다란 물두멍이 있었다. 그리고 성소 안에는 진설병과 향단 그리고 일곱 개의 촛대가 달린 등대가 있었다. 오직 제사장들만이 성소에 들어갔으며, 두 번째 휘장이 드리워진 지성소는 아무도 들어갈 수 없었다. 지성소에는 오직 언약궤만 있었다. 언약궤가 없으면 성막은 텅 빈 것과 같다.

모세의 율법에 따르면 오직 대제사장만이 지성소에 들어갔으며, 그만이 1년에 1차씩 대속죄일에 들어갔다. 매우 복잡한 제사를 드렸는데 먼저는 자신을 위하여, 그런 뒤에 백성들을 위하여 드렸다. 그는 백성의 죄를 속하기 위해 안으로 들어갔다. 대제사장이라 할지라도 자신이 살아나올 수 있을지 두려워했고, 백성들도 그러했다. 대제사장이 언약궤 앞에서 죽으면 어느 누구도 그를 꺼내러 들어갈 수가 없었다. 하나님의 임재가 너무 두려워서 그렇게 할 수가 없었다. 실제로 어떤 전통들은 대제사장이 들어가기 전에 사람들이 밧줄을 그의 발목에 묶었다고 말한다. 만일 그가 죽으면 감히 하나님의 임재에 들어가지 않고도 그를 끌어낼 수 있기 때문이었다.

하나님이 베푸시는 유익인가 아니면 그분의 임재인가?

모세의 장막은 하나님을 알지 못하더라도 하나님이 주시는 유익을 원하는 사람들에게 필요한 모든 것을 제공해 주었다. 모세의 장막은 죄 사함을 제공하였다. 또한 당신은 십일조와 헌물을 가져올 수 있었고, 그러면 하나님께서는 당신에게 재정적인 복을 허락하실 수 있었다. 당신은 심지어 그곳에서 치유를 받을 수 있었고 제사장들은 당신이 치유되었다고 증거할 수 있었다. 그러나 제사장들은 섬기는 자들이었고 백성들은 결코 하나님을 뵙지 못했으며, 그분과 접촉할 수도 없었다. 당신은 제사장들을 만났지만 그것이 전부였다. 하나님이 없어도 모든 유익을 얻을 수 있었고, 대부분의 사람들은 이를 원했다.

어느 누구도 휘장을 넘어 지성소로 가지 못했다. 하나님을 보거나 그분의 음성을 들은 자도 없었다. 최소한 70년 동안 언약궤가 거기에 없었지만 많은 사람들은 이를 더 좋아했다. 그래서 하나님은 그분의 유익을 원하지만 그분의 임재를 두려워했던 사람들을 위해 모세의 성막을 열어 놓으셨다. 그러나 주님의 임재를 원했던 자들은 다윗의 장막으로 가야만 했다. 다윗의 장막은 언약궤가 머물렀던 곳이며, 하나님의 영광과 임재가 있던 곳이었다. 거기 언약궤 주변에는 단순한 장막밖에 없었다. 장막의 늘어진 막을 들추면 하나님의 임재 속으로 바로 걸어 들어갈 수 있었다. 당신은 어린 양의 피가 이미 당신을 거룩하게 했다는 것을 믿어야 한다.

다윗은 십자가에 대한 놀라운 계시를 받았으며, 그는 이를 시편 22편에 기록하였다. 그는 새 언약의 믿음의 기쁨 가운데 살았으며, 자신을 하나님 앞에서 의롭게 만들어 주는 완전하신 어린 양의 피를 믿었다. 그와 함께 들어간 모든 자들도 동일한 믿음을 가졌다. 만일 그렇지 않다면 그들은 감히 들어가려 하지 않았을 것이다. 다윗은 레위인도 아니었다. 그는 유다 지파 출신이었다. 모세의 율법에 따르면 그에게는 어떤 제사장의 권리도 없었다. 대신 그는 하나님께 기름부음을 받은 왕이었다. 그러나 그의 왕의 직분과 더불어 그는 또한 세마포로 된 에봇을 입었는데 그것은 제사장의 옷이었다(삼하 6:14, 대상 15:27을 보라). 다윗은 하나님 앞에 제사장인 동시에 왕으로서 나타났다.

다윗 장막의 제사장직은 레위 족속의 제사장직이 아니었다. 대신에 그것은 멜기세덱의 제사장직이었다. 창세기 14장 18절에서 아브라함은 네 왕을 죽인 후에 멜기세덱을 만났다. 시편 110편을 읽어 보면 다윗도 멜기세덱을 만났다는 것을 알 수 있다(시 110:4를 보라). 그들은 새 언약의 제사장 직분 안에서 새 언약 가운데 살았다. 다윗 장막의 모든 것은 새 언약이었다.

다윗의 장막에서 장막 안으로 들어서기만 하면 바로 휘장이 없는 하나님의 임재 가운데로 들어갔다. 이는 모세의 율법에 따르면 불가능한 일이었다. 사람들은 살아 계신 하나님과 일대일로 얼굴을 맞대고 교제하였다. 그들은 그분을 경배했고, 사랑했고, 흠모했다. 어린 양께서 이미 영원히 피를 흘렸기 때문에 그들은 죽지 않았다. 다윗의 장막에서 33년 동안 죄를 위한 제사가 한 번도 드려지지 않았다. 하나님의 어린 양께서 이미 완전한 역사를 이루셨기 때문에 죄를 위한 제사를 드릴 필요가 없었다.

이것은 하나님 나라의 마음이고, 능력이고 영광이었다. 다윗의 장막이 중앙에 없는 나라는 있을 수 없었다. 그 장막은 열방을 향한 하나님의 통치를 가능케 하는 발전소였다. 다윗은 이런 것들을 행할 수 있는 놀라운 계시를 받았다. 그 계시는 예수님과 그분께서 세우실 하나님 나라의 표상과 그림자였다. 그분을 따르던 자들은 새 언약의 신자로서 휘장이 없는 상태에서 그 관계가 주는 모든 기쁨 가운데 살았다.

이런 수준의 믿음을 가질 수 없었던 자들은 모세의 성막으로 가서 모세의 율법을 따라 멀리서 예배했으며, 유익을 얻었다. 그러나 바른 믿음을 가지고 이런 예배를 포기했던 자들은 다윗의 장막으로 가서 제사장과 왕으로서 하나님께 예배했으며 그분의 친밀한 임재를 즐겼다.

우리는 성경의 많은 곳에서 정사와 통치의 홀이 다윗의 장막으로부터 나왔다는 말을 듣는다(시 45:6, 60:7, 108:8, 110:2, 사 16:5를 보라). 다윗의 장막의 능력은 하나님 나라의 능력이다. 이는 다윗이 하나님 나라를 어떻게 세울 수 있었고 확장할 수 있었는지를 보여 준다.

우리는 성경에서 이것이 하나님 나라가 회복되는 방식임을 분명히 듣는다(암 9:11~12, 행 15:15~16을 보라). 하나님 나라는 다윗의 장막이 회복될 때에 회복될 것이다. 이 책에서 나는 하나님 나라에 초점을 맞추고 싶기 때문에 다윗의 장막의 주요 특징 네 가지만 말하겠다.

1. 다윗의 장막은 찬양과 경배가 계속되는 중심이었다.

이곳은 다윗이 지도자들과 연합으로 하나님의 낯을 구했던 곳이다. 다윗이 지도자들과 함께 하나님의 임재 앞으로 나아왔을 때 그는 그의 모든 적들을 정복할 수 있는 지혜와 모략을 얻었다. 하나님께서는 그에게 도시를 다스리고 국가를 다스릴 전략을 주셨다. 이곳은 단순히 찬양과 경배의 장소가 아니라 하나님께서 그분의 나라를 어떻게 세우고 통치하고 싶으신지를 계시하신 곳이다. 다윗은 지도자들과 함께 이곳으로 갔다. 그들은 회의나 투표가 필요 없었다. 왜냐하면 그들은 모두 동시에 하나님의 음성을 들었기 때문이다.

사도행전 6장에서 우리는 동일한 메아리를 듣는다: "열 두 사도가 모든 제자를 불러 이르되 우리가 하나님의 말씀을 제쳐 놓고 공궤(供饋)를 일삼는 것이 마땅치 아니하니"(행 6:2). 그들이 이렇게 말한 것은 교만해서가 아니라 시간 사용에 있어서 올바른 우선순위를 둬야 했기 때문이었다. 하나님의 사도들로서 이는 그들의 첫 번째 책임이었다. 이는 개인적인 것이 아니라 공동체적인 것이었다. 그래서 성경은 "우리는 기도하는 것과 말씀 전하는 것을 전무(專務)하리라"고 말한다(행 6:4). 이는 신약성경에서의 다윗의 장막이었다.

하나님은 어떤 장소를 지역의 중심 교회로 삼으시며, 그곳에 주님의 장막이 세워지고 그곳에서 그 지역을 하나님의 통치로 다스리기 위해 그분의 능력을 나타내신다. 그런 곳에 사도들과 에베소서 4장 11절에 나타난 다른 사역자들이 모여든다. 그들은 어떤 일도 혼자 하지 않고 함께 일한다. 함께 하나님의 얼굴을 구하고 함께 하나님의 음성을 들으며, 함께 그분의 전략을 얻고, 하나님께서 말씀하신 바를 함께 순종한다. 그것이 바로 하나님 나라가 다스리는 능력이었다. 그것은 사람들이 모여 좋은 아이디어를 함께 내고 하나님께서 그들에게 복을 내려 주시길 바라는 그런 모임이 아니었다.

비극적인 사실은 큰 책임을 맡은 자들이 일반적으로 자신들이 너무 바빠서 기도할 시간이 많지 않다고 생각하는 것이다. 그들이 너무 바빠서 기도하지 못하기 때문에 자매들이 대신해서 자신들을 위해 기도해 주길 원한다. 중보해 주는 자매들에게 감사하지만 성경 말씀에 따르면 사도의 첫 번째 표적은 그들이 다른 사도들과 함께 기도에 힘썼고 그 다음에 말씀 사역을 감당했다는 점이다.

마틴 루터가 일전에 한 말 중에 위대한 말씀이 있다: "나는 오늘 너무 바쁘다. 그래서 나는 최소한 세 시간 동안 기도해야만 한다." 앞서 말한 대로 에일린과 나는 몇 해 전에 조용기 목사를 만날 기회가 있었다. 나는 1980년대 말까지 그의 하루의 일과가 어떤지 알고 있으며, 지금도 동일할 것이라 확신한다. 당시에 에일린은 그 교회를 여러 차례 방문했으며, 조용기 목사를 만날 수 있었다. 그는 자기 사무실에 매일 아침 7시에 도착했다. 어떤 이유에서든지 오전 11시까지는 아무도 그의 사무실에 와서 그를 방해하지 못했다. 그는 매일 처음 네 시간을 하나님과 보냈다.

그는 당시에 수십만 명이나 되는 교회를 꾸려 나갔다. 그의 사무실에는 그가 앉는 책상이 있었다. 그 책상 옆에는 그의 책상보다 더 큰 책상 하나가 비스듬히 놓여 있었다. 그 자리는 언제나 공석이었지만 성령께서 그 교회의 담임목사이시며 자신은 부목사라는 사실을 그에게 상기시켜 주었다. 바로 그 책상은 책임자가 자신이 아니라 성령이시라는 점을 예언적으로 깨우쳐 주었다. 그는 담임목사이신 성령으로부터 승인이 나지 않으면 아무것도 하지 않았다. 그는 삶에서 정말로 그렇게 했다. 나는 우리 중 많은 이들이 자신의 삶을 바로잡기 위해 삶 가운데 우선순위를 바꿔야 한다고 믿는다.

다윗의 장막에서 어떤 이들은 항상 장막에 거하는 특권을 누렸다. 예배 인도의 수장은 아삽이었다(대상 16:4~5를 보라). 그는 몇 편의 시편을 썼다. 또 다른 사람은 찬양 대장인 그나냐였다(대상 15:22를 보라). 이 사람들은 항상 성막 안에서 여러 그룹의 찬양대와 예배자들, 그리고 중보기도자들을 조직하고, 지도하고, 인도하는 일을 했다. 그들은 장막에서의 활동을 조직하는 책임을 영구히 맡았다. 다윗과 그의 용사들은 장막을 출입했지만 그곳에 영구히 머물지는 않았다. 그들의 임무는 도시와 국가의 일을 운영하고 하나님의 모든 원수를 물리치는 것이었다. 그들은 실제로 할 일들이 있었다.

요한복음 1장 14절에 보면 예수님께서 이 땅에 오셨을 때에 말씀이 육신이 되어 우리 가운데 '장막으로 거하셨다' 는 말을 듣는다. 예수님은 물리적인 장막을 세우지 않으셨고, 그분의 육체가 영적인 장막이 되었다. 그리고 주님은 언제나 그 장막에 거하셨다. 주님은 신약성경에서 다윗의 장막과 동일한 장막을 세우셨다. 우리는 예수님께서 언제나 기도하시는 모습을 본다(눅 5:16, 6:12, 9:28, 18:1을 보라). 주님은 산에 가시곤 했다. 주님은 온 밤을 지새워 광야에서 기도하셨다. 초기에 주님이 40일 금식한 것을 제외하곤 더 이상 금식하셨다는 기록을 읽지 못한다. 주님은 하루 이틀 동안 영적으로 충전하기 위해 자주 멀리 가셨다가 다시 돌아와 전투하셨다. 나는 이런 방식이 하나님께서 사도적 사역을 맡은 자들에게 오늘날 요구하시는 것이라 믿는다.

대사도이신 예수님처럼 되려면 효과적인 사역은 아버지 하나님과의 친밀한 관계에 달려 있다는 사실을 알아야 한다. 한 번만 제외하고 예수님은 장기간 그분의 개인적인 장막에 머물면서 세상이 스스로 알아서 자신을 지키도록 방치하지 않으셨다. 주님이 원수와의 교전을 중단한 날은 기껏해야 하루 이틀이었으며, 그 다음에는 다시 돌아와 싸우셨다. 나는 이것이 사도적 사역의 전형적인 모델이라고 믿는다. 사도적 사역자들은 안식년에 자신의 책임을 떠나 오랫동안 자리를 비울 수 없다.

'아삽' 이나 '그나냐' 처럼 특별한 사역에 부르심을 입은 몇몇 핵심 인물들은 이와 같은 사역의 특권을 누릴 수 있다. 하지만 우리 중 대부분은 해야 할 일이 있다. 우리는 주님이 재림하시기 전에 하나님께 받은 임무가 있다. 우리는 다윗의 장막에 영구히 거하지 않지만 다윗의 장막의 능력 안에서 이 임무를 완수해야만 한다.

우리는 텍사스 샌안토니오에 다윗의 장막을 세웠다. 이는 어느 개교회에도 속하지 않으며, 도시 전체를 위한 것이다. 우리는 하나님이 지시하시는 대로 이 도시의 전체 교회, 텍사스 주, 미국 전체 그리고 온 열방을 위해 기도할 것이다. 나는 이 장막을 통해 온 세상이 영향을 받을 것이라 믿는다. 나는 이곳에서 자주 시간을 보내지만 이곳에 영원히 있지는 않을 것이다. 하나님이 일으키신 사람들이 와서 이곳에 살면서 영원히 스태프가 될 날이 오고 있다. 중보자들과 찬양 사역자들이 우리와 함께할 것이며, 우리는 위대한 사도적 지도자들과 선교 전략가들과 긴밀하게 동역할 것이다.

나는 이 모든 자들이 이곳에 와서 온전히 제 역할을 감당할 날을 손꼽아 기다린다. 우리는 다윗의 장막에 관해 읽은 것들을 행할 것이다. 우리는 하나님의 나라가 강력하게 진군할 수 있도록 장막을 세우고, 그 벽을 보수하며, 그 황폐한 곳을 수리할 것이다.

2. 통치의 중심

다윗의 장막은 통치의 중심이었다. 시온 산의 다윗의 장막에서 강력한 하나님의 통치의 홀이 나갔다(사 16:5, 시 110:2 등을 보라). 이는 너무나 중요한 주제여서 이 주제에 대해서는 하나님 나라에 대한 두 번째 책을 집필할 때 전적으로 다루고자 한다.

3. 제사장직은 멜기세덱의 체계를 좇았다.

다윗의 장막은 모세의 전통과 레위인의 제사장직과 모세의 율법에서 완전히 자유로웠다. 이것은 위대한 히브리서의 주제이기도 하다. 우리가 일단 이 사실을 이해하면 우리의 기도 방법의 효과와 능력에 심오한 변화가 생길 것이다.

4. 예수님께서는 다윗의 장막을 발전시키셨다.

마태복음 21장 6~7절에서 예수님은 니산월 10일, 십자가에 못 박히시기 4일 전, 죽은 자 가운데서 부활하시기 7일 전에 예루살렘에 나귀를 타고 입성하셨다. 사람들은 미친 듯이 기뻐하며 열광적인 찬송을 불렀다. 하나님 아버지는 이 땅의 왕으로서 자기 아들을 환영하는 엄청난 대관식을 준비하셨고, 그분은 곧 죽으시고 부활하신 후에 영광의 보좌에 앉으실 예정이었다.

특히 아이들이 감동을 받고 자발적으로 찬송했다. 이로 인해 특별히 대제사장들과 서기관들이 분노했다. 예수님은 성전으로 가셔서 환전상들을 쫓아내셨고, 죽은 종교로 가득했던 이 장엄한 건물이 그 날 단 하루 동안은 하나님이 원하시는 대로 사용되었다. 이 모든 것은 다윗의 장막이 잠시나마 드러난 것이었다.

그날 성전은 다음 네 가지 특징을 지녔다.

1. 열광적인 찬양과 경배가 있었다(마 21:8~9를 보라).
2. 어린아이들이 온전히 참여했다(마 21:15~16을 보라).
3. 예수님이 죽은 종교와 돈을 사랑하는 마음으로 더럽혀진 성전을 청소하시자 저는 자와 병자들이 예수님께 와서 고침을 받았다(마 21:14를 보라).
4. 예수님은 "내 집은 만민이 기도하는 집"이라는 기록된 말씀을 선포하셨다(마 21:13, 사 56:7을 인용하심).

다윗이 자기 시대에 받았던 모든 계시에 예수님은 이와 같은 차원들을 추가로 가미하셨다. 우리가 다윗의 장막을 다시 한 번 새롭게 일으킬 때 우리는 이 모든 것이 보다 더 풍성한 신약성경의 삶과 능력에 속한 것들임을 깨달아야 한다.

- 미주 -

1. Charles Wesley, 'And Can It Be That I Should Gain' (1739).

Chapter 19

전쟁으로의 부르심

전쟁 준비가 된 나라와 제사장

"이스라엘 자손이 애굽 땅에서 나올때부터 제 삼월 곧 그 때에 그들이 시내 광야에 이르니라 그들이 르비딤을 떠나 시내 광야에 이르러 그 광야에 장막을 치되 산 앞에 장막을 치니라 모세가 하나님 앞에 올라가니 여호와께서 산에서 그를 불러 가라사대 너는 이같이 야곱 족속에게 이르고 이스라엘 자손에게 고하라 나의 애굽 사람에게 어떻게 행하였음과 내가 어떻게 독수리 날개로 너희를 업어 내게로 인도하였음을 너희가 보았느니라"(출 19:1~4).

이 말씀은 단지 약속의 땅을 소유하라는 부르심이 아니었다. 그것은 온 세상을 소유하라는 부르심이었다. 이 부르심은 애굽을 떠난 지 3개월 만에 하셨다. 인종적 차원의 이스라엘이 최초로 부르심을 받았지만 그들은 이 부르심을 완수하는 데 처참하게 실패했다. 이제 6절의 말씀을 들어 보라: "너희가 내게 대하여 제사장 나라가 되며 거룩한 백성이 되리라"(출 19:6). 이스라엘 전체가 나라와 제사장이 되도록 부르심을 받았다. 이 일은 레위인의 제사장직과 아무런 상관이 없다. 이 말씀은 한참 후에 하신 것이었다. 여기서 온 나라가 제사장이 되라는 부르심을 받았다.

> "너희가 내게 대하여 제사장 나라가 되며 거룩한 백성이 되리라 너는 이 말을 이스라엘 자손에게 고할찌니라 모세가 와서 백성의 장로들을 불러 여호와께서 자기에게 명하신 그 모든 말씀을 그 앞에 진술하니 백성이 일제히 응답하여 가로되 여호와의 명하신대로 우리가 다 행하리이다 모세가 백성의 말로 여호와께 회보하매"(출 19:6~8).

이제 이 말씀은 참으로 환상적으로 온전한 순종을 해야만 하는 것처럼 들린다. 만일 이 세대가 정말로 그들이 말한 대로 하려고 작정했다면 온 세상은 이미 수천 년 전에 하나님의 나라가 되었을 것이다. 그들은 기회를 얻었지만 이를 날려 버렸다. 조건도 무척 간단했다: "너희가 내 말을 잘 듣고 내 언약을 지키면"(출 19:5).

당신은 이 말씀이 신약성경에서 온 것이라고 생각할지 모른다. 수천 년 후에 베드로도 다양한 민족으로 구성된 하나님의 새 백성, 즉 교회에 대해 거의 같은 말을 하였다.

"오직 너희는 택하신 족속이요 왕 같은 제사장들이요 거룩한 나라요 그의 소유된 백성이니 이는 너희를 어두운데서 불러 내어 그의 기이한 빛에 들어가게 하신 자의 아름다운 덕을 선전하게 하려 하심이라 너희가 전에는 백성이 아니더니 이 제는 하나님의 백성이요 전에는 긍휼을 얻지 못하였더니 이 제는 긍휼을 얻은 자니라" (벧전 2:9~10).

그러나 이 세대의 이스라엘은 이 말씀을 행동으로 옮기지 않았기 때문에 완전히 실패했다. 나는 이들이 주는 교훈이 우리에게 얼마나 중요한지 깨닫길 바란다. 그들의 모든 불순종과 지도자와 백성이 저지른 죄악이 너무 많기 때문에 그러한 것들을 예로 들지는 않겠다. 하지만 무엇보다도 그들이 등을 돌리고 그들의 유산을 놓치게 만든 근본적인 것이 하나 있었다.

그들은 전쟁에 나가길 거절했다

하나님이 그들에게 그렇게 분명히 약속하신 유업을 소유하기 위해 그들이 전쟁에 나가 싸워야 한다는 것을 알았을 때 그들은 그렇게 하지 않으려 했다. 그들은 전사의 나라가 되어 전쟁에 나갈 준비가 되어 있지 않았다. 바로가 백성을 보내 줬을 때 하나님은 그들을 블레셋의 땅을 통해 가도록 인도하지 않으셨다. 그 길이 훨씬 가까운데도 말이다. 하나님께서는 다음과 같이 말씀하셨다: "이 백성이 전쟁을 보면 뉘우쳐 애굽으로 돌아갈까 하셨음이라"(출 13:17).

그리로 가면 단 11일밖에 걸리지 않았다. 그러나 하나님은 이스라엘 백성을 지름길로 데려가실 수 없었다. 그들이 전쟁을 보면 즉시 되돌아갈 것이기 때문이었다. 그래서 하나님께서는 그들에게 광야를 맛보게 하시고 그들이 "광야에서 죽느니 차라리 전쟁에 나가자. 전쟁에 나가서 하나님이 우리를 위해 어떻게 하시는지 보자"라고 말하길 바라셨다. 하나님께서 18개월 후에 그들로 가나안으로 들어가게 하실 때에 그들은 여전히 "너무 어렵습니다. 저희는 전쟁을 할 수 없어요. 거인들은 너무 크고 성읍의 요새는 너무 강합니다"라고 말했다. 10명의 첩자는 나쁜 보고를 했으며, 오직 갈렙과 여호수아만이 좋게 보고했다. 두 사람은 말했다: "여러분! 힘을 내십시오! 우리는 이들을 물에 말아 먹을 수 있습니다. 하나님이 우리와 함께하시며 그들을 보호하는 악한 영들은 이미 그들에게서 제거되었습니다. 그러니까 우리는 싸울 수 있습니다"(민 13:26~14:10을 보라). 그러나 나머지 사람들은 이를 거절했고, 온 세대는 광야에서 죽었다(민 14:34~38을 보라).

38년 후에 오직 여호수아와 갈렙만이 살아남았고, 그들은 다음 세대를 이끌고 요단을 건너 기적적으로 약속의 땅에 들어갔다. 하나님께서 이미 그들에게 그 땅을 주셨다고 말씀하셨음에도 불구하고 그들은 여전히 땅 한 뼘을 얻기 위해 싸워야만 했다.

여호수아와 함께 주신 두 번째 기회

"여호와의 종 모세가 죽은 후에 여호와께서 모세의 시종 눈의 아들 여호수아에게 일러 가라사대 내 종 모세가 죽었으니 이제 너는 이 모든 백성으로 더불어 일어나 이 요단을 건너 내가 그들 곧 이스라엘 자손에게 주는 땅으로 가라 내가 모세에게 말한 바와 같이 무릇 너희 발바닥으로 밟는 곳을 내가 다 너희에게 주었노니"(수 1:1~3).

히브리어로 '밟다'라는 말은 다락(darak)이다. 이 단어는 '무기를 싣고 잠그다', '소유를 나타내는 행동으로서 밟다', '포도즙 틀에서 포도를 밟다' 혹은 '화살을 쏴 싸울 준비를 하기 위해 활시위를 당기다'라는 등 여러 가지 뜻으로 사용된다. 이 말씀을 통해 하나님께서는 다음과 같이 말씀하신 것이다: "내가 너희에게 명한 것은 땅을 밟고 무기를 장전하고, 전쟁에 나가기 위해 활시위를 당기라는 것이었다." 다른 말로 하면, 기꺼이 땅을 얻기 위해 싸우지 않으면 한 치의 땅도 얻을 수 없다는 뜻이다. 그 땅이 이미 주어졌지만 싸우지 않으면 하나도 소유할 수 없었다. 이처럼 그들도 40년 전에 모세와 함께 했던 바로 그 상황에 처했다.

여호수아는 사람들을 격려하기 시작했다. 그는 그들에게 두려워하지 말고 강하고 담대하라고 말했다. 그는 그들을 준비시켰고 약속의 땅으로 들어가라는 명령을 내릴 준비를 했다. 여호수아는 백성들에게 하나님이 그들에게 안식을 주실 때까지 싸워야 한다고 말했다. 이제 16절로 가 보자: "그들이 여호수아에게 대답하여 가로되 당신이 우리에게 명하신 것은 우리가 다 행할 것이요 당신이 우리를 보내시는 곳에는 우리가 가리이다"(수 1:16). 17절의 말씀을 자세히 들어 보라: "우리는 범사에 모세를 청종한것 같이 당신을 청종하려니와"(수 1:17). 뭐라 하는가? 이 말이 농담인가 아니면 진담인가?

그들이 얼마나 눈이 멀었는지 보이는가? 40년 동안 그들의 부모가 계속해서 불순종하는 것을 본 이 새로운 세대가 "우리도 우리 부모님이 모세에게 순종했던 것처럼 동일하게 여호수아 당신에게 복종하겠습니다"라고 말하고 있다. 새로운 세대는 새로운 기회를 얻었지만 그들도 그들의 부모와 똑같은 말을 하고 있다. 만일 이들이 부모들과 동일하게 말하고 생각한다면 이 새로운 세대가 뭔가를 성취할 것이라는 생각이 과연 들겠는가?

우리 세대는 1940년대와 50년대에 위대한 신유와 복음 집회를 경험했고 1960년과 90년 사이에 성령 세례를 경험한 세대이다. 하지만 내가 속한 기독교 세대도 유업을 소유한다는 면에서는 대부분 실패했다는 것을 인정해야 한다. 만일 당신이 새로운 세대에 속한다면 당신의 부모가 저지른 죄를 반복하지 말며 또한 하나님께서 이 시대에 부르시는 전사가 되길 거절하지 않도록 주의하라.

제19장 전쟁으로의 부르심

마지막으로 나이가 중요한 것이 아니라 영이 중요하다. 여호수아와 갈렙은 싸우길 거부하고 광야에서 죽은 실패한 세대에 속했다. 하지만 그들의 영은 달랐다. 그들의 나이에도 불구하고 그들은 이제 막 약속의 땅을 소유하기 위해 요단강을 건너려 하는 새로운 세대보다 더 훌륭한 전사였다. 그들은 나이가 많았지만 그들의 영은 젊었다. 당신은 이 새로운 세대가 그들 부모의 불순종을 인정하고 대신 "우리는 우리 부모들처럼 행하지 않겠습니다. 그들은 성급하게 약속했지만 한마디로 지키지 않았습니다. 우리는 분명 그들과 같지 않을 겁니다"라고 말하길 기대했을 것이다.

그들이 자기 부모의 불순종의 죄를 전혀 인식하지 못하는 것 같은 모습은 참으로 놀랍다. 그들은 자신의 국가의 운명이 그들의 불순종이 직접적인 원인이었다는 것을 이해하지 못했다. 그들은 자신들이 불순종의 세대의 자손이라는 점을 알지 못했던 것 같다. 그들은 "모세가 우리 부모에게 말한 모든 것에 대해 부모들이 그에게 순종한 것처럼 우리도 그렇게 하겠다"고 말했다. 만일 당신이 여호수아라면 이에 대해 어떻게 반응했겠는가? 비극적인 사실은 그들이 자신들이 인식하고 있는 것보다 더 많은 진실을 말했다는 것이다. 즉 그들은 그들의 부모와 똑같이 불순종하는 자들이 되었다. 그래서 그들은 마땅히 받아야 할 그 땅을 온전히 유업으로 받지 못했다.

전수되지 못한 하나님의 나라

여호수아와 또한 그와 함께 행하면서 같은 정신을 지녔던 장로들이 살아 있는 동안에 그들은 백성들에게 기업을 분배해 줄 수 있었다. 소수의 열정적인 지도자들의 정신이 그 세대 전체를 움직이는 힘이 되었다. 이스라엘 백성들은 그들 속에 있는 하나님의 불과 열정으로 움직이지 않았다. 그들은 여호수아나 갈렙과 같은 영을 한 번도 받아 본 적이 없었다. 그 영은 단지 임시적으로 그들 위에 놓였을 뿐이었다.

참으로 하나님을 알았던 이들이 죽자마자 사람들의 본심이 즉각 드러났다. 그들은 하나님의 백성의 역사에서 본 적이 없는 무시무시한 죄와 부도덕, 우상 숭배를 행하고 신앙을 버리는 최악의 시기를 맞이했다. 사사기의 기록을 읽으면 거의 토할 것 같은 느낌이 든다. 가장 믿을 수 없는 죄를 하나님의 백성들이 자행했다. 그들은 여호수아 갈렙, 그리고 그들과 함께했던 장로들과 같은 하나님의 사람들의 인도를 받는 것이 어떤 것인지를 곧 망각했다.

사사기에서 여러 번 등장하는 구절이 있는데 이는 이스라엘의 상태를 잘 말해 준다. 이들의 모든 무서운 배도(背道)와 죄의 원인과 그들의 유업을 받지 못하게 된 이유는 "이스라엘에 왕이 없으므로 사람마다 자기 소견에 옳은대로 행하였"기 때문이었다(삿 17:6, 21:25 등).

우리도 이르지 못할까 두려워하자

나는 우리가 읽은 말씀을 듣고 두려워하길 원한다. 오순절 운동이 1900년대에 유럽과 미국을 강타했을 때 교회사에서 가장 위대한 부흥이 이 나라 가운데 임했다. 놀라운 일들이 일어났다. 그러나 그리스도인들이 행하지 않은 한 가지가 있는데 그것은 순종의 영으로 전쟁에 나가 우리 사회의 모든 요지(要地)를 점령하고, 하나님과 그분의 나라를 위해 이를 변화시키는 것이었다. 실제로 정치, 사회, 도덕은 이전보다 더 나빠졌다. 그 결과 사사기에 기록된 모든 종류의 죄가 지금은 우리 서구 사회에서 날마다 공개적으로 자행되고 있으며, 명목상의 그리스도인 지도자와 교회들도 이를 묵인하고 있다.

그러나 이제 하나님께서 우리를 다시 부르고 계시다. 그분은 경건한 여호수아들을 일으키셔서 여호수아 세대를 이끄신다. 그분은 우리에게 한 번의 기회를 더 주고 계시다. 상황이 50년 전보다 훨씬 더 악화되었지만 하나님께는 너무 늦지 않았다. 우리는 저들과 같이 "주께서 하신 모든 말씀을 우리가 행하겠습니다! 저희는 우리 조상들처럼 순종할 것입니다!"라는 공허한 약속을 하지 않도록 조심해야 한다. 그들이 어떤 사람이었고 무슨 일을 했든 상관없다. 그들은 마땅히 해야 할 전쟁을 성령 안에서 하지 않았다. 그들은 하나님께서 서구 사회에서 바라시던 변혁의 승리를 쟁취하기 위해 영적 전쟁을 할 결단이 없었으며, 기도를 통해 분투하지도 않았다. 주님께서는 우리에게 지금 또 다른 기회를 주고 계시다. 그러므로 우리는 돌아서지 않도록 해야 한다.

땅 위에 임한 하나님의 나라

오, 하나님, 당신께 외칩니다. 전쟁의 날을 위해 여호수아와 갈렙의 영, 사도 바울의 영으로 저희를 능하게 하소서! 저희로 강하고 담대한 자가 되게 하소서! 저희를 능하게 하사 이 땅과 하늘에서 저희의 권세를 사용하게 하소서. 저희에게 주님의 명령을 들을 귀를 주시고, 내리시는 모든 명령에 즉각적으로 순종할 수 있는 마음을 주옵소서. 주님, 저희는 두려워 움츠리거나 쟁기를 잡고 뒤를 돌아보는 자가 되지 않기로 결단합니다. 주님, 저희를 준비시켜 주셔서 원수의 공격에 물러나지 않고 오히려 주님이 우리에게 법적 권리를 주시고 우리를 전투에 보내실 때까지 믿음으로 견디는 자들이 되게 하소서. 주님의 영광을 강탈하려는 모든 악의 세력을 물리쳐 하나님의 나라가 힘차게 진군하게 하소서. 주님께서는 "만군의 여호와의 열심이 이를 이루시리라"고 말씀하셨습니다(사 9:7을 보라). 하나님의 성령이시여, 우리에게 임하소서. 주님의 모든 뜻을 이뤄드릴 수 있는 세대를 찾으소서. 나라가 임하옵시며, 뜻이 하늘에서 이뤄진 것같이 땅에서도 이뤄지이다.